# 同心筑梦

——传承『农金精神』系列故事

李全富◎主编

中国海洋大学出版社
·青岛·

**图书在版编目（CIP）数据**

同心筑梦：传承“农金精神”系列故事／李全富主编. —青岛：中国海洋大学出版社，2019.9

ISBN 978-7-5670-2396-3

Ⅰ.①同…　Ⅱ.①李…　Ⅲ.①农村商业银行—工作人员—先进事迹—青州　Ⅳ.①K825.34

中国版本图书馆CIP数据核字（2019）第208135号

**同心筑梦**

——传承“农金精神”系列故事　　　　李全富　主　编

**出版发行**　中国海洋大学出版社
**社　　址**　青岛市香港东路23号
**邮政编码**　266071
**网　　址**　http://pub.ouc.edu.cn
**出 版 人**　杨立敏
**责任编辑**　滕俊平
**电　　话**　0532-85902342
**电子信箱**　appletjp@163.com
**印　　制**　山东水文印务有限公司
**版　　次**　2019年9月第1版
**印　　次**　2019年9月第1次印刷
**成品尺寸**　170 mm × 230 mm
**印　　张**　25
**字　　数**　339千
**印　　数**　1~2000
**定　　价**　88.00元
**订购电话**　0532-82032573（传真）

**发现印装质量问题，请致电0536-2110528，由印刷厂负责调换。**

# 编 委 会

# 自序

习近平总书记多次强调，要讲好中国故事，让世界更好地了解中国。山东省联社和潍坊市联社也多次部署要求，讲好农信故事，传承农信传统，建设温暖农信精神家园，让农信形象的传播更有广度。作为齐鲁大地农信大家庭的一员，今天的青州农商银行，也正在陈述着一个个守初心、担使命的“独家记忆”，述说着一个个平凡又动人的农信故事。徐徐打开山东青州农商银行60余载的发展“时光轴”，建社初期，他们白手起家，筚路蓝缕；改革开放时期，他们爬坡过坎，滚石上山；进入新时代，他们坚守初心，提速转型……透过点点温暖的光束，我仿佛也一次又一次走进了那些难忘的岁月。

1973年的除夕之夜，乡村土路上积着厚厚的雪。车轮碾过的路面高高地凸起了冰碴，空气里凝结着冰冷。身材魁梧的父亲，步履坚定地走在前面。5岁的我，身着臃肿的棉衣，颤抖着身子紧随其后。街上已经没有行人，天寒地冻里的赶赴是为去农信社守夜。到了农信社，父亲匆匆生起炉火，我一边帮忙一边冻得拍手跺脚。直至钻进被窝，我才好奇地问父亲：“爹，咱为什么不在家里过年？”“这里有公家的钱，咱得守夜啊……”除此以外，已经记不清那天夜里父子之间还有其他什么对话了。我想自己对于农信最早的启蒙，便是从5岁的除夕之夜开始的。以后的很多年里，我和姐姐的记忆中都是父亲极少在家里过年，因为社里需要守夜。如今，干了一辈子农信事业的父亲已经离开人世20年，我加入农信大家庭也已31年。现在回想起那个夜晚，皑皑白雪像一条巨幅的羊毛毯子，覆盖着整个村庄，父亲手持煤油灯在夜色里画出一块明亮的区域，并带我穿过黑暗、寒冷终于走进温暖的信用社。

1988年的金秋十月，是我人生的一个重要转折点。姐姐出嫁，父亲又意外摔伤了腿，收获的8亩口粮田里，只剩下我和母亲两个整劳力：掰玉米、割玉米秸秆、刨玉米根、往家里运……毒辣的太阳炙烤着丰收的大地，人被淹没在成片的庄稼地里更觉得不透气。那一年我的母亲已经52岁了，刚刚高中毕业的我跟在母亲身后，见硕大的玉米叶划过她的胳膊、脸颊，看她瘦小又伛偻的身躯在玉米地时隐时现，杵在原地的我想到母亲半生的操劳，不禁簌簌地流下眼泪。家里人口多，白天要干活挣工分，母亲只能半夜起来做饭，“睡一个好觉”成为她几十年的“奢求”。她无怨无悔地为一个大家庭默默付出，也是为父亲可以放心地开展支农工作。那一刻，原本励志远走他乡、追梦求学的自己，决定加入农信大家庭。一是因为作为家中唯一的男孩儿，我想自己该有所承担。二是因为我明白不善言辞的父母，也是希望自己的儿子加入农信这支队伍的，那是农信人对土地和百姓的难以割舍，我有责任去延续和传承。

在基层信用社干会计的日子，为了摸清村民最真实的生活和生产状况，老前辈们常常带我去农民家里了解情况。遇上雨雪天气，村民往往执意挽留我吃午饭，至今难忘老百姓家里白菜炖粉条的味道。外面飘着雪，大家围炉话家常，盛情难却中望见的是农信人和老百姓之间血浓于水的温情。在与老百姓感情交融的几年工作历练中，我感受到了改革潮流的冲击，开始思考个人的成长，也试着思考农信的发展方向，并不断将所思所想落在笔尖。不同于现在信息的畅通和互联网的发达，想学习写作又苦于

没有师父带，后来我打听到临村有位供职于青州日报社的编辑，便赶紧提了酒去向人家讨教。赵老师知道了我的来意后，虽素不相识但竟毫无保留地倾囊相授。慢慢地，我从一个挑灯夜战的“菜鸟”成为驾轻就熟的“笔杆子”，自己的思索变成铅字，在《中国信合》《山东农村金融》等杂志崭露头角，农信生涯掀开了新的一页。

农信是一个温暖的大家庭。记得1990年的除夕夜，我和几位同事在社里守夜。室外依旧飘着雪花，食堂的李师傅已经下好了热气腾腾的饺子。饺子刚刚端上来，就接到一位代办员打来的电话：“刚刚收了万元现金。”考虑到金额很大，为了确保存款的安全，我同另外一位年轻同事骑着摩托车冒雪去收回了现金。赶回社里，竟发现桌子上的饺子一动未动，大伙说：“哪能先吃，咱得一起吃年夜饭，一起过年。”也许是真的饿了，觉得回锅的饺子别有一番滋味的香，这是农信人之间的兄弟姐妹情。进入新时代，全国范围内的农商银行交流学习更加畅通，我也从其他省、市的同仁口中听到了更多的农信故事。有一次，江苏民丰农商银行董事长许尔波赶赴安徽黄山开会，不料中途汽车趴坏了，途经某县的农商银行寻求帮助，该县行领导得知情况后，迅速派出了当时全行最好的一辆车，护送许董事长一行至黄山，准时参会。3天的会议结束，当赶回该县农商银行时，他们的车已经修好了，这是全国农商银行系统在全国金融系统传递的一种农商情谊。同样，近年来，青州农商银行考察团赴安徽亳州农商银行、江苏路桥农商银行等兄弟农商银行考察学习，各家兄弟农商银行无私奉献，毫无保留地分享成功经验和做法，翻山越岭中让我感受到了农信大家庭的温情。

一代人有一代人的使命，一代人有一代人的担当。已走过31载农信春秋的我，眼前绵延着农信人坚定向前的康庄大路，耳际激荡着农信人砥砺奋进的铿然回音，一个个发生在身边的鲜活故事，流淌着温婉才情，传递着感人力量，充满了点点温暖，闪烁着无限荣光。正是依靠老前辈们“为人民服务”的满腔热情，农商银行才与农村的老百姓结下了不解之缘，才奠定了农商银行发展的基础，实现了由小变大、由大变强、从起初的小舢板变为今天的航空母舰。我也始终坚信，正是因为每个人星星点点的光，汇聚成可以燎原的力量，照亮了全行砥砺前行的光明大道。

眼前呈现的这部书，就是一部新时代青州农商银行人集体创作的“光亮之书”，是一部有故事、有岁月温度的书，是一部有分量、有时代气息的书，字里行间意味无穷，点点滴滴中树立起了农信人的高度。该书的出版，何尝不是青州农商银行发展中的一大成果？何尝不是农商银行企业文化建设中的一件大事？又何尝不是另一种形式的精神与血脉的传承？百篇故事帮我们回眸过去，展望未来，感恩前人，望炬前行。不忘初心，牢记使命。如今，青州农商银行迎来新的机遇、新的变革，愿通过这百篇农商银行人自己的故事，通过对先进榜样的学习、崇尚，加深全员的理解认同，激发全员的参与热情，提升全员的思想觉悟和职业素养，推动青州农商银行各项事业迈上新台阶，为打造“百年卓越品牌”、助力当地经济社会又好又快发展提供强大的思想保证和精神动力。

愿书中的光芒能照亮前路，陪伴我们，继续走向远方！

# 目 录

CONTENTS

## 第一章 流金岁月

## 第二章　先锋榜样

## 第三章　暖心服务

## 第四章　爱行如家



## 第五章　感恩同行

目录

生命在不停地轮回，岁月在不停地流淌。农村信用社（简称“农信”）几十年发展沉淀和积累的“挎包精神”正是我们砥砺前行的根与魂。我行开展“农金记忆抢救”活动以来，行程5100千米，走村入户、深入一线100余次，拜访老员工、员工家属、群众代表163人次，寻找农信人在农信发展史上留下的“最美印迹”。

今天，我们共同致敬前辈、学习榜样，见证农信发展的传承与蝶变。

今天，我们共同探访和追忆农信人物，探寻他们身上承载的宝贵农信精神。

今天，我们共同整理一个个感人的故事，重新解构全行高质量发展的精神密码。

今天，我们共同传承和弘扬“农金精神”，将农信人的记忆变成全行发展的共同记忆。

今天，我们共同回顾难能可贵的历史印迹，再度唱响农信转型发展的奋斗故事。

筚路蓝缕，艰苦奋斗，“红色农信”的光荣历史、“农金精神”将薪火相传、熠熠生辉。

# 一位农信老兵的红色岁月

讲述人 杜洪诰 记录人 张海霞

聆听红色故事，回忆峥嵘岁月。为保存珍贵的党史资源，2018年6月5日上午，青州农商银行“农金记忆抢救小组”来到青州市邵庄镇董庄村，对曾在农信工作过的93岁抗美援朝老兵、老党员、老前辈杜洪诰开展红色记忆“抢救式”挖掘采录、存档、宣传工作，以期用身边人、身边事教育广大党员干部群众。

杜洪诰，男，1926年1月生，山东省青州市邵庄镇董庄村人。1951年3月参加抗美援朝，1953年10月1日加入中国共产党，1955年回国，同年加入农信[①]大家庭。

“战壕里不透气，几十号人都挤在里面，缺氧，憋得慌啊……

① 1953年，青州第一批信用互助组成立；1954年，统一称为“信用合作社”；1994年，山东省青州市农村信用社联合社成立（简称“农信”）；2011年改制成立山东青州农村商业银行股份有限公司（简称“农商银行”）。

一排先攻，二排守着，死也要拿下来！我不怕死，我们都不怕死！”

“朝鲜的3月下雪，背了背包、穿着棉裤过河，还有很多女战士，大家都互相帮助……”

“战后清理战场，姓徐的那个战友，胶东人，踩了余雷，腿被炸没了，现在被葬在烈士陵园里。”

在一间老屋里，93岁的杜老略显吃力地断断续续地回忆朝鲜战场上的场景，用平稳又略带沙哑的声音向青州农商银行“农金记忆抢救小组”陈述着一生的过往，没有华丽的辞藻和华彩的渲染，沧桑的岁月和历史的厚重已然在这间铺满灰砖的屋子里回响，所有在场的人无不为之动容，对这位为祖国和人民拼过命的民族英雄肃然起敬。

“1955年3月，他回来了。”坐在一旁的老伴徐继英老人补充道。作为一名妻子，她把他从回忆里拉回来。就像63年前一样，一名军嫂四年生死未卜的等待，用一种“只要活着”的希冀把他期盼回来……她清晰地记得那是1955年的3月。

活着的战士，肩上终于挂满了军功章，荣归故里。

也是1955年的3月，这位不喜宣扬的革命战士转战“第二战场”，默默无闻地加入了农信大家庭。与其说是加入者，不如说是农信的成立者和建设者。没有房子、没有桌子也没有椅子，那就用自己家的房子，“找来了一张老桌子和一把破椅

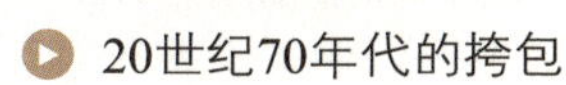
20世纪70年代的挎包

子”，杜老沙哑地补充道。这便是他为农信默默付出半生有余的开始，秉承了军人的公正无私和浩然正气，一生奉献，奉献一生。

93岁的杜洪诰岁至期颐，沟通起来已是非常吃力。青州农商银行抢救红色记忆重大工程第四期专访在其84岁的老伴徐继英老人的补充中继续进行下去……

“那个时候真的是不容易啊，一个月5块钱的工资，家里6个孩子等着吃饭，也不能不干这个工作，这个不干那个不干，谁干？还是得干啊。”

脚踏艰辛，排除万难，向杜老、向所有开创未来的老农信人致敬。

“那一年俺那个二闺女刚生下不久，还得顾着其他的孩子，晚上10点多了他还没回来，为啥？原来他在路上捡了2块钱，就在

模拟的办公老场景

那路边守着，一直等着人家去找……到现在人家说起来也是对他充满感激。”

“还有一次明君家失了火，黑烟呼呼地往外冒，没有人敢进去，他就冲进去了，把明君奶奶给从火里抱了出来，公社里的人都在夸奖他。”

抗美援朝奖章证书（组图）

“还有马台村的冯德奎，病得很厉害，眼看就不行了，也是他二话没说就贷款给他了，救命的钱啊，到现在人家也是很感激。”

“他也遭了很多罪。当时信用社开大会，人家看他穿了个棉袄都夸我手艺好呢，为啥？一个棉袄做了四遍，夏天的片子冬天给他做成棉袄，到了夏天就再拆开，就是越做越小，它就贴身了，人家不都看着合身哩……”

“那个时候晚上对账，有一次多了一分钱，俺闺女就让他快拿出来吧。他说，不行！对不出来坚决不睡觉。”

徐继英老人的口述中，饱含着生活的种种艰难、对丈夫的些许抱怨，更多的是为她守候了一辈子的老伴感到骄傲和自豪。

“不用说公家的钱啊，就是公家的东西，也是一点都不要，不占公家一点便宜。俺老辈里就传下来的规矩，多么穷也不能贪污公家一分钱。”

杜洪诰老人激动地补充道。

气壮山河的战争记忆在他心中永远鲜活，枪林弹雨的生死经历影响了他的人生轨迹，无论是在朝鲜战场还是在农信职场，杜洪诰默默无闻地践行着善良、奉献、坚守。

“现在的社会好啊，有馍吃有菜吃，还都有了手机，生活是一个地下一个天上了啊……感谢你们来看我，给你们添麻烦了……”

老人家言语中带着满足，带着依然的谦逊……青州农商银行抢救红色记忆重大工程第四期专访在一名老兵知足的自述和感慨中走向尾声，对杜洪诰老人这名老兵的赞歌在每位随访人员的心中默默响起，“余音绕梁，三日不绝”，漫过大山，撒向人间。

# 感悟何为真正的『贵族』

讲述人　张存祯　记录人　张海霞

2018年10月23日，青州农商银行“农金记忆抢救小组”从行总部出发，驱车一路向北，来到高柳镇水坡村，拜访一位叫张存祯的老前辈。水坡村位于青州和临淄的交界处，名字似是携了几丝江湖豪气。岁月悠悠，沧桑满怀。一排高大的楸树，郁郁葱葱，迎风招展着叶子，像是无数只眼睛，俯瞰着以它为背景的这个村子以及被树叶掩映的这处庭院。土坯的房子，坐北朝南。土坯的矮墙，环绕院落。

驻足，迎来一位身材矮小的老妇人，着一件再寻常不过的枣红色的粗布衣裳，饱经风霜的脸上沟壑纵横，深陷的眼眶里透着明亮。经过简单的几句交谈，得知这位老人是张存祯老人的老伴，张存祯进村里闲逛去了，这会儿，不知在哪处墙根下晒太阳呢。即刻托了人，要去寻。也巧，巷口缓缓拐进一个身影，正是他。脚蹬一辆年迈的三轮车，后斗除了一根拐杖，别无他物。到了自家门口，张存祯老人下车，拄了拐杖招呼我们到家里去喝茶。一双腿脚，走了79个年头，已不再敏捷，脸上倒是极红润的，鹤发童颜，见我们来，再平添几分激动。院落里，植了些许的黄杨，都是木材中的“贵族”，气质、气韵，如主。

现年79岁的张存祯，中共党员，1960年3月参加信用社工作，在岗38年，1998年12月退休。退休以后，他不愿离开待了38年的集体，默默驻守在高柳支行主楼旁的平房内。难舍难分！是啊，人这一生，又能有几个38年？留下来做什么呢？无偿给单位打扫院子，自愿为同事种瓜种菜。不是一天两天，而是年复一年，在春夏秋冬的轮回里坚守着，直至他再也扫不动了，才回到了眼前的这处宅院。三言两句讲完的岁月，都是在扫帚底下，一下一下扫出来的。春天扫落花，秋天扫落叶，还有冬天一场又一场的积雪……还有单位翻盖新房时他严格的监工；还有农信创建初期他无悔的坚守；还有今天，他不曾褪去的对集体的深爱。

2018年夏天，有幸跟随 “农金记忆抢救小组”，造访了十几位像张存

20世纪70年代金融系统先进工作者合影

祯这样有口皆碑的老前辈。他们身上有一种共性——对集体忠诚一生。我们满怀赤诚和敬畏之心，去探望，去记录，听他们讲述农信创建之初的寻常小事。眼泪滴在纸张之上，晕染了笔迹，乃是常事。他们所有的热爱、所有的奉献，皆是因为心中燃有一盏“信仰”的明灯。在平凡的工作岗位上，操劳了大半辈子，用信仰成就着“内在的平衡”，才有了今天眼前那一张张坦然的脸庞，才有了那些沉甸甸的追忆。抗美援朝退伍老兵杜洪诰、农信匠人杨绍江、铿锵玫瑰刘桂英……他们如同星星之火，散落在这座城市的寻常巷陌。此处，我们姑且把成功分为成就“外功”和成就“内功”。当然，所谓成就“外功”，其评判的依据自然是“外在的标准”，即外在于我的东西，比如房子、车子、钱、名牌服饰、昂贵的首饰和堆积如山的佳肴以及存款等等，统称为“功利”。如此定义，那么以上这些老人都算不上成功人士。我们一次次赶赴，正是因为老前辈身上人格魅力、信仰之光的感召。我们要做的，是聚起那星星之火，形成可以燎原的正义之光，以照亮继续前行的道路。

我照旧坐在一个小马扎上，写着，记着，时断时续。阳光倒是极好，透过印了花纹的纱窗，映在屋内的灰砖地面上，平静如水。抬眼间，眼前的这位老者也望向了我，在对视的几秒钟里，一句话漫入脑际：“人和人真是参差有别。”人间百态，有的人不停地往自己的锅中淘，而有的人不断地把自己碗中的向外散，前者胆战心惊，后者和煦前行，一生末了，谁又能带走一丝一毫？“功利”始终在人与人之间川流不息，永不常驻。权势从一个人流向另一个人，由一个朝代流向另一个朝代，它不属于任何一个朝代或者个人。金钱，从西方流到东方，从这个市场流向另外一个市场，从他的口袋流向你的口袋，不会为谁永远停留。所有的“功利”面前，我们只有使用权，没有所有权。而在“功利”的积累过程中，我们也常常苦不堪言。更有多少成功人士，金碧辉煌的拥簇之后，宿醉中尝尽孤独。何

省级金融红旗手奖章证书

为真正的成功或者富足呢？在一位位老前辈口述中得以提炼，在一张张祥和的面孔中得以解答。真正的“平衡”在自己的心内，随遇自适，与自然和谐、共融。唯有成就了精神的开放和自由，才是真正的“贵族”，眼前这位老者，即是。心生敬畏。

在院子里踱步，逗留了片刻……看蜘蛛结了网，接连在丝瓜藤架和屋檐之间。木质的、拱形的窗棂纸上，晾晒着丝瓜的种子，角落里还静卧着一只满身红锈的大铁锅。眼前的“贵族”以及“贵族”的庭院，就此别过。

返城的途中，穿过田野，遥看农田里劳作的农人，又想写字楼里的“白领”们，在造物主的眼中，与那黄杨树干之上的蚂蚁，有什么区别？不过自然界的寻常代谢物罢了。物质保障，精神富足，自觉快乐，才会实现灵魂的安宁与幸福吧，那是至高无上、纯粹甘美的欢乐。

# 挎包『三十载』 信贷『零不良』

讲述人 刘桂英 记录人 张海霞

66载农信改革路、66载农信奋斗史。昨日是否依旧历历在目、铭记于心？而今日的辉煌又是否激起了你的酸甜苦辣？多少农信人为了心中的共同理想，奋斗了终生？又有多少农信人为了我们的美好明天，染白了双鬓？这些可歌可泣的事，或平凡，或真挚……都是农信人奉献担当和务实作风最核心的凝练——“挎包精神”，像一盏明灯指引我们不断奋进！

自省、市联社开展“三项教育活动”以来，青州农商银行高度重视、倍加珍惜“农金”历史文化资源优势，紧密结合乡村振兴、新旧动能转换等工作实际，探索改进、创新模式。2018年6月12日上午，“农金记忆抢救小组”来到青州市何官镇何官村对青州农信系统最早从事基层一线信贷工作的女员工刘桂英进行专访，继续深挖“挎包精神”内涵，以期有效鼓舞、激励和凝聚广大干部职工工作热情，全力促进全行经营管理和转型发展再上新台阶。

刘桂英，女，1952年5月20日生人，山东省青州市何官镇唐家村人，为青州农信系统最早从事基层一线信贷工作的女员工，2002年退休，近30年“挎包”生涯中无一笔不良贷款。

## 爱岗敬业，一分钱都不能少

耐心细致是她的工作底色，走村入户是她的工作习惯。她总是不厌其烦地走近客户身边开展业务，有时天不亮就出门，尽最大的努力去开展“挎包”营销。

“我一开始加入农信那会儿是负责7个村的业务，周家1000多口人、孟家1400多口人、刘坡500多口人、姜家1300多口人、何官1100多口人、林官400多口人、唐家700多口人……”

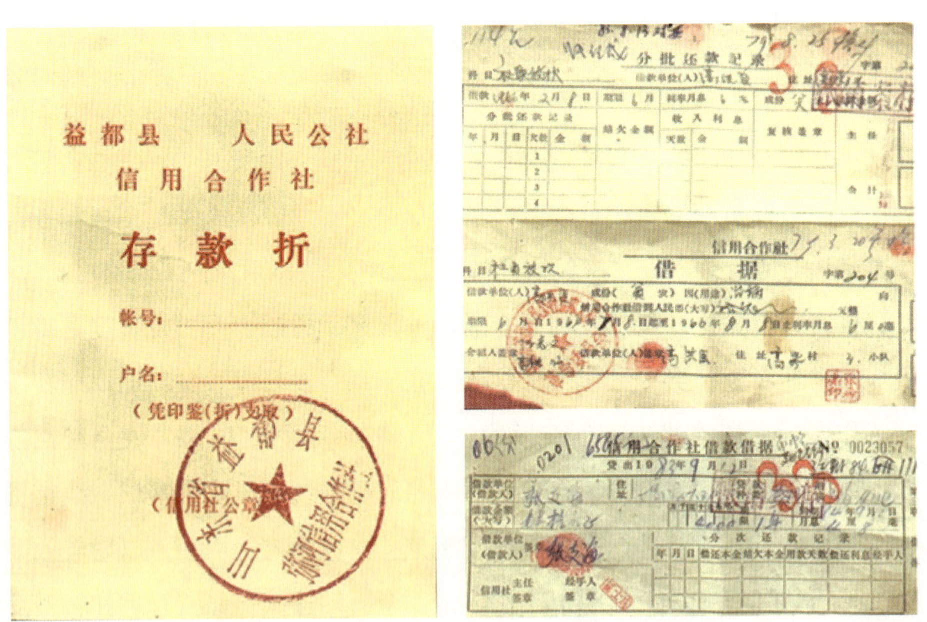
益都县　　人民公社
信用合作社
存款折
帐号：
户名：
（凭印鉴（折）支取）
（信用社公章）

分批还款记录

信用合作社
借据

信用合作社借款借据　№ 0023057
分次还款记录

20世纪七八十年代的存贷款凭证（组图）

她1980年加入农信大家庭，时光如梭，但刘老对当时负责的7个村的情况如数家珍。

“当时放给了孟家村老孟300元，他是卖馒头的。当时收那个贷款可是费了功夫啊，跑了至少得有20趟。怎么收的呢？我就跟着他去卖馒头，挨家挨户地跟着他收麦子，10斤、15斤的一户户地收来麦子，再跟着他去把麦子卖了，等着收那个钱，一点一点地收回来，一分钱也不能少。”

“还有刘坡村的老贾，当时放给他了1000元钱。他后来竟还不照面了呢。他在大集上摆摊卖些内衣啥的营生，怎么办？我就早上4点去堵他的门儿，大冬天的俺家里不放心我一个女人，也陪着我去……他媳妇还是挺好的，说是有100块钱，那我也不嫌少啊，就这样100元、200元的收回来了。”

## 无私奉献，塑农信员工良好形象

工作时的她兢兢业业，带病上岗、加班加点她也从无怨言：“多干点就多干点，活干好了心里才踏实。”她总是这样不断提醒自己。多少年过去了，回想起自己年轻时拼搏的样子，她也毫无怨言，心中充满了欣慰。

“1989年，我患了病，腰椎间盘突出，在临沂市人民医院住院住了40天。我临出院的时候，医生给开了医嘱，要求我回家必须休息半年。根本不可能啊，我回来第二天就上班了，那个时候单位里人少，你必须得上啊！你说也奇怪，干起活来竟不觉得疼了哩。”

“还有一次是做了流产，当时去城里医院做了手术，回来就上班了，一天也没歇，社里的人也不知道，身子又很乏，也有很多收尾性的工作是回家以后俺家里帮着我忙活。”

“我记得最累的一次是我当时怀着孩子，10月里就要生的，正好那个时候又是收烟的季节，跟着生产队一起弄烟单子，每天一个生产队有30多张单子，我负责了7个村啊，中午又不休息，结果在社里晕倒了，幸好当时周主任去了，这才看见救了我。”

## 无怨无悔，实心教导农信未来人

“一花独放不是春，百花齐放春满园”，工作中她十分注重团结同事和教学相长。她对现在的年轻人更是充满希望，条件好了，形势变了，她坚信，只要肯干、勤干、苦干，就没有做不好的事情。

“现在的年轻人应该知足，有双休，办公室里都还有空调。想想我们那个时候真是不容易啊，哪家有卖树的、卖猪的，就骑着车子赶紧去。记得有一次也是下了雪，那个时候的雪比现在大多了，我这个大拇指就是那个时候伤着的，雪在地上压实了，很滑，一头扎进雪里了，当时也没觉得疼，后来这指头就不能打弯了。”

“农金记忆抢救小组”的成员问：“风风雨雨几十年，风餐露宿，你后悔过吗？”

“不后悔！为啥？你既然选择干这个工作，就一定把它干好啊，干一项就要爱一项，我现在也是这样教育俺孩子，哪怕你明天不干了，那你也要把今天的工作干好，给人家留下个好印象。”

刘桂英从业生涯里曾多次荣获全市农村信用社系统先进工作者、县级金融先进工作者称号，种种殊荣她却只字未提。在采访人员的请求下，她才略显腼腆地把一摞厚厚的证书拿来示人。是啊！亲爱的农信人，你们对“农金精神”的践行，落在一言一行之中，而你们的先进事迹传递的是温暖、是力量、是炽热的情怀，是通过脚踏实地、无言奉献和自我牺牲让农金事业变得更加美好的精神力量。

# 追忆流金岁月

讲述人 王学贵 记录人 任国才

什么是“挎包精神”？

带着这样的疑问，“农金记忆抢救小组”总指挥李全富与小组成员一起，来到东夏镇十甲村，拜访了王学贵老前辈，继续寻找答案。

“宁愿咱多受累，也不能让老百姓多跑腿！”回忆起那段岁月，王学贵深情地说。

交谈中，王学贵告诉我们，1953年刚成立信用组，19岁的他从事了这份工作，从此与农信结下了不解之缘，见证了农信的成长与发展，这一干就是41年。

如今的王老，头发雪白，拄着手杖，精神矍铄，开朗健谈。回忆过往，老人如数家珍：

1954年信用组转为信用社；1973年信用社进行小社合并……

记得刚参加工作的时候，没有办公场所，在自己家里办理业务，桌椅算盘都是自己家的；没有自行车，靠着两条腿，一步一步地迈，挨家挨户地走，白天帮老百姓的忙，晚上出去宣传，就是为了拉存款。“坐门等客不中用，等不来存款”，老人语重心长地说。

20世纪70年代，已是分社主任的王学贵骑着自行车到处跑，一跑就是一天，每天都要走遍自己服务的桃园、大尹、二府等9个村庄。那个时候老百姓存钱，多的几元，少的几分，还有的朝存暮取他也不嫌麻烦，为的就是给老百姓提供服务，“只有与老百姓打成一片，人家才会放心到你这里存钱”。

在当时那段艰苦岁月里，操心受累，是什么支持着他坚守岗位？王学贵手里拿着一张股金证，上面写着“入股5元、分红8角”等字样，他告诉我们：“刚参加工作的时候，每月工资5元，到后来是14元、20元、30元、38元。那个时候孩子多，拖家带口，工资并不够养家，我能够坚持到底的原因，不在于工资高低，而是一种坚持、一份责任！”

东夏支行行长孔祥仁说：“看到王老1955年的笔记本，有存有取账目分明，一笔一笔字迹清晰，最后写着结余71.53元，这让人感动得说不出话来！”

听到李全富董事长介绍青州农商银行存贷款规模、从业人员、营业网点、新办公大楼等情况，王老非常高兴，在谈到外设机构时，老人脱口而出东阿、高唐、莘县等村镇银行的名字，说明王学贵老人始终心系农商银行，真正将农商银行当成了自己的家。

20世纪60年代老员工使用过的自行车

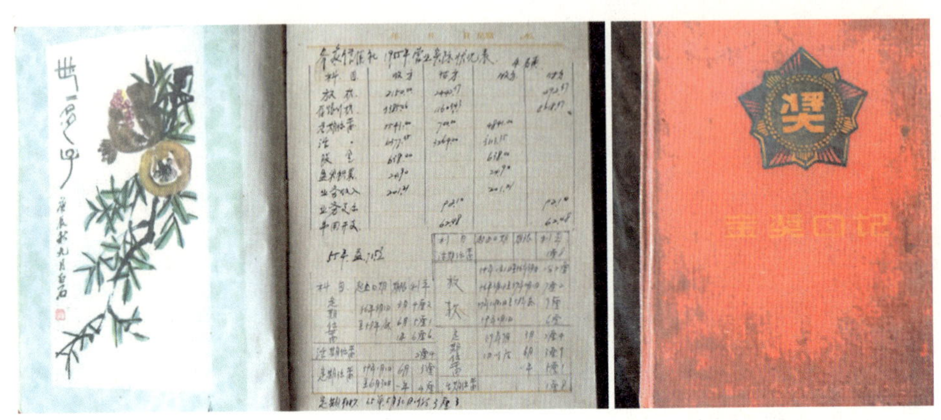

20世纪50年代的工作笔记本（组图）

引用艾青的一句诗：“为什么我的眼里常含泪水，因为我对这土地爱得深沉！”

在与老同志交谈过程中，李全富董事长语重心长地说：“在农信发展过程中，有的传统我们潜移默化地继承下来，有的却阶段性地丢失了。‘挎包精神’是我们的传家宝，是我们的根与魂，无论什么时候都不容丢失！我们要将这种精神传承下去，融入企业文化中来，让广大员工干部自觉主动接受，发自内心地为老百姓服务！”

什么是“挎包精神”？答案是：坚守与奉献！

# 传承『挎包精神』 铸造『工匠文化』

讲述人 杨绍江 记录人 张海霞

员工+工匠精神=?

领导+工匠精神=?

企业+工匠精神=?

心系民生，深入群众。2018年5月29日下午，青州农商银行“农金记忆抢救小组”继续深入一线，带着上述三个问题走进75岁农信老党员杨绍江的家中，开展主题为“传承‘挎包精神’ 铸造‘工匠文化’”的专访。

会木工、会理发、半个兽医……他就是青州农商银行退休老党员杨绍江。他1944年5月14日生，青州市邵庄镇文登村人。1965年5月加入农信大家庭，1994年农行和信用社业务分离，杨绍江任文登信用社首届主任，40年职业生涯勤勤恳恳、埋头苦干，2004年退休。15年以后的今天，我们同为农信人，在农信大家庭里再次重逢。

20世纪60年代初，杨绍江作为一名普普通通的农信人，为什么还会木工、还会理发、还是半个兽医呢？他的回答是：一专多能，服务百姓！使出浑身解数，想群众之所想、急群众之所急，全方位开展业务，密切联系群众。看那辆老水镶车就是见证！1972年，在邵庄镇山坳的沟沟洼洼里，方圆10平方千米范围内，杨绍江就是用这辆破旧的老水镶车为驻地生产队和单位员工推水喝，同时也用它灌溉农作物，这一推就是半辈子，他说已经记不清为大家伙推了多少趟水了……只有那碾压了无数山路的破旧车轮，抒写着岁月悠悠。在场人员无不惊叹他的不易、赞赏他的高尚，但他斩钉截铁地拒绝："我们那个年代都这样！我不是个例，你需要开展业务嘛，你给老百姓免费理个发、给猪医个病啥的，时间久了就有感情了嘛！那老百姓一定会找你存钱的，圆角分行动，一分也不嫌少，多多少少都是情啊！哈哈，那样建立起来的感情是无价的！"

水镶车

这些朴素的话语，代表着一个时代农信人的气质、坚定、踏实、精益求精。用精益求精的态度，把热爱工作的精神代代相传，这就是我们农信人的"挎包精神"，这就是新时代的"工匠精神"。精神不是口号，它是一个人的工作态度的体现。把工作看成一个有生命、有灵气的生命体，用心同它交流。开篇提出的问题终于在杨老身上找到了精准的解答：

员工+工匠精神=人才、大师；

领导+工匠精神=推动事业发展、增加客户福祉；

企业+工匠精神=品牌、品质、信誉、信心。

当前我国正处于新旧动能转换重要历史时期，我们农商银行正处在转型发展的关键时期，更是需要大力提倡杨老的这种“挎包精神”“工匠精神”。充分发挥人力资源优势，培养大量有情怀、有担当又掌握传统产业技能的人才，农信才能创造出更多适应市场和消费者需求的金融产品，才可以提供人民群众真正需要的服务。

好钢用在刀刃上，传承“工匠精神”，铸造“工匠文化”。作为一名共产党员，杨绍江始终认为，自己要做服务大众的孺子牛。或许，这样的追求才是推动“工匠精神”的动力。

2018年5月29日，杨绍江把推了半辈子的老水镶、用了一辈子的老算盘、伏案40年的办公桌、挎包里装了几年的理发推一并捐赠给予青州农商银行。

# 农信筑梦　家风先行

## ——解读王中香的农信『传家宝』

讲述人　王中香　记录人　张海霞

清秋万里，碧云天。青州农商银行“农金记忆抢救小组”成员驱车朝着这个城市的东北方向驶进。要去的这个村子倒是沾了一个“南”字，名叫“南口埠”，沃野平畴，交通便利，就坐落在主干道的一旁。进入村子，街旁行人稀疏，右拐一个路口，巷口一座红砖围成的院子便是我们的目的地了。走进院子院落里错落有致地生长着银杏、石榴、桂花、葡萄……郁郁葱葱、干净整洁，彰显出主人些许气质。独居在此的正是我们今天要采访的主人翁——王中香，1937年12月生人，青州市何官镇南口埠村人。

### 无声地支持——她穷尽一生的力量

王中香这一辈子，未见过什么大世面，亦没有读过什么书，更没有受过任何的正规教育，但她却是一位踏实能干的农信人的妻子。这还要从她的丈夫说起。王中香的丈夫——李忠仁，1937年3月生人，1958年参加信

20世纪80年代末办公场景

用社工作，1991年5月退休。

记者："作为一名农信人的妻子，艰苦岁月里，您是如何支持您的丈夫坚守农信事业的呢？"

王中香："哎……我一个女人家能支持他啥啊？没给他什么支持……"岁月流逝，追忆当年的情景，她的思绪穿越了时空，回到了当年……"一九五几年的时候信用社还是半日制。他上午去生产队干活挣工分，下午背着书包进村，书包里装着他的账本，吃了饭就走，天天也见不着人，就是吃饭的时候回来。家里的饭本来就不够吃的，一天三顿都在家里吃饭。"今年已是82岁高龄的她，语气里似乎带了几分怨气，陈述着自己与一位农信人的生活点滴。实则不然，恰恰是眼前这位见证历史的妇人，把自己的一生默默奉献给了一个农信之家。

“刚嫁过来时，俺3户人家屯在一个小院儿里，9口人住着3间小屋……”日子是拥挤的，拥挤中渗出无奈的苦涩，正是这种苦涩历练了一个女人的坚韧和一个时代的特色。如此细碎的光景，细数来已是60年前了……存在于1958 ~ 1984年的人民公社，生产队是其基本核算单位。“到了20世纪60年代的时候家里有了第一个孩子，没东西吃，吃地瓜叶子也是等着生产队里分，哎……生产队里不黑天不分东西，他在外面忙回不来，我就自个儿一边看孩子一边往家里拖，没有办法，不吃就得饿死，村里不是没饿死过孩子……”

“他白天挣工分，晚上干家里的活儿，觉得他（丈夫）白天干活累，晚上就我干，下半夜起来推石磨。早上弄着孩子，挣不到早上那2工分，一天只能挣8工分……”片刻未停歇的她语气里仍旧带了遗憾和自责，断断续续的回忆中，王中香轻描淡写地讲述着过往的故事，言语中只字未提她自己的奉献，而每一个故事、每一段岁月无不渗透了她对一个家庭的奉献。她嫁给他，他却“嫁给”了农信社。农信社托付于你，家里的事情就全部托付给我吧。虽然是一个女人，却拼尽全力诠释了何为支持？寂静的乡村夜晚，五更天未亮，一个身材单薄的农村妇人，为了让辛苦工作的丈夫多睡一会儿，只身迈进夜色，围着村子里的石辗转啊转，转啊转……不是一圈两圈，而是年复一年，操劳着全家老小的口粮。

## 最好的教育——潜移默化塑家风

想当年，王中香的丈夫由最初的信贷员做到了镇上农信的负责人，在十里八乡威望颇高、口碑极好，以至于1991年退休后又被返聘。用老同事的话来讲就是：“我们请李主任回来，也不用他干啥，只要坐在那里，我们心里就有底气了，这镇上的人心就拢起来了。”王中香的丈

1980年李忠仁与年轻同志在口埠分社营业室

夫干了半辈子的农信社工作，勤勤恳恳、兢兢业业，一颗赤子之心在当地老百姓心里炼成了农信最好的名片。现如今，王中香的儿子在市里的农商银行工作，同他的父亲一样的是肩上扛了责任和担当，不一样的是儿子所服务的百姓不仅仅是一个口埠镇了，还有高柳镇、东夏镇、弥河镇……共8个乡镇4个街道办事处， 94万老百姓都是他殚精竭虑、呕心沥血的服务对象。

记者：“作为农信人的妻子和母亲，能否请您从一个母亲的角度同我们分享一下您的‘传家宝’？”

王中香：“啥教育啊，能吃上饭就不错了。夏天生产队里烤烟叶，孩子就跟着我去地里帮着批烟叶子。夏天那雨来得急，说下就下，哗哗的……500米长的地，等跑到地头就淋得透透的了。哎，也是对不住这些孩子……”耳濡目染、言传身教胜过最好的说辞，她让孩子们切身体会到：“人家能吃得了的苦咱也能吃了”，正所谓“吃得苦中苦，方为人上人”。

“1970年那会儿，俺家里人口多，饭桌上很少有菜，韭菜撒上点盐吃，逢年过节的吃点油。我记得那一年孩子他姑来了，我去买回来五个面子（窝窝头），捣碎了，再加上地瓜叶子和在一起吃。不够吃的啊，很散，在手里都攥不住……家里来了人就有啥拿啥，都拿出来……”家中来了客人，无论手上多么窘迫，王中香也一定设法弄一点东西去款待，作为母亲，她的一言一行，潜移默化地影响着孩子们的终生……

说到吃的，王中香突然记起北边村子里有个孙姓的人家要用贷款，给她的丈夫李忠仁送来了半袋子花生，用白布袋子装着，作为送来的“礼”。给孩子们解解馋？不行！推辞不过，待人走后，王中香硬是把花生小跑着给人家送了回去……“贷款能办咱得办，但不是自己的东西，连想也不想……”夫唱妇随，他们半生如此，扶持着一路走来，这样的例子太多太多了，王中香已经不记得具体是哪一年了。

“20世纪70年代，有一个年三十的晚上，他爹去信用社值班，带着老小去，在社里过年……那个年代都一样，小孩子也不知道苦，他爷爷有时候令他去买个饼角，回来给他掰下一小块儿来吃就高兴半天，现在给你们说这些就是忆苦思甜了，人得知道知足啊……”

家风是什么？有人说“一个词、一句话、一个家里的故事、一段家庭的记忆，都是家风的载体”。家风看不见、摸不着，却又时时处处存在于家庭的日常生活中，体现在家庭生活的方方面面，体现在家庭每一

个成员的一举一动之中。与西方家庭崇尚个体自由不同，自古以来中国的家便是一种具有幸福感和归属感的“共同体”，家是最小国。家庭文化是家庭成员的思想意识、价值观、知识水平、行为方式等主观因素以及家庭物质环境的总和，而女性更是良好家庭环境重要的营造者，是家庭文化最有力的传感者。王中香的丈夫和儿子是两代农信人，她默默无闻地在背后扮演了农信人妻子和农信人母亲的双重角色，毋庸置疑，王中香的坚韧和贤惠影响了他们。她不仅为家庭提供了温暖、和睦的家庭人际氛围、良好的家庭环境，更对孩子进行了无声的教育，也为孩子健康成长提供了最有价值的土壤。正如王中香所言，她并没有什么教育孩子的纲领和原则，但是她大度做人、包容忍让、热情待人的美德在日常的生活中潜移默化地影响着孩子们，塑造着他们的人格，也成就了李家的家风。

## 继续奉献——她哪里也不去

令她记忆犹新的还有夏天闷热的夜晚。82岁高龄的王中香也不记得是哪年了，只记得夏天就是闷热的。清贫的生活以及生存的压力像一块大石压在这位家庭主妇的身上，心头的焦虑也一定是平添了更多的燥热吧。采访过程并不是很长，“没有睡过一个好觉”这句话她却不自觉地重复了5次。“睡个安稳觉”对这样一位寻常的妇人来说竟成了一件奢侈的事情。她不曾有更多的要求，“丈夫能安心工作，孩子能吃口好的，自己能睡个安稳觉”已是她所有的奢望！熬了多少年以后，日子一天天好起来，她的这个愿望才得以实现。岁月无情地褶皱了她的容颜，也掠走了他的老伴儿……82岁高龄的她独守着这个空旷的院子已有10年之久，如今她平静地坐在那里，给我们一众时代的新人，讲述一生“平平的过往”。

“白天要干活挣工分，只能是半夜里起来做饭，家里人多，一星期摊四大盆煎饼也不够吃的，都是半夜里起来摊……井里的水位很浅，一晚上围着村子跑，一共5口井都打一遍才够喝的。水都带着泥，回来坐坐（沉淀）再喝，好歹得过啊……什么日子也能熬过来。”

今天的轻描淡写，是经历过多少磨炼以后的风轻云淡，“人家能过来，咱也能过来。”语气轻柔、平稳，平铺直叙里透出无比的刚毅，这是一个女人用尽全力对家庭的奉献。

“生产队里的活儿比自己的活儿还急，干活就是有多大的劲儿用多大的劲儿，孩子他爹那会儿也是一样，信用社的事比家里的事还急。”

她在自己力所能及的范围之内，竭尽全力支持着丈夫和孩子。她对小家的奉献成就家人对“大家”的奉献，完成对这片土地和这片土地上的父老乡亲的责任担当。

王中香一生养育了6位儿女，儿女们陆续都住进了城里，大家都劝她：“搬去城里住吧，孩子们对你也好有个照应，你自己住在这里，多多少少也是让人不放心啊。”王中香的老伴离开人世已有10年之久，10年如一日，王中香哪里也没去。用她的话说就是：“谁也不跟，我住这里就很好，自己还能走动，还能做口饭吃，谁家也不去。” 孩子们自有孩子们的事要忙，她尚可以自我照料，就哪里也不去了。不给孩子们添麻烦，这也许是另外一种继续奉献吧。

周末的院子里摆上桌子，自家的地里掰来了新鲜的玉米，乡村的集市上买来了肥美的排骨，都一并炖进了灶台的大锅里，沸腾着的热气里散出浓香，如同当下越过越好的日子。老老少少三代人围桌而坐话家常，这应该是她最期盼和最开心的时刻吧，她眼看着每一位子孙的个头都早已长过了她，心里欣慰地笑了。

王中香的一生，是苦难、艰辛与坎坷的一生。她生于灾难深重的旧社会，经历了战乱频发的年代，饱经了旧社会苦难生活的煎熬和考验，她亲历了新中国的诞生，跨越了时间长河中的两个世纪，也陪伴和见证了青州农商银行66年来的发展……生活的贫穷未曾磨去她的坚强和善良，岁月的煎熬不曾改变她的贤淑和端庄。生活在寻常乡间的她，处处透着平易近人的亲切、豁达，面对世事的沧桑她的脸上挂满了从容的微笑。

李忠仁的儿子李全富（左二）在业务技术比赛现场

# 坚守 质朴 传承 奉献

讲述人 张广利 记录人 张海霞

农历二月十六，初春里明朗的一天。带着孩子回家探望父母，巧遇大伯也回老家，在大院子的菜畦里割韭菜。他已数日未见眼前的小外甥，眉眼中即刻充满了关切："过来给姥爷看看是不是长高了？"为了和孩子保持平行的视线，他一边说着一边把身子蹲下去。蹲着的大伯看到了孩子的天真喜人，站着的我却看到了大伯头顶的银发似秋霜……

## 岁月定格

我的大伯，1949年10月1日生人，同我们伟大的祖国同年同月同日生。庄户人家是讲生辰八字的，在奶奶的记忆里，在国家尚未实行计划生育政策的20世纪60年代，即使再贫瘠的大地也不会拒绝生命的来临，特别是农村家庭更是兄弟姊妹众多，比如大伯兄弟姊妹5人，大伯作为长子，比最小的四弟弟大了整整18岁。爷爷过世后，作为家中长子的大伯，更是顾了大家顾小家，为我们这一家操碎了心。

儿时记忆中的大伯伟岸、挺拔，不喜言笑，自带了大家长的威严和气场，家中的小孩子们都是望而却步。没有细数有多少个四季轮回在指间悄然逝去，难以置信时光竟如此残忍，眼前的大伯已是花白的头发、皱纹里藏满了岁月的蹉跎，俨然长成了一副我记忆中爷爷才有的样子。

多少次，当我把杂志和报纸拿给他看的时候，他要先戴上老花镜，方可仔细端详。好在腰板还是那般一丝不苟地挺直，深邃的目光里透出坚毅和不容置疑的正义。

## 农信缘起

在那个靠体力吃饭的年代，老百姓崇尚力气，力气可以换来工分，工分可以换来口粮，口粮可以喂养家中那么多张等着吃饭的嘴。作为家中长子的大伯更是责无旁贷挑起了养家的大梁。

1966年，17岁的大伯从青州第六中学毕业。他清楚地记得那是10月里的一天下午，他正在村里的大磨碾着家中老小的口粮。村主任带着蒋主任来到他跟前，问他愿不愿意干信用社这个工作。尚未成人的大伯说“我愿意”，蒋主任欣然地点了点头。就是这样一个寻常的午后，似玩笑般略带轻巧地开启了他与农信社一生的情缘。从17岁入社到58岁退休，一句“我愿意”，大伯用了43年的时间去兑现承诺。

现在的农商银行人难以置信，大伯起初愿意加入的名为“农村信用社”的集体是如此贫瘠，连一张像样的桌椅板凳都没有，更不必说体面的办公环境和社会地位。40多年如一日地坚守，惊讶时间长久之余，我同样好奇当时的他如何开展存款业务？他如此说道：“存款都是找来的。”找存款也是讲究方式方法的，首先和生产队里的主管加强联系，生产队里哪家有要待卖的猪仔都记录在册，30元、50元也主动上门去收；逢年过节打听好谁家有在外务工的人员往家里汇钱的，也提前去做好揽存工作；甚至骑着自行车在村里找存款，看见有个很新鲜的木头桩子，也赶紧四下打听邻人是谁家刚刚卖了树。“一队的曹振荣、二队的李友忠、三队的房师奎、四队的张兴忠……”现年已经70岁的大伯对入职初期10个生产队现金保管员的名字如数家珍。就这样，大伯进了农信社的大门，每个月领17元钱的工资，往生产队里交8元，自己留下9元再交给父母。

## 淡薄耕耘

如此细碎的时光里，大伯先后从孟古村调到张孟口信用分社、王母宫信用社，最后一次调动是在1984年，到了口埠信用社，在这里一干就是25年。

因为工作出色，自1979年大伯便走上了信用社主任的岗位，社里给主任安排了司机，他还是宁肯自己骑摩托车来回20里路：“下了班我往家里跑得勤，让人家送干啥，司机还得往回走。”

20世纪70年代县财贸职代会代表合影

作为带头人，大伯习惯在最难最急的任务面前当先锋、打头阵。最初的那些年月里，遇到不愿还款的贷户，他总是等到生产队年底分钱的时候，提前去生产队里蹲点。寒冬腊月，坚持等到凌晨3点也要等，冬夜里冷得彻骨，只为等到不愿还款的贷户。“社里的钱都是老百姓存在这里的，放出去的要一分不少地要回来。”还有多少个披星戴月的早出晚归，皆是因为觉得公家的利益比自家的利益重要得多。有时和大伯闲聊，一提到当年清收不良贷款的经验，他略显激动地说：“首先本着一个原则：老百姓信任咱信用社，愿意把钱存在咱这里，咱不能让老百姓的钱‘瞎’了。”质朴的话语，诠释的却是不变的初心。

工作忙，很多时候大伯住在单位，但是多少个辗转难眠的夜晚，他仍挂念着家中尚且耕种的二亩桑园。回家换下工装，转身变成农民，喂起了竹席之上的蚕。大伯母还清晰地记得，1980年夏天，大伯要去潍坊学习3个月，临走的时候玉米秸秆上的果实结了穗子，回来时田野已被小麦铺成了嫩绿色。培训期间，周六晚上下了课，骑3个小时的自行车回家。周一又早起，再骑3个小时的自行车，8点前赶到培训学校。这100多里路的骑行，不似今天的户外运动，而是为了省下1元钱的火车票，更是对家的牵挂——帮大伯母去地里干点农活儿。

爱行如家是什么？“农金精神”又是什么？一个词、一句话、一个家里的故事、一段家庭的记忆，都是这种精神的具体承载。其看不见、摸不着，却又时时处处存在于家庭的日常生活中，体现在家庭每一个成员的一举一动之中。从为单位、为集体省下的每1元钱里，我看到了我们这一家人勤俭的根，更看到了一个农信小家庭岁月叮咚中流淌出的“农金精神”。

## 回望安然

岁月无痕，大爱无声。主任岗位任职了22年的大伯，退休以后去了人

20世纪80年代干训班学员留影

民法院做陪审员，庭审堂上更是见多了复杂的社会人性。在走过了人生的沟沟坎坎、经历了人生的风风雨雨之后，金钱、名誉、地位、享受在他这里很难激起某种波澜壮阔。40多年来，他是欣慰的，因为他一直坚信：“信用社都是给老百姓干好事的。有了钱信用社给你保管，没了钱、缺了钱信用社给你放贷款，帮你发家致富。”当我问他：“对我们这一代还在从事信用社工作的晚辈有什么期许吗？”他很激动地说：“信用社发展到现在不容易，三四代人，哪一个阶段都是奋斗出来的，要珍惜。”

眼前的大伯像一本厚厚的大书，更像一潭静静的湖水，接近了生命的本真，格外澄明。大伯依旧放不下的是老家的这点田地，冬天耕种白菜，夏天的藤架上又挂满了绿的黄瓜、红的西红柿，还有那长长的豆角。我有时很纳闷：已在城里居住的大伯和大伯母，为何要费那么多功夫在老家种菜，来回折腾值不值？随着年龄的渐长，我也终于懂得，二亩薄田不离不弃，不只因为蔬菜瓜果的无公害，还因为庄稼人对土地的不舍和那浓浓的乡情。

初春里和煦的阳光下，大伯一代、我一代、孩子一代，三代人追溯着浓浓的乡情回到这古老的村庄，简单的交谈里，用着我们每一代人不同的表达方式：少年的纯净、天真，青年的浪漫、热情，老年的澄明、超脱。

我以采访者的角度、以交谈的方式，试图去开启他轰轰烈烈的职场生涯，试图去写出些许的波澜壮阔，但是现在看来，我的想法是多么的幼稚与肤浅。40多年的农信生涯早已渗透进他的血液、内化为他的精神、显现为当下的超脱，这不仅是一种人生态度，更是一种人生智慧。因为智慧，所以用不着喋喋不休；因为超脱，所以犯不着愤愤不平。以智慧铺垫的豁达超然、灵魂之上的安宁富足，如一潭湖水，波澜不惊，清澈见底，却又深沉厚重，韵味无穷。

绵长、敦厚、丰富、深沉，这就是我的大伯张广利。

坚守、质朴、传承、奉献，这也是我们永远的“农金精神”。

# 初心不改薪火传 流金岁月忆往昔

讲述人　邵泽武　记录人　邵长青

我叫邵泽武，今年61岁，中共党员。1978年5月加入口埠信用社工作，2017年11月退休。近40年农信职业生涯、近40年农信春华秋实，感慨万千。

## 不忘来时路　不负少年心

我生在农村，兄妹三人，父母都是老实本分之人，文化程度不高。祖祖辈辈面朝黄土背朝天的辛苦和无奈，使勤劳善良的父母悟出了一个深刻的道理：庄稼人在土里刨食，不会有大出息！而对老百姓而言，银行是炙手可热的单位，农村信用社是有口皆碑的好单位。1978年，20岁的我，有幸来到信用社工作。为此，质朴的父母一遍又一遍嘱咐我，一定要服从领导，好好地工作，要给家人和单位争光。带着家人的嘱托和对未来生活的美好憧憬，我踏进了信用社的大门，正式成为农信大家庭的一员。

入职初期，本着自强不息的精神，我虚心倾听老同志的指导，全身心投入工作。在工作中，我更是意识到自己学识浅薄，远远不能适应工作的需要，工作之余我便挤出时间自我加压，特别是为了提高点钞及珠算水平，我时常忘记时间，不知疲倦地在宿舍苦练至深夜。功夫不负有心人，入职一年，我的业务水平和算盘核打技能有了很大提高，并在单位组织的业务技术比赛中脱颖而出。面对取得的成绩，我没有骄傲自满，而是更加严格要求自己，满怀信心地向着更高的目标努力。

## 以“挎包精神”走村入户　全力培植储源

存款是立社之本，存款是兴社之源。组织存款是一项最耐心细致的工作，也是最辛苦的工作。走亲访友，背上挎包，只要知道谁家有了收入，就及时上门动员存款，针对不同的客户，采取不同的方式和方法开展工作。那时没有发达的通信工具，没有微信，没有手机，预约存款要考虑好什么时间去，进门怎么开口。为给储户保密，见到储户家里有客人，就换一个话题，等储户家里的客人走了，再说明来意开展揽存。那

20世纪80年代上门服务场景

20世纪90年代的营业场所

时，同事之间，都知道谁有多少个储户、存款余额多少。当时存款是第一考核指标，新开发几个储户非常高兴，特别是跨行的储户，想尽一切办法把钱争取到信用社里来。在1994年农行信用社分门办公以后，我充分利用人熟、地熟、情况熟的优势，动员所有能动员的客户、亲朋好友，开展储蓄存款，特别是对他行转存存单设立单独奖励，鼓励到我们信用社存款。另外，利用和村干部熟悉的优势，借用村中大喇叭和各种场合宣传存款政策，宣传信用社是老百姓自己的银行，并指导信用代办员怎样上门服务，全方位开展存款，牢固占领了农村金融阵地。当年我负责的分社所管辖的23个自然村和小企业户存款余额上升140万余元，而同年度农行网点上升不足20万元，建行储蓄所、邮政储蓄所都不足10万元，明显的数字对比和业绩，鼓舞了士气，增强了我们干好信用社工作的信心。

## 从业四十载　信贷“零”不良

1986年，因工作需要，我被调到企业信贷岗位，负责管理20多家贷款规模达1100多万元的乡镇集体企业。面对手中的贷款权力，我始终保持清醒的头脑，倍加珍惜工作平台，绝不以贷谋私，坚守原则，秉公办事，严格落实贷款“三查”制度，对符合信贷政策原则的贷款，积极主动办理，对不符合信贷政策的贷款，无论是谁，都一概拒绝。在6年的企业信贷管理中，我坚持原则，大公无私，贷款“三查”制度严格落实，在确保信贷资金安全的前提下，乡镇企业得到了全面的发展壮大。

1993年因工作业绩突出，我被调任口埠分社负责人。当时，该分社所辖区域人口多、企业多，当地人头脑灵活，个体经济、多种经营意识相对超前。针对这一特点，我转变观念，调整工作思路，从支持家庭副业、个体经济入手，先后走访调查了区域内20多个行政村和全部企业，主动与村干部联系，倾听他们对信贷工作的意见，及时纠正以往的工作偏差，了解资金需求情况，掌握贷前的第一手资料，为经营业户及时发放流动资金，使这部分人率先得到发展。在1993～1996年的4年时间里，口埠分社累计发放贷款460多万元，占口埠大社当年贷款总额的39%，其中发放农业小额贷款余额达230万元，使农户贷款需求量达到60%以上。在我们的资金支持下，农民富了，笑容多了，心里乐了，同时带动了各项存款的长足发展，也化解收回了20笔小额不良贷款。

在保质保量发放好贷款的同时，清收不良贷款是一项非常重要的工作，为此我们付出了辛勤的汗水和劳动。不良贷款的形成原因是多种多样的，清收多年形成的陈欠贷款更是难上加难。根据每笔不良贷款形成的特定因素，我们需要认真分析，采取多种手段进行清收，通过村委、工商所、法庭等多种渠道，对赖债户进行依法清收。清收过程中，每天骑着自行车，提包里带着各种凭证，晴天一身土，雨天一身泥，公路上沙土飞扬，村中泥路难行，冬天下雪路面结冰，不知摔倒了多少次，爬起来抖一抖冰雪继续前行，通过多种渠道清收各种不良贷款，明显改善了信用环境。其中一名刘姓贷户，承包了村里的砖厂，经营亏损，拖欠我社贷款16300元，我们多次上门催款找不到人。他家里只有老母亲、小女儿及破旧院落，我们不气馁，通过和老人谈心，了解到了他在城里卖肉。确定当事人位置后，我与当地法庭人员一道，向当事人说明逃避债务应当承担的法律责任和后果，后经协商，当事人分三次还清了贷款本息。

## 不忘初心　砥砺奋进　誓为农商银行再奉献

回望自己40年的职业生涯，从记账员到会计员，再到企业信贷员、分社负责人，直至主持信用社的全面工作，工作岗位在不断调整，工作地点也数次变化，但不变的是我时刻牢记自己是一名农信人，一言一行中，严于律己，防微杜渐，坚决维护农信社的良好形象，时刻牢记农信人“立足城乡、服务三农”的服务宗旨。回忆过去，我是欣慰的、无憾的。我坚守岗位40年，特别是在信用社主任、企业信贷管理岗位上坚守了18年，这是一个难度不小、风险不低的岗位。我坚守本分，始终严格执行金融工作法规和纪律，尽忠职守，不越雷池，没有贪渎擅权，没有媚上欺下，没有揽功诿过，以谨言慎行支持“三农”工作。

几十年的辛勤汗水，也换来了荣誉的激励。1989年我光荣地成为一名共产党员，1992年被评为全市金融系统先进工作者，1994～1999年连续6年被评为全市金融系统先进工作者和先进工会积极分子，其中1997年被高柳镇党委评为模范共产党员，并于2009年8月被青州市文明委聘任为文明巡访员。

忆往昔，峥嵘岁月，艰苦奋斗；看今朝，青州农商银行成绩喜人，我们老一辈信人深感欣慰；展未来，我们更加心潮澎湃，“挎包精神”代代传，比学赶帮走在前，努力拼搏勇挑战，誓为农商银行再贡献！

# 听王锡业老前辈讲农信故事

讲述人　王锡业　记录人　于明娟

那是2018年7月6日上午，作为一名青年员工，我有幸加入了“农金记忆抢救小组”，跟随成员来到东高镇西荒村王锡业老前辈家中，近距离聆听他们那个年代的故事，接受农信精神的洗礼。

## 存款不出门　贷款不出村

在当时那个年代，没有办公场所、没有办公设施，王锡业以家为办公地点，露天办公，靠一张嘴、一双腿，服务周边8个乡村。那会儿，人们的生活水平普遍低下，基本上没什么存贷款。王老挨家挨户进行入门宣传，向村民发放便民服务卡片，设置便民“服务箱”。每天开箱取卡，通过卡片反馈的存贷款需求、姓名、地址、服务时间，他背上挎包，逐户走访。当时的贷款需求主要是支农、购买劳动工具、治病，资金需求一般在10元左右。为扶持当地经济发展，村委鼓励村民养猪，王老就上门统计街坊邻居养猪的意愿，又到集市上实地考察养猪实际资金需求的大致范围，再把资金支付给客户。王老将老百姓“存款不出门，贷款不出村”的理念落实在实际行动中。

## 用自己的工资“贴”现诺言

王老为我们讲述了这样一个故事，让我印象深刻：20世纪六七十年代，王老介绍一个朋友小李进信用社工作，当时约定的工资是24元，结果在发放工资时，鉴于小李同志的学历等方面原因，实际工资发放标准是20元。王老说：“答应了别人的事就一定要做到，要遵守承诺。说好的事怎么能够言而无信呢？”于是王老自己每个月拿出4元，给小李补贴工资，整整补贴了一年。在当时那个年代，每个月4元，一年48元，可以说是一笔巨款了。“人无信而不立”，无论是对同事还是对客户，王老坚守着的诚信为本理念，正是我们应该好好发扬的做人之本。

20世纪50年代的便民服务箱

## 拼命也要啃下硬骨头

1983年集体债务拆分，在当时是一项非常浩大的工程，需要逐笔逐户落实到个人，可有的人已经结婚生子、户口迁移……要做到公平、公正，中间要考虑的因素非常多。王老每天早饭后出门，带着午饭，晚上忙到12点才能回家。期间他联系村委协助，挨家挨户，逐笔分拆到个人，让他们在借据上签字并按手印。谈到这里，王老兴奋地说起他如何从最困难的贷款户清收贷款。当时号称“徐阎王”的徐景胜、徐景茂兄弟俩贷款1000元，利息3000元，是村子里出了名的钉子户，有钱就是不还。王老盯准他们的外出规律，每天下午5点去他们家，跟他谈利害关系，旁敲侧击，声东击西，到最后他们主动找王老要求把贷款还上。还有一些通风报信的贷款户，王老一直盯到晚上12点多，直到贷款户回家。这样的工作持续到1993年王老退休。这期间王老负责收回本金64万元，利息73万元，到1993年退休，未收回贷款仅剩6000元。王老自豪地说：“如果我不退休，不交接出去，那剩下的6000元我还能收回来。”

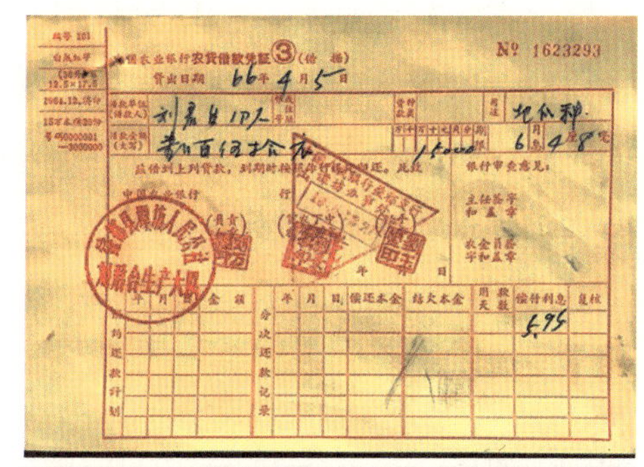
中国农业银行农贷借款凭证③

№ 1623293

中国人民银行农贷借款凭证③

20世纪60年代的借据（组图）

王锡业老前辈从业38年，在平凡的岗位上兢兢业业，勤勤恳恳，其在岗期间信贷“零不良”，为农信事业的发展做出了突出贡献。一路走来，支撑着他克服重重困难的一句话就是：“党叫咱做，咱必须做好！”这句话简单而凝重，让我感受到了老一辈农信人对信念的执着和追求。正是无数位像王老这样的前辈，一代一代地坚守、一代代地传承，创造了青州农商银行辉煌的今天。身处新时代，面对新征程，我们要好好学习老前辈身上的“挎包精神”“诚信精神”“执着精神”“无私精神”，以抓铁有痕、踏石留印的韧劲，以逢山开道、遇水搭桥的魄力，在平凡的岗位上做出不平凡的业绩，为青州农商银行的改革与发展贡献力量。

# 一张照片背后的故事

讲述人 王本庆 记录人 王 谦

这是一张拍摄于1976年的黑白照片，历经40多年的岁月更替，渐渐泛黄的画面失去了以往的光鲜，皱巴巴的质地平添了几多回味和沧桑。

照片中的主人公是我的父亲，名叫王本庆，1939年10月生，1959年10月参加信用社工作，1997年8月退休，在岗38年。他身边的这辆国防牌自行车，购于1960年，1973年曾易手他人，1976年失而复得。父亲与这名无言的“战友”结伴同行，用半生的岁月俯首躬行在十里八乡之间，用实际行动践行了执着坚守、默默奉献的“农金精神”。

20世纪60年代工作照片

父亲完小（相当于现在的

初中）毕业后，在齐家乡（旭光大队）从事统计员工作，他负责13个生产队的统计任务，每天要步行20多千米到各村统计生产进度，然后报到乡里汇总，风雨无阻。那时父亲萌生了买辆自行车的念头，可是在那个年代自行车属于紧俏商品，要凭票供应，而且价格不菲，要买一辆自行车并非易事。为此，父亲开始省吃俭用，精打细算一点点攒钱。那个时期，也正是农信社建社初期，1955年齐家乡信用部应运而生，随着业务的逐渐发展，1959年信用部计划从社会优秀人员中招收部分员工，以充实业务岗位。父亲是乡里的统计员，对各村的生产、生活情况了如指掌，有人熟、地熟、情况熟的优势，再加上他年轻好学，不怕吃苦受累，思想积极上进，赢得了大家的一致认可。后经1955年参加工作的王学贵推荐，父亲于1959年10月17日在当时的齐家乡信用部参加工作，开始了长达38年的职业生涯。

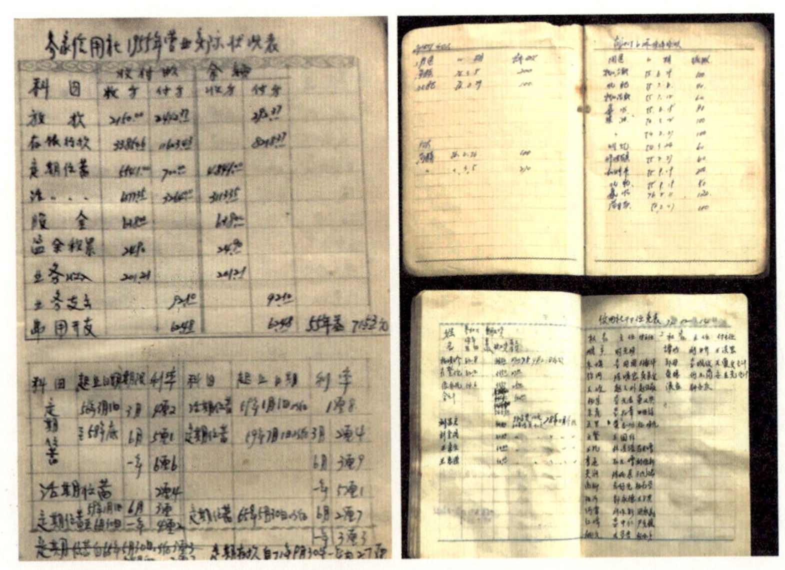

20世纪50～70年代的工作笔记（组图）

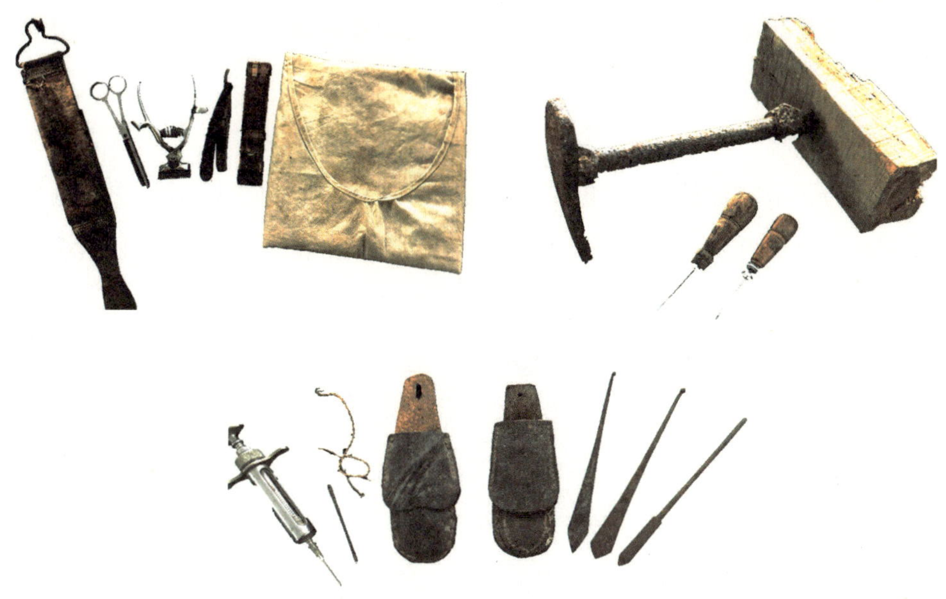

20世纪60～70年代的便民服务工具（组图）

参加工作后，父亲想购买自行车的愿望更加强烈。但是他当时每月工资只有18元，并且正赶上全国三年自然灾害时期，国家经济落后，物资匮乏，再加上家庭人口多，生活困难，在那样的环境下，要买自行车这样的“奢侈品”谈何容易。随着信用社业务的增加，光靠步行有时会耽误工作，为更好地为老百姓提供服务，父亲鼓足勇气把自己的想法告诉了我的爷爷，得到了他的支持。爷爷是当时村里为数不多的共产党员，做事开明，不拘小节，他认为儿子干的是正事，便毫不犹豫地拿出准备给父亲将来结婚用的积蓄，加上父亲平常的积累，终于凑够了买自行车的钱。钱好不容易凑够了，却又遇到了“有钱没车”的问题，因为当时国家实行计划经济，自行车属于限量供应商品，根本没有多余的库存，为此事父亲吃不好、睡不香。后来他便时刻留意打听能买到自行车的信息，功夫不负有心人，终于有一天从朋友那里了解到在惠民专区

（现在的滨州地区）有“库存车”。他让朋友联系好后，买了火车票急匆匆赶到了滨州市供销社，购买了一辆国防牌自行车。抚摸着崭新的自行车，他心想：“有了这个代步工具，今后为群众服务和上下班就方便多了。”为了节省运输费用和天黑前赶回来，他午饭也没顾不上吃，骑着自行车行程近百里，一路奔波回到家中。后来我听母亲说：“左邻右舍的乡亲们听说你爸买了自行车，都过来‘看稀奇’，你大娘是一位心灵手巧、无师自通的‘画家’，十里八村有娶媳嫁女的人家，都来请她给描个龙、画个凤啥的。有一天她来家串门子，摸着自行车笑着和你爸说：‘大兄弟啊，你这算是置办上‘宝马’了，俗话说好马要配好鞍，俺给你画个狮子滚绣球吧，让俺弟妹给绣个‘褡裢’挂车上，既辟邪又招财啊’。”随后，母亲按照大娘画的图样，找来布料和彩线，不几天的工夫就做好了褡裢，从此，这位费尽周折请来的“宝马”，便有了漂亮的行头，开始威风凛凛、形影不离地陪伴在父亲左右，不论刮风下雨，还是道路曲折，不论困难时期，还是改革开放，父亲与他的这位“老伙计”，风雨兼程，无怨无悔地耕耘在农信社广袤的田野上。

父亲为人处世谨言慎行，从来是做得多、说得少，从背起挎包的那刻起，就把自己和农信事业牢牢地绑在了一起，任劳任怨，一心扑在工作上。为了摸清农民最真实的生活、生产状况，他挨家挨户走访，家里没人，就去麦场、去集市、去地头，更多的时候是给乡亲们搭把手，帮个忙。在我的记忆中，父亲始终是在单位的时间多，在家的时候少，每次回来都是风尘仆仆，一身疲惫，回家后顾不上好好休息，而是梳理白天收集的情况，看看还能帮上谁家的忙。

当下提倡的“工匠精神”，在父亲身上总能找到痕迹。为更好地开展工作，他利用业余时间外出找师傅，钻研书籍，不断摸索和实践，先后学会了理发、阉猪、修鞋、木工等多种手艺，这些接地气的“本事”，拉近了与乡亲们的距离。在我儿时的记忆中，为给乡亲们理好发，每到星期天、节假日就拿我“开练”，推几推子倒退几步看看，剪几剪子眯起眼睛瞅瞅，给我理发少则半小时，多则个把钟头。同学玩伴吃过他的“苦头”，学乖了只在墙外喊：“王谦，好了吗？”还没等我说，父亲替我回答了：“不行，一会也给你们理理。”这时必定听到他们异口同声地答：“不理！”随后一声喊，都跑地无影无踪了。在这样的“煎熬”中，父亲的技术越来越精熟，上门来理发的父老乡亲也越来越多，尤其是过年的时候就更忙碌，母亲也跟着忙活给大家烧水洗头，好几次过年的对联都是叔叔大爷们帮着贴上的。另外，印象深刻的就是父亲年轻时从来不午休，别人都在午饭后抓紧眯一觉，他却好像有用不完的精力，撂下饭碗就开始忙活，今天找块石头给张家錾个蒜臼子，明天给李家编个铜笊篱，后天给老王家修修鞋……好像每天都有干不完的事。父亲就是这样用自己的付出赢得老百姓的信任，用实际行动诠释农信人真情服务的本色。有付出就有回报，单位分配的各项任务，他年年都超额完成，得到领导和同志们的一致好评。在他工作的38年间，17次被评为县市级金融工作者；10次被评为工会积极分子；2018年荣获潍坊市农商银行系统优秀老党员荣誉称号。

时光荏苒，岁月不居。在我的记忆中，老家相框里的照片换了一茬又一茬，唯独父亲工作期间的照片没有动。记得有一年回家过春节，在打扫卫生时，我想把相框里那些老照片换下来，父亲语重心长地说：“买这辆自行车那年是1960年9月份，当时花了151.30元，在那个时候有辆自行车可真不容易啊。另外，1973年村里按照上级要求，对宅基地和房屋进行统一规划，咱家的房子也在拆建之列，老屋好拆，新房难建，要花一大笔钱。当时是真没办法了，我只好把这辆自行车卖了，卖它时特意选了邻村的一位同学，目的是想有钱了再把它赎回来。”说到这些闹心

20世纪60年代的存取款凭证

事，父亲一脸沉重，好长时间没说话。为打破僵局我问道："这辆自行车是什么时候又买回来的呢？"父亲想了想说："1973年咱家新房子建起来后，家里的收入一直不宽裕，直到1975年3月份才把它买回来，当时同学和我开玩笑：'兄弟啊，你这车子买了有些年头了吧，我也骑两年多了，你还要它干啥？'我和他说：'就像咱们是老同学一样，时间长了不就有感情了嘛，再说，我在信用社工作也用得着它呀。'就这样我又把它请回来了。""那这张照片是什么时候拍的？"看到父亲脸上有了笑容，我又追问道。"大概是在1976年开春，具体时间记不清了，只记得那天去大元村拉存款，碰巧遇上了同事田径刚和他的亲戚杨继烈。杨继烈是部队上的排级干部，分管文化宣传工作，回家探亲随身带了相机，相互介绍认识后，他看了看我扶着的自行车，又瞅了瞅我穿的衣服，说了句：'挺好，我给您照张相吧'，就这样站在村口的马路上，很随意地拍了这张照片。""嗯，照片拍得挺专业的，没想到一张小小的照片背后还有这么多故事啊"，我感慨地说。父亲动情地说："这些老照片别换了，留下来经常看看，别忘了过去生活的不易和创业的艰难，对家庭和工作都有好处。"父亲精心保管的这些照片和史料平常轻易不让别人动，直到去年行总部开展史料征集后，李全富董事长亲自来看望拜访，让老爷子感动不已，并将自己保存的全部资料物品捐了出来，并如释重负地说："这些物件资料，在我这里已经完成历史使命了，

交给行总部保管，是它们最好的归宿。”

不忘初心，方得始终。为传承和弘扬老一辈农信人的“挎包精神”，提升全员爱岗敬业、扎根“三农”的服务意识，行党委高度重视企业文化建设，行总部成立了史料征集挖掘小组。在历时一年多的时间里，深入镇村、街办、社区、基层网点116处，行程5100多千米，先后拜访老员工、员工家属以及群众代表163人次，其中，走访众多70岁以上老员工及家属，征集各类史料、物品多达673件。在访谈过程中共拍摄物品、资料、人物照片863张；录制影像资料长达20多小时，并录入电脑建立了电子档案。协助办公室完成两集微视频，其中，第二集《历史印迹》在“第二届全国农村金融文化传播大赛”活动中，被评为“2018全国农村金融十佳微视频”，配合行人力资源部召开了农金“挎包精神”报告会；按照行领导的指示，精心组织安排37名后备人才参与访谈，现场接受“农金精神”教育。在整个访谈过程中，我有幸成为小组的一员，有幸近距离聆听老一辈农信人讲述他们平凡而伟大的事迹，一路走来，深受教育。他们舍小家、顾大家，吃苦在前、享受在后的忘我精神，不止一次让我潸然泪下；他们执着坚守、默默奉献、敬业爱岗、勇往直前的精神，时常在我灵魂深处涤荡，永远让我心存敬畏，他们的这些精神凝练出了我们农商人要守的“根”和“魂”，让我们回归本源，看清来时路，薪火相传，走好新的长征路。

# 小挎包 大境界

讲述人 王克道 记录人 陈效亮

那是1991年的初秋，刚刚走出校门的我，懵懵懂懂，带着对未来世界的美好憧憬，踏入社会。金秋8月里一个很偶然的机会，我有幸进入了农村信用社工作，成为一名银行员工，这是我人生中的第一份工作，一晃已是28年……

平生第一次走进银行的大门，内心充满了激动和兴奋，也难掩作为一名银行人的骄傲与自豪。没有入职仪式，没有岗前培训，亦没有豪言壮语，主任简单安排了我的工作岗位，意味深长地嘱咐道：“来了就好好干，一定要为农民朋友服务好，这就是我们农信人的职责。”话虽朴实，却深深地烙印在我的心里。

何官镇张高村的王克道同志是我职业生涯中的第一任老师，也是当时我们网点的负责人，那时候他看上去50多岁的样子，朴实憨厚，整天笑呵呵的，大家都亲切地称呼他老王。一个破旧的手挎包，一辆半新不旧的自行车，是老王的标配。走在大街上，陌生人也根本不会想到他是

20世纪60年代的算盘

20世纪70年代的办公桌椅

一名银行的员工。每天安排好我们网点的工作，他就到管辖的村里去转转，时而带回几千元或几百元的存款，等我们收好款项写好存单，他再骑上自行车给客户送回家去。有时老王也会领着客户来办理贷款手续，整天忙得不亦乐乎。

为了5分钱的利息，差点搞得人家婆媳反目，是我记忆中印象最深刻的一次教训。那时候刚参加工作不久，有一次日终扎账不平，查了半天，原来是附近村里的一个老太太来支取存单，少给了她5分钱的利息，钱虽不多，但关系到我们银行的信用问题，于是我决定利用下班的时间给她送到家里去。赶到大娘家里，正巧她的儿媳妇也在，由于工作经验不足，当着她儿媳妇的面说明了情况，放下5分钱就走了。没想到好心办了件大错事。第二天下午，老王同志从村里回来的时候告诉我，昨天的那个老太太省吃俭用攒了点私房钱准备养老，本不想让儿女知道，经我这么一折腾，把老人家的秘密揭穿了，儿媳妇差点和她打起来。为此事我内疚了好久，这件事也让我对“为储户保密”的原则有了更深刻的认识和理解，并在以后的工作中严格执行。

那时候逢会必讲的是银行“三铁”——铁账、铁款、铁算盘和“六无六相符”的会计制度规定，老王同志经常对我说的两句话就是：银行的钱是按分算的，必须分毫不差；老百姓是最不容易的，一定要服务好。老王是这样说的，也是这样做的，干了一辈子信用社工作，直到退休没有出现一笔错账，没有留下一笔不良贷款。这就是现年已81岁高龄的老一辈农信人留给我们的宝贵精神财富。

曾几何时，银行变得“高大上”了，办公用电脑了，联系客户用电话了，出门有汽车了，柜员都不会用算盘了。我们的业务发展壮大了，可是值得深思的是我们与农民朋友的距离是否拉大了？服务“三农”的初心是否淡忘了？老一辈农信人的精神我们是否丢掉了？

值得庆幸的是，在这个“乱花渐欲迷人眼”的时代，我们农商银行的领导高瞻远瞩，进一步发掘和深化了老一辈农信人的宝贵财富，与时俱进地提出了“挎包精神”，旗帜鲜明地指出：“挎包精神”是农商银行的优良传统，是业务发展的力量源泉，是凝聚人心的宝贵财富。它代表了扎实肯干、吃苦耐劳的作风，它诠释了认真负责、勇于担当的态度，它蕴含着无私奉献、大爱为民的情怀。

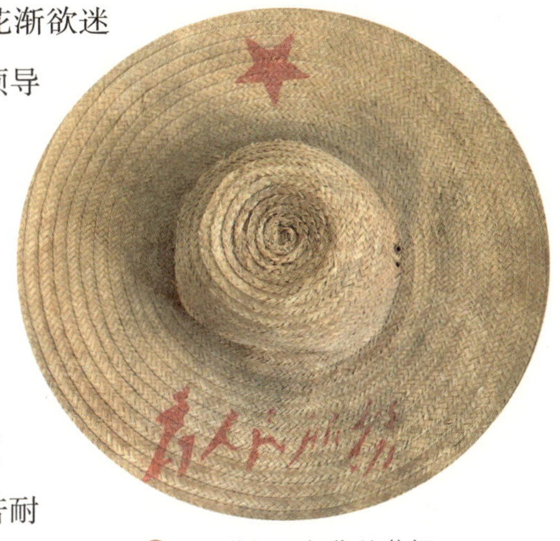

20世纪60年代的草帽

我积极响应行领导的号召，重新背起了挎包，走村入户采集信息。与村民面对面交朋友，整村授信，集中签约，村民的用信比例大大提高。自潍坊农信系统“V贷”系统上线以来，我坚持在风险可控的前提下，紧密结合 “双增工程”建设活动，利用“V贷”系统有力助推零售业务的快速发展。截至2018年10月底，累计线上授信贷款327户，授信金额2857.6万元，零售贷款户数新增226户，线上办贷率稳居青州农商银行第一名、潍坊市农商银行系统前三名。“挎包精神”引领我既服务了百姓，又提升了业绩，而村民们也由衷地说：信用社的人又“回来”了。

挎包虽小，它却饱含着农商银行为民服务的决心和信心，它更承载着老一辈农信人根植农村、爱岗敬业的服务意识。前方的路还很漫长，“挎包精神”给我力量。我相信，作为新时代的农商银行人，当我们接过老一辈农信人的智慧锦囊，“挎包精神”一定会指引我们谱写出更加绚丽的时代篇章！

# 信用社就是我的老家

讲述人 李百庆 记录人 逯迪

正值我们伟大的中国共产党成立98年之际，我有幸跟随青州农商银行“农金记忆抢救小组”成员拜访老前辈，面对面听老农信人讲农信故事，切身感受“挎包精神”。

平日里，听老同事们说以前都是背着挎包深入群众中开展工作。说实话，起初听到“挎包精神”我有点懵，不知道什么是“挎包精神”。因为连挎包是怎么传下来的我都不晓得，直至今日听着农信故事，才知道了“挎包精神”的缘起。

李百庆爷爷已有88岁高龄了，真的是随着农信成长、看着农信壮大的老一代农信人。李爷爷说1954年3月谭坊刚成立信用社他就参加了，第一家成立在莲花盆，第二家成立在益都，年份都记得清清楚楚。成立初期一个社一个会计，自己带着油印的存单和借据开展工作。当时没有群众基础，没有群众信任，为了打下好的群众基础，就深入群众中去了解谁家有困难，力所能及地帮忙，逐步开始就有了群众基础、群众存款。当时他们

一月工资才只有几块钱，我对当时几块钱能干什么、可不可以养家糊口没有概念，只听前辈们说几块钱养活不了一家人，而且还要用来帮助村民。我们问："那时困难不困难？"李爷爷乐观地说："帮的也不多，不觉得。"当时，哪里又有个像样的包呢？就用毛巾包着，后来用毛巾缝成挎包，这就是挎包的原型。1958年三社合一，一个村一个社。到1973年一个乡镇一个信用社，然后随着时代变迁信用社坚持下来，成就了今天的农商银行。

那天随访的同事都是很幸运的，因为李爷爷保存着1954年的印章、印泥和大算盘。当我看到印泥时，怀疑自己是不是看错了，眼前的印泥崭新，60多年怎么可能不干？交谈中才知道李爷爷每三五年就拿出掺入豆油搅匀（保养），我才感受到李爷爷对信用社是发自内心的爱。当我们提出可不可以带走放到农商银行自己的历史博物馆时，爷爷说留着也没什么用，还省事了。其实能听出爷爷有丝丝不舍，但是能给后辈特别是年轻一代一些鼓励教育是很值得的。

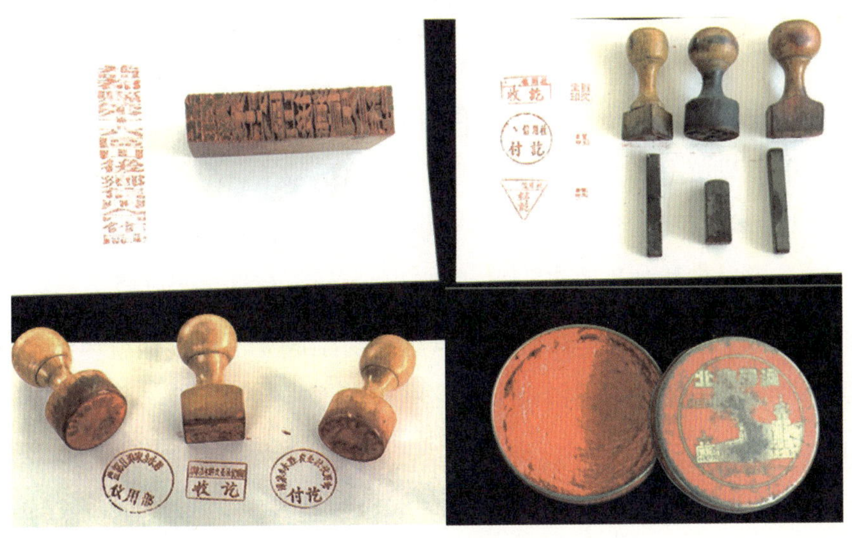

20世纪50年代的印章、印泥（组图）

20世纪50～70年代的办公照明灯具（组图）

随访中，我还听说那个年代有句话："三人活一人干，抽出两人去前线。"社里只留一人开展工作，其他的去村里帮忙。李爷爷说他在村里帮了28年忙，然后又回到了大家庭中。期间有很多很好的机会可以去待遇优厚的地方，但是他都拒绝了。当被问起"为什么有那么多好机会都没有选择离开？"爷爷一句话让我们全场的人落泪，他说："信用社是我的老家。那份感情就是纵使别人都说她不好，可我在那儿生活成长，离开不了、舍弃不了。"

面对面聆听农信故事，切身感受"挎包精神"，我懂得了我们现在的群众基础来之不易，是我们农信前辈靠一只挎包日积月累的宝贵财

富，今天的我们不可丢弃，而是要传承发扬。正是依靠这种“挎包精神”，我们才与农村的老百姓结下了不解之缘，才奠定了农信社发展的基础。正是依靠这种“挎包精神”，才让农信社历经坎坷而顽强成长，实现了农信社60多年的历史变迁。我们应该牢记我们来时的路，更加坚实肯干，不辜负前辈们的辛劳。不忘初心，砥砺前行，为我们更辉煌的明天贡献自己的力量。

# 工作『高标准』生活『低姿态』下的

讲述人　赵玉璞　记录人　周晓栋

2018年7月10日，我跟随行总部“农金记忆抢救小组”成员走访了王坟镇后峪寺村的赵玉璞老人。

赵玉璞老人因连日阴雨，身体小恙，正在村口诊所注射点滴，听说农商银行的同志们来看望他，老人不顾还在打点滴邀请大家到家里坐坐。老人1938年出生，1954年参加信用社工作，是响应当时国家号召组建“三大合作”最早的一批工作人员。刚参加工作时，因农村信用社当时属于“三不管”——大队不管、公社不管、县行不管，既不给口粮也不能解决户口，连最基本的工资都不能保证，没有任何报酬。那时也是工作最难开展的时候，揽存难度大，群众认可度极低，一副农民打扮，拎着帆布包走村入户，连最基本的办公场所也没有，就在自己家中办理业务，工作之余还要再干活挣工分，养活一家人，“四不像”——既不像干部也不像农民，既不是商人也不是学生，群众怎么信得过？就是在这样的情况下，赵玉璞老人坚持了下来，依靠“人托人”的老办法，争取村委协助，通过村委有威

20世纪60年代财贸干校学员合影

望的人推荐，深入了解每村每户的实际情况，对重点的存款客户，上门动员做工作。有一次，一名家境殷实的村民家中卖了一头牛，赵玉璞老人上门做工作动员存款，一次不成功过两天再去，一连去了20余次才把该户的500余元存款发展过来。这样一直到1972年，赵玉璞管理的存款达到7000余元。有了存款赵玉璞老人就把扶持集体经济、帮扶困难群众作为工作的重心，动员集体和村民饲养牲畜，自己骑自行车到临朐赶集购买猪仔，推着车子回来交给集体和村民，村民钱不够，按猪价格发放贷款，帮助饲养，不时总结饲养知识和经验，因工作扎实，多年信贷工作中没有一笔未收回的贷款。

每逢乡村集市，他天不亮就从家里出发，步行赶到集市，7点前开始办理业务，而平时他也是走村入户开展存贷款业务。作为“三大合作”——农民合作、供销合作和信用合作中最弱的农村合作，没有地位也没有资金，完全依靠工作人员和村里的理事（义务工作）来推广和开展业务，借助村委威信来取得村民的信任，一边揽存一边发放生活生产贷款，帮助困难群众买粮食，帮助村民发展多种经营。

通过赵玉璞老人的讲述，我们了解到那时没有自行车，也没有骑车的条件，山区羊肠小路，沟深山高，全部倚靠步行走村下户；业务开展难，工资低，完全靠着为人民服务的满腔热情在从事着农信的工作。我的爷爷也是抗美援朝复原后参加农村金融工作，每每联想到那个时代总会感慨万千。我们今天得到的一切都是他们奠定的基础，我们一定要在农村这块阵地上做好做扎实，为农商银行辉煌的明天做出自己的贡献。

20世纪60～70年代的办公饮水器具（组图）

# 实干兴邦 行胜于言

讲述人 王孔修 记录人 杨海苓

“王老，能回忆下您工作中经历过的最困难的事情是什么吗？”老人沉思了一下，回答道：“没有困难的事呀，没遇到什么困难的事，都过来了。”脸上朴实的笑容深深地打动了我……

那是2018年的7月10日，我有幸跟随青州农商银行“农金记忆抢救小组”拜访了农信老前辈王孔修老人。听王老讲述了一只“斜挎包”、一双“铁脚板”、一辆“老金鹿”的故事，那是几十年如一日，扎根农村、服务基层，走千山万水、进千家万户、说千言万语、吃千辛万苦，一心为群众分忧解难，主动上门提供金融服务的故事合集。

你能想象几十年前的老一辈农信人是如何服务百姓和拓展业务的吗？王孔修老前辈很生动地为我们复原了那些年代久远的岁月：村子里住了一个懒汉，整日里睡觉，无所事事。为了能让他有个谋生的活计，王老主动找到他：“你成天这样也不是个办法啊，我给你贷上几块钱，你去买个小猪养吧？好歹先吃上饭再说，日子就得一点点过，你得有信心，不能破罐子破摔。”就这样在王老三番五次劝说下，村里出了名的懒汉照王老说的买来了小猪仔。随着小猪分量一天天重起来，昔日里的懒汉对未来生活的希望也一点点大起来。“咱得帮他把日子过起来啊。”就这样，贷款、养猪、卖猪、还贷款，用结余的钱再买猪……懒汉终于把“混日子”过成了“美滋滋”，后来成了信用社的忠实储户。我想以上场景便是金融扶贫“真扶贫、扶真贫、带着感情去扶贫”理念的最原始的写照吧。

接下来，我们看到了老人自己手抄的挂失资料。当一本本泛黄的《挂失登记簿》呈现在我的眼前，认真、仔细、完整、有序都不足以形容那种震慑力！那可是真正的纯手工啊，一字一行排列工整。那些有些褪色的字迹，隔了几十年呈现在面前，令我们心中感动不已，仿佛能让整个人迅速地平静下来又充满力量。

20世纪60～70年代的信用社传票

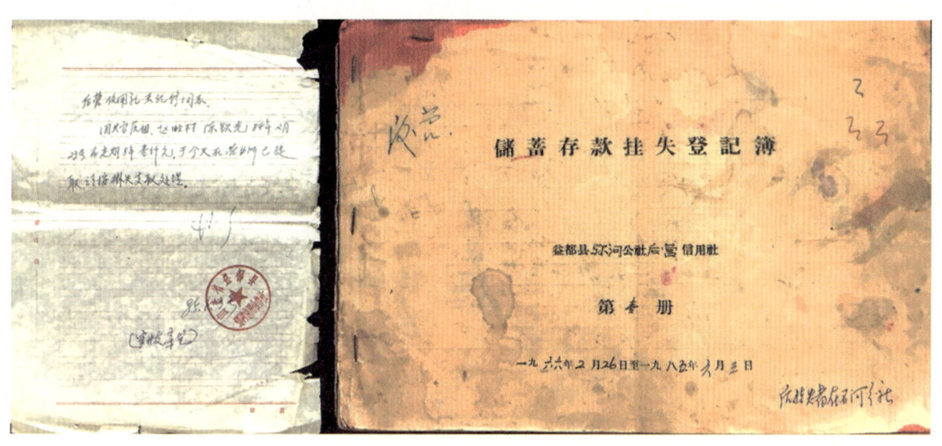


20世纪60～80年代的储蓄挂失登记簿（组图）

据老人回忆，因为经常有老百姓前来咨询查证资料，又时逢网点合并档案交接，为了给乡亲们提供方便，他手抄了不止一本《挂失登记簿》，真正为客户解决了很多后顾之忧。同时为了让大家更好地认可信用社、更好地开展信用社工作，王老更是练就了“一专多能”的本事，学习卫生保健知识，肩负起村民的医疗保健工作，为孤寡老人、困难户提供无偿服务。在一次次默默无闻的付出和给予中，老百姓早已把这种雪中送炭似的“搭把手”记在了心里。

在随访现场，我的心底油然而生了这样一句话：“没有不劳而获的工作，更没有坐享其成的收获。”是啊，站在时间的节点上回望过去，没有老一辈农信人的艰苦奋斗，就没有我们今天的一切，如今所有成绩的取得，无一不得益于老前辈们的苦心铺垫。新的一年，新的出发。我们更要扎实学习老一辈农信人敬业奉献、吃苦耐劳、艰苦创业的精神，学习老一辈农信人不厌其烦、重复细作的情怀，学习老一辈农信人深入田间地头，不怕苦、不怕脏、不怕累的干劲儿。

实干兴邦，行胜于言。带着感情去工作不是一句空话，更不是一次举手礼、一次面带微笑、一次站立服务就能够做到的，而是需要我们把客户当朋友、当亲人，需要我们把工作做实、做深、做细、做透。只有将现代化的金融服务手段与老一辈农信人的敬业精神有机融合，将深入一线与群众打成一片的服务精神凝聚为一体，努力提高客户满意度，让客户认可我们，依赖我们，我们未来的道路，才会越走越扎实、越走越宽广。

# 从大山里走出的三代农信人

讲述人　李元吉　记录人　李心舒

2018年6月29日，为传承和弘扬农信人的“挎包精神”，青州农村商业银行组织开展了“风雨同舟　砥砺前行”主题宣讲报告会暨“挎包精神”千人誓师大会。会议上，我们观看了青州农商银行《抢救农金记忆　传承挎包精神》专题纪录片，聆听了退休老前辈几十年如一日的从业经历。其中黄志功老人扎根“三农”、吃苦奉献的精神令我感慨万千，使我想起了我的姥爷与农商银行的故事、我的三姨与农商银行的故事、我与农商银行的故事。几十年的光阴在历史的长河中转瞬即逝，承载了三代人的青葱岁月。

我的姥爷李元吉，1926年出生于青州市庙子镇下张村，时至今日，那仍是一个交通极其不便利的小山村。听妈妈说，那时候姥爷来城里开会需要骑一天的骡子才能到达，让人听了又想笑又心酸。1946年刚满20岁的姥爷就参加了信用社的工作。山路崎岖，交通不便，姥爷只能靠两条腿走，一个挎包、一把算盘，装上票据就上路，存款、贷款、收息，一家又一家，这样日复一日，年复一年，上山下乡，哪里需要就去哪里、哪家有困难就去哪里。如今姥爷去世已经10年整，临近村庄的村民还会对我们说起姥爷当年在信用社工作的日子，不禁使我感慨万分。

1976年，三姨接过了姥爷手里的算盘。伴随着时代的变迁，三姨见证了信用社由落后到超越的历史变革期，亲历了信用社发展的艰难历程。记得小时候每到周末，我都在妈妈的陪同下去三姨工作的角楼支行看着三姨工作。那时候流通的还是第三套人民币，没有大面额的人民币，储户们经常扛着麻袋去存款。没有现代化的设备，只能手工记账，经常通宵达旦，就这样三姨度过了32个春秋，直至2008年退休。当时站在柜台外的我怎么也想不到20年后我也能成为一名农信人。

2015年7月，我作为省招大学生加入了农商银行这个大集体，成为我们家第三代农信人。初入农信，我就认识到了练习技能和提高业务水平

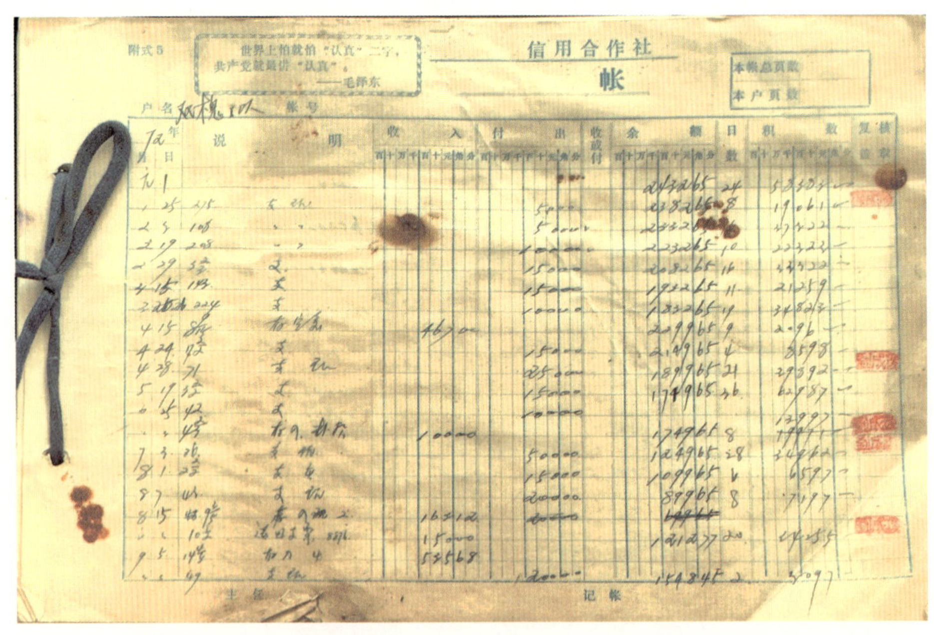


▶ 20世纪70年代的信用合作社账簿

的重要性。在前辈们的指导帮助下，我主动驻行练习技能，学习业务理论，这不仅大大提高了办业务的效率，更使我在2017年潍坊农商银行第十一届业务技能比赛中获得新员工个人全能第五名的成绩。

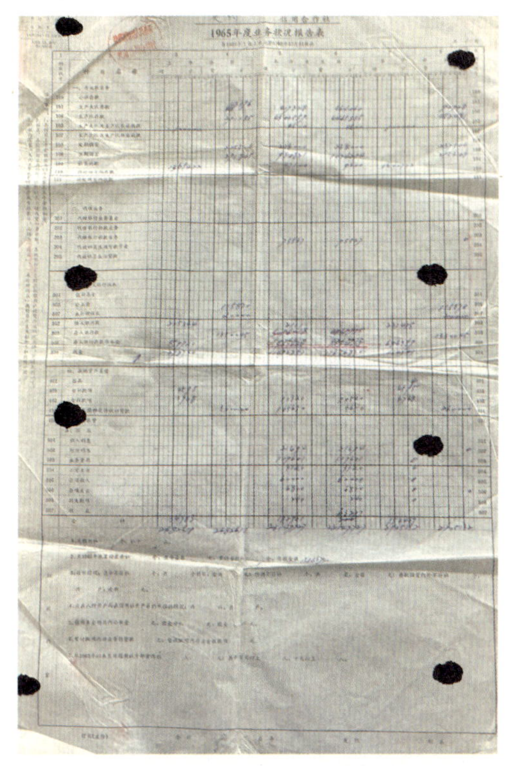
1965年度业务状况报告表

20世纪60年代的业务状况表

其实，像我家这样三代农信人的家庭还有很多很多，我们在奉献农信的同时，农信也在回馈着我们。在姥爷那个年代，几块钱的工资养活了妈妈兄妹7人，使妈妈成为村里第一个大学生，走出了大山，也给了我现在的幸福生活。而姥姥至今每个月还能收到信用社发放的遗属补助。在三姨那个年代，农信使他们极大地改善了生活质量。到了我们这代，农信使我们服务社会、奉献社会，实现了自身的社会价值。

今天，农商银行风华正茂，宽敞明亮的营业厅代替了当年那低矮的木瓦房，电算一体化代替了密密麻麻的手工账本，各种自助设备也逐渐取代了人工。我清楚地知道，这些改变离不开前两代人的艰辛付出。“风风雨雨六十载，朝朝暮暮甲子情”，两代农信人的付出换来今天第三代农商银行人的坚实步伐。我也将会继续传承“挎包精神”，沿着前辈的足迹，肩负前辈的希望，走向农商银行需要的地方，不忘初心，将自己的青春奉献给农商银行，让农商银行的辉煌在我们这一代延续，不断前行！

# 抢救红色『金』记忆
# 寻访『90后』老党员

讲述人　石殿俊　记录人　张海霞

讲好党的故事、讲好农信故事，传承党的精神、传承“农金精神”，为保存珍贵的党史资源，青州农商银行党委牵头，成立了以董事长任组长、分管行长具体负责的领导小组，从办公室、党群部、工会等部门抽调精干人员组成“农金记忆抢救小组”，负责联络、摄制、宣传工作，全力推进工作进程。2018年5月28日，“农金记忆抢救小组”来到青州市邵庄镇石石羊村，走访了退休的89岁（虚岁90岁）农信人石殿俊。

## “只要活一天，就要为共产党干一天！”

石殿俊，1930年9月生。1950年4月，他选择将农村金融事业作为终生追求，自此，兢兢业业几十年如一日。离休以后回村继续担任村里的老年协会会长、红白理事会理事长等职。真情奉献夕阳红，义务送报27载；关注老年人生活，义务为老人测血压；坚守老党员情怀，省吃俭用献爱心……100多本厚厚的荣誉证书见证了他一生的默默奉献，国家、省、市许多家报刊对他的感人事迹做过多次采访报道，被中央电视台评为“最美中国人”。年届九旬的石老胸怀人民，一生坚守党的事业和农信事业，他的感人事迹被群众广为称颂。在他的感召下，助人为乐、尊老爱幼等淳朴民风在石石羊村及邵庄镇一直保持到今天。

20世纪60年代的工作笔记本

石殿俊老人在访谈中首先赞赏了农商银行发展至今取得的各项成绩，充分肯定农商银行由信用组、信用社、信用联社到农商银行的良好发展，认为无论是服务态度还是基础设施建设农商银行都实现了质的跨越。展望未来，他对农商银行的发展提出以下三点建议：一是树牢“客户是上帝”的服务理念，切莫坐门等客，作为服务行业，要持之以恒地深入群众并心系群众。二是建议在各营业网点开通老人“绿色通道”，并在叫号机具内设定“老人优先号”，发扬关爱老人的良好道德风尚。三是在各营业网点设立专项“服务联系卡”，标明各网点电话和专项服务联系渠道，做到真正地密切联系群众，为人民群众解难题、办难事。最后，石殿俊老人将一本记载了农信60年发展史的《人民日记》赠予青州农商银行。

# 执着 感恩 身正为范

讲述人 李金斋

记录人 张海霞

现年77岁的李金斋，1957年加入农信大家庭。他扎根基层30余载，将自己的青春挥洒在农村这片广阔的土地上，他用执着与热情、敢于担当感染着百姓，带领群众实现梦寐以求的致富愿景，用实际行动赢得了基层干部群众的一致肯定。他，是妻子眼里的“忙人”、同事眼里的“亲人”、群众眼里的“好人”。

## 坚守基层 他用执着诠释着农商情怀

1957年，李金斋参加农信社工作，每个月领18元钱的工资，一领就是15年。期间，面临小孩需要抚养、家庭经济十分窘迫的困境，很多人对他说：“李金斋，别干了，跟我出外打工去，两个月就比你一年挣得多。”他总是笑而不答。他知道，虽然工资领得少，但单位的工作不能没有他，农村更需要信用社；虽然没有与付出相匹配的经济收入和身份地位，但他热爱这份工作，农村要发展就离不开经济，经

济要发展就离不开金融。正是怀着这份坚守、这份执着，李金斋把18元钱一个月的工作当作事业来打拼，由出纳到主办会计，再到内勤主任，直至东高信用社的负责人，一路走来他也见证了农商银行由小到大、由弱到强。

## 勇于担当　他用感恩接力传统美德

勇于担当，回报社会，是他爱岗敬业的初衷。“我是农民的儿子，我知道农村的苦”“做人要常怀感恩之心，感恩单位，给我平台，能够让我自食其力，但不能独善其身，回报社会就是最大的感恩”“最早策划筹建东高信用社办公楼，操劳期间的差旅费也从来没报销过……”只求付出，不求回报，这就是我们可爱可敬的老农信人。即便是临近年关的营业旺季，李金斋仍心系孤寡老人，主动做公益事业；主动对接联系村委要求帮扶贫困大学生；听闻工作地有家庭不幸遭遇车祸的，第一时间登门看望；自参加工作以来，每年参加义务献血，从不间断……他总是乐善好施，对自己和家人却是厉行节约，他用自己的实际行动诠释慈善情怀。“我不求名，也不求利，如果有能力我想回报社会，带动身边的人去帮助那些需要帮助的人。”

20世纪80年代农金系统职代会人员合影

20世纪60～70年代的存折（组图）

## 身正为范　他用言行兑现党员承诺

“总行党委安排我到东高工作，就是对我最大的信任，我一定要兑现一个党员对群众、对上级党委的承诺。”李金斋是这么说的，也是这么做的。农商银行是最接地气的农村金融机构，农商银行的兴衰与当地老百姓的满意度密不可分。李金斋始终认为，当地的老百姓是我们忠实的客户，只要是老百姓的事，能尽一份力，就要上一份心。对待群众，李金斋是一个平易近人、亲力亲为的“老好人”；对待同事，他则又变成了一个严厉的“班主任”——不吃早饭要管，婚姻恋爱家庭也要管，说不定哪天休假回家，还能

看见他在你家喝茶聊天——总抱怨他管得太多太细，却又暗自不得不钦佩他的严于律己，率先垂范。李金斋还经常说的一句话是“单位就是家”。每年年关，家家都一派喜气祥和，家人团聚过大年，东高支行这时候不但是窗口服务高峰期，厨房还断了炊。这时，李金斋行长又摇身变成“厨师长”，“基本上不回家过年，也没有星期六星期天，大家都歇班他还得看门儿……”这是老伴记忆中李金斋的工作状态。

李金斋的爱岗敬业、勇于担当、言传身教影响着身边一个又一个有志青年，他用自己的实际行动践行了“挎包精神”，弘扬了社会主义正能量，引领我们新一代农信人去描绘更加绚烂多彩的画卷！让我们共同立下不负时代重托的坚定誓言，当好服务“三农”的先行兵，做好求实奉献的践行者，在老一辈农信人的指引下，开创辉煌新篇章！

# 无悔青春在农信

讲述人　裴永顺　记录人　张海霞

裴永顺，81岁，一位在农信社勤勤恳恳、扎扎实实干了一辈子的老农信人。受前期脑血栓影响，在采访其工作生活事迹时，由妻子邢淑美代其讲述："他一辈子感激领导、感恩单位……"采访过程中，裴永顺数次哽咽……

## 用"奉献才是生活"的执着诠释无私情怀

扎根基层农信网点的裴永顺，每月领着微薄的工资，面临妻子无业、小孩需要抚养、老人急需照顾、家庭经济十分困难的窘境，依旧有着一颗大爱无私的心。农信创建最初的那些年月里，有一天，裴永顺家里来了个四五岁的小孩儿跟着他爸爸来贷款。看着眼前面黄肌瘦的孩子，裴永顺马上对妻子说："这个孩子饿了，快给他拿个煎饼吃。"不管自己家的条件有多么艰苦，善良的本性让他第一时间想着给眼前的孩子拿吃的。多少年以后，老伴推着轮椅上的裴永顺去赶

集，集市上有个摊位的老板热情地给他们二老拿葡萄吃。二老推辞之间，这位老板才说起，原来他正是当年跟着父亲来家中贷款的那个孩子……正是怀着对信用社工作的热情和坚守，裴永顺把半生岁月全都奉献在农信一线，把平凡的工作当成事业来打拼。他是带着感情来工作的，亦如多少年后的今天，提及往事，他眼中涌出热泪，滴滴情怀，诉说初心。

## 用“淡泊名利”的言行甘于默默奉献

为人低调，不慕名利，是身边人对裴永顺一致的评价。对待客户，他是一个平易近人、亲力亲为的“老好人”；对待同事，他则又变成了一个工作面前往前冲，荣誉面前往后让的“老好人”。老伴现在回想起他的职业生涯，说：“帮了很多人，也不当官，不注重名利，一些提高待遇和升职的机会都让给别人……”多少次荣誉晋升的机会，裴永顺淡然处之。除了名利之外，他有更高的境界和价值，值得他为之奋斗，为之奉献，乃至牺牲。裴永顺同志就是具有这样信念与情怀的人，他总觉得：“能为老百姓干点实事就很好，很知足。”他把个人追求与农信社的发展、社会进步紧密联结在一起，以淡泊名利、无私奉献的人生境界和高尚品格，拓展了生命的维度，为农信事业的发展留下了宝贵的精神财富。当地的街坊邻居对他的评价也是极高的，说他是一个心里装着老百姓的“老好人”。

20世纪50年代的元角分存单

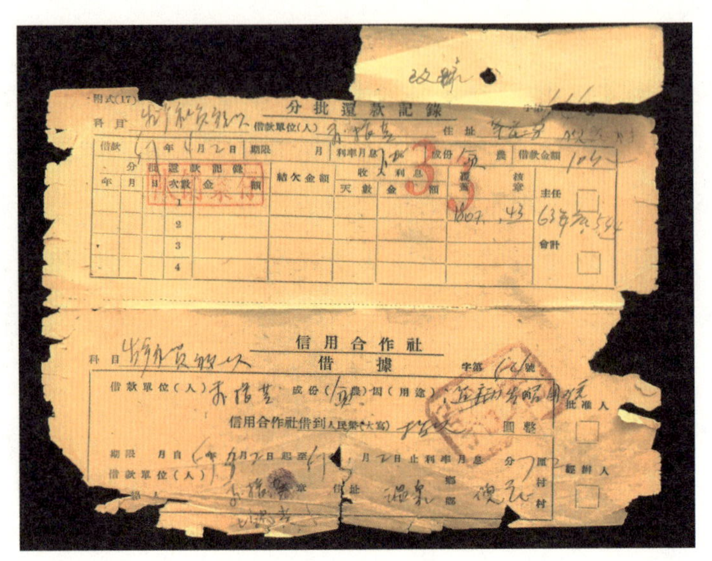

附式(17)

分批還款記錄

科目　借款單位(人)　住址

借款　年　月　日　期限　月　利率月息　成份　農　借款金額

| 分批還款記錄 | | | | | 結欠金額 | 收入利息 | | 覆 | 核章 |
|---|---|---|---|---|---|---|---|---|---|
| 年 | 月 | 日 | 次數 | 金額 | | 天數 | 金額 | | |
| | | | 1 | | | | | | |
| | | | 2 | | | | | | |
| | | | 3 | | | | | | |
| | | | 4 | | | | | | |

主任　會計

信用合作社

借據

科目　字第　號

借款單位(人)　成份(　農)因(用途)

信用合作社借到人民幣(大寫)　圓整

期限　月自　年　月　日起至　月　日止利率月息　分　厘

借款單位(人)　章　住址　鄉　村

批准人　經辦人

20世纪50年代的借据

## 用“知足常乐”的感恩之心，传播正面能量

“国家现在给发这么多工资，也有饭吃了，这就很好。”“你们一趟趟地来看我，我对不住单位啊，过去这么些年了，领导还这么重视，我很感动！”“我对信用社很有感情，为咱单位自豪啊……”裴永顺激动地流下眼泪。马克思说：“人是社会的人，人的一切活动离不开社会大集体。”81岁的裴永顺对集体满怀感情，他用自己的职业生涯告诉我们要时时怀有感恩的心。这样才能懂得尊重，尊重生命、尊重劳动、尊重创造。个体与集体的关系是唇齿相依、血脉相通的。一个企业的发展壮大，需要每一位员工忠诚、勤恳、积极向上、懂得感恩。我们要以忠诚企业为根本，要有改革创新精神，有创新发展理念，要有“敢闯敢拼，苦干实干”的闯劲儿，才能把挑战当机遇，理出新思路，找出新途径，采取新措施，实现新突破，开创新局面。

# 农信『元老』的『不老』挎包情

讲述人　王文博　　记录人　张海霞

王文博，81岁，1958年在青州市五里镇加入农信大家庭，是最早创建农信事业的一批人。他背着挎包走村入户，兢兢业业，默默奉献，毫无保留地为“农金记忆抢救小组”成员讲解如何揽存、如何拓展业务。他的农金印记，盛满了农商银行发展的回忆，见证了农商银行的成长。

## 挎包是个“百宝箱”

从农信创立的那天起，王文博就习惯带着挎包开展业务。在那个交通、通讯并不方便的年代，在他工作的区域里，来来回回跑了多少趟，他自己都已经记不清了。但他风里来雨里去的形象，村民记得清、客户记得清、同事记得清，人们总是说，当时的“老王”，就像一个穿梭于田间地头的邮递员、传话员、送货郎，他那破旧的斜挎包，总是像百宝箱一样，什么都装得进、拿得出，反正用他自己的话讲，就是“每次下村子从不走空”。肩挎“百宝箱”，他不知道遇过多少次黑脸、吃过多少次闭门羹，但他习以为常，从不抱怨。而且，在长期的“斗争”中，什么样言辞举止适应什么样的场合，什么样的贷户使用什么方法，对此他已经驾轻就熟。

### 挎包是“制胜法宝”

在营销拓展中，他总是说挎包不但是一种精神，也是农信人拓展业务的“制胜法宝”。用挎包拓展业务不仅体现在上山下乡摸底资金需求、走街串巷深入开展营销、田间地头共叙社农发展，更表现在一代代的青州农商银行人栉风沐雨、不舍昼夜组织存款资金、提优资产质量，实现各项业务指标持续向好、资产负债结构不断优化、品牌影响力和品牌知名度扩大等优良业绩。这件“制胜法宝”，永远不能忘、更不能丢。

### 挎包是段不了情

退休后的“老王”，其实很不想离开，身体状况依旧很好的他，完全可以继续凭着两条腿穿乡过野。那是他喜欢做的事，而且一做就是一辈子，谁能轻易割舍呢？他能做的就是“传帮带”，在行总部的号召和安排下，他把自己用了几十年的“破包”捐献出来，还时不时给青年人送去自己的“工作经”。他有时对自己的徒弟们说，你说你那塑料公文包好，装资料方便，但希望你们不管将来用什么包，都要永远把真心实意装得进、拿得出，才能和客户真正打成一片，那才是真正的农信人。

“挎包精神”告诉我们，要勇于攻坚克难，敢于啃硬骨头，唯有坚定信念，直面困难，一切困难才会成为“纸老虎”。千里之行，始于足下，尺寸之功将助力全行不断实现高质量发展。

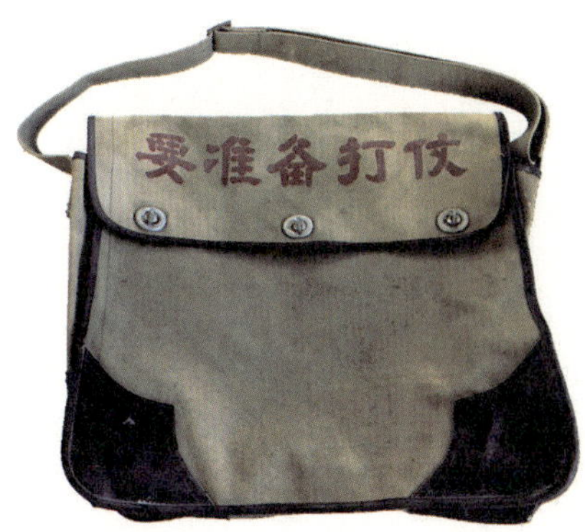


20世纪60年代的工作挎包

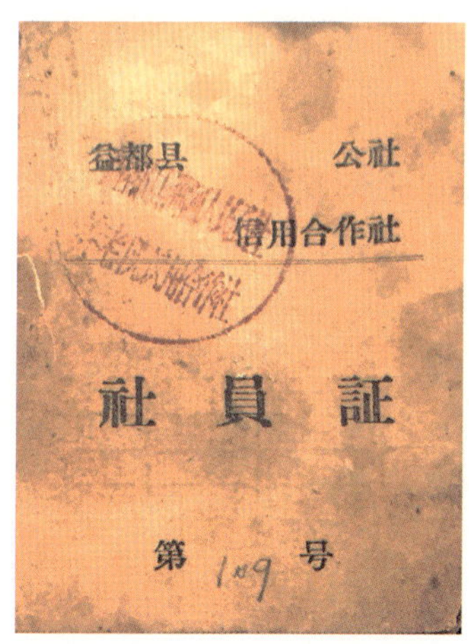


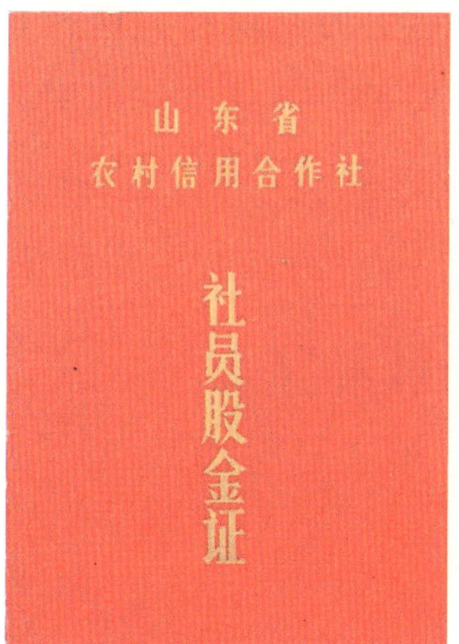


20世纪60～80年代的社员股金证

# 农信社的『史学家』

讲述人　王洪恩　记录人　张海霞

1936年生的王洪恩，精神抖擞地说“咱信用社发展到今天已经有66个年头了……从全国范围内看可能还早一些……1953年随着农业合作化成立信用组；1954年以乡为单位成立农村信用合作社；1955年因行政区划分发生大变动，打破原来体制，实行大队管区；1958年，随着人民公社成立，三社合一；1965年由农行管，管了两年左右又归并回人民银行……信用社管属单位数次变动……”80多岁的他对自己干了一辈子的农信发展历程重大节点如数家珍，这是一位兢兢业业、地地道道的农信“史学家”。

20世纪60年代的金融书籍

## 读史，源于对工作的热爱

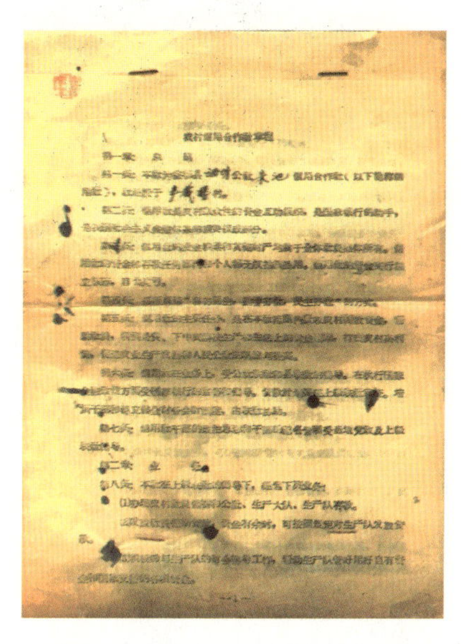

20世纪60年代的信用社章程

培根曾指出：“读史使人明智，读诗使人灵秀，数学使人周密，科学使人深刻，伦理学使人庄重，逻辑修辞使人善辩，凡有所学，皆成性格。”王洪恩对农信史、单位史的热爱和执着源于自身严谨细致的工作态度。1953年王洪恩在谭坊镇参加信用社工作，1980年调到郑母信用社，1984年调回谭坊信用社，1995年他从谭坊信用社调到益都信用社直至1997年退休。每到一处，他总是对单位乃至全行发生的每一次变动调整，用心体会，留心记录。一些别人觉得无关紧要的凭证、证书、门匾，他都一一保存下来，并细心查阅资料，学习分析一件事情背后的大背景、微知识，久而久之，他积累了自己的素材库、史料集。他总说：“积累这些，就是感觉加深了对单位、对工作的认识，没有什么特别之处。”几十年下来，他的收藏都有了农信“文物”价值，他脑中的记忆，更成了农信发展的“活化石”“动力源”。

## 研史，源自对事业的执着

记得来时路，才知未来路。以史为鉴，读史明智，鉴往知来。在他心里，历史是经验、教训、借鉴与传承。历史既是过去的积淀，也是未来的参考。他搜集历史、记录历史，更是经常把历史的智慧应用到实际

20世纪60年代的储徽

工作中。在清收不良贷款的时候，别人总是喜欢随大流、完任务，他却喜欢逐个分析问题、解决问题。工作中，他总结出清收不良的六大类别、十种方法，分门别类、逐家逐户带领团队清收，取得了良好的效果。在拓展存款的时候，他也总是习惯继续“拉挎包”的营销经验，觉得自己的工作要处处对得起农信的使命、自己的良心，用初心和信念推动自己开展工作。

## 讲史，来自心底的呼唤

退休以后，为响应行党委的号召，他经常为青年员工传经送宝、口述历史。他总是说，“发展越快速，越不能忘记农信点滴积累的发展经验”，内心的呼唤时时激励他整理自己的史学感悟、工作经验，并为同事员工留下珍贵的资料遗存。从他的讲述和情感中，我们总能感受到那份怀揣信念、坚忍前行的可贵精神。从这种传承中，我们深深感受到“农金精神”于个人、于全行、于社会都大有裨益，值得提倡与发扬。

闻道有先后，根底有深浅，对农信发展史的热爱与研究不能断，愿“王老”的星星之火可以点燃更多农信人对农信史的研读和弘扬热情。从这点上讲，王洪恩是永远值得我们学习和效法的典范榜样。

“榜样的力量是无穷的。”榜样是一种向上的力量，是一面旗帜。世界上任何一个不断发展、不断进取的民族，都不会忽视榜样的力量。在我们农商银行大家庭里就有许多爱岗敬业、无私奉献、勇于担当、勤于学习的先锋榜样，他们的故事激励着我们见贤思齐、望炬前行。

有人曾说:“播撒一种思想收获一种行为，播撒一种行为收获一种习惯，播撒一种习惯收获一种性格，播撒一种性格收获一种命运。”榜样是我们奋斗的目标和参照物。让我们深读先进故事，感悟先锋精神，向榜样学习，向榜样看齐!

# 视工作为信仰的人

宫世强

“终于上线了……业务顺利办理……我们胜利了！！”从营业部出来的那一刹那间，他激动地近乎哽咽，眼眶里回旋着胜利的泪花……他就是青州农商银行财务会计部总经理宫世强，从事会计工作17载，一位深信世无难事、强者无疆的铮铮铁汉，一位视工作为信仰的农商银行人……

2009年，他与营业部全体内勤人员一同经历了新一代核心业务系统上线，时隔9年，又迎来了最考验意志的事件——全省农商银行核心业务系统转型升级工程，一个庞杂繁复的工程，几十个关联系统，几百个业务场景，几千个交易组合，作为财务会计部总经理的他，承受着巨大的压力。如何带领全体内勤人员在全省农商银行核心银行系统转型升级工程这一里程碑式的重大节点上留下浓墨重彩的一笔？如何确保核心业务系统顺利上线？多少个夜晚，他坐在办公室，脸上写满压力和责任，空气中弥漫着凝重的香烟味。

“凡事预则立，不预则废”，成功留给有准备的人。参加完市联社

20世纪80～90年代办公场景（组图）

会议，作为条线负责人的他当即向主要领导进行了汇报，在得到领导许可后，冒着大雨从潍坊赶回行里，连夜组织召开动员大会，具体安排相关事宜，要求全员“拧成一股绳，搏尽一份力，狠下一条心，共圆一个梦”，以认真负责、奋发有为的干劲儿开展转型工作！会议结束，已是深夜10点，他留下几名业务骨干，开始商量业务培训的课程安排、时间分配以及培训过程中的交通、饮食等问题。他要求一切从员工的角度出发，让员工学得舒心、学得安心，保证培训效果。《核心银行转型升级工程业务培训材料》是他要求印制的，所有内勤人员人手一套，虽然只是3本册子，却费了他不少精力。他考虑到培训几乎都是晚上进行，字体太小，眼睛受累，就会影响培训效果，字体太大，就造成纸张浪费，于是他一遍遍调试修改，就这样这3本册子的样稿来来回回改了五六次。培训期间，正值夏季最热的时候，为了保证学习效果，室内温度、饭菜卫生、水果准备、员工交通……他都细致考虑，统筹安排，只为培训能取得实实在在的效果。

上线前的那几天更是高度紧张。他组织会计主管、财务会计部全体成员一遍遍学习上线方案，研究每一项工作，下发了关于业务处理、人员安排、现金安排、时间安排、重点事项提醒等多个通知。10月3日晚上，他再次组织会计主管召开专题会议，总结近几天工作开展情况，呼吁和要求每一位会计主管一定要认识再提高、思想再重视、方案再学习、流程再落实！把事项想得更细一点、落实得更扎实一点、各个环节把控更严一点，认真做好行总部安排的各项工作，确保新系统顺利上线。支行行长会议、会计主管会议、财务会计部全员会议、专题探讨座谈会……大大小小的各种会议，他召开了十几次，还有微信群里的那些他所谓的“啰唆”，字里行间向大家传达着这项工作的重要性，所有人都能感受到他的心是揪着的：哪里还想得不周全？省市联社的哪项工作还没有传达到位？哪一家支行的落实还未到实处？哪个环节最容易出纰漏？近百天，他揪着心一路走过来。

2018年10月6日，新系统第一次与客户见面！早晨不到8点，他再次拨通营业部会计主管的电话，询问一切是否准备到位，8∶20他紧张地同客户一同踏进营业部，叫号……业务处理……看着业务一笔笔成功，客户对我们赞赏有加，他稍微缓了一口气！营业部、王母宫、汽配城、云河、王府……全市58处营业网点，模拟演练期间进行指导和慰问，上线之后他还要持续跟进……

2018年10月8日，国庆节后第一个工作日，联行系统、对公业务等全面开办，这将是最严峻的考验。他一早来到营业部，本来就严肃的脸上挂

满了凝重，看着客户一个个满意地离开，这才出现了开头那一幕……

农历八月十五中秋节以后就没有回家吃过饭的他，决定回父母家吃一顿晚饭。饭后却从父亲处听到了让他落泪的一件事情。“你们那个系统上线弄好了？”他低着头吃饭，随便嗯了一声。“我和你说个事儿。”一种不祥的预感涌上心头，他瞬间抬起了头，“你妈前两天身体不舒服，去医院查了查，心脏不好，医生要求住院手术，你最近很忙，就没和你说，拿了点药先吃着，你同学给检查的，抽空你问问怎么办……”他再也忍不住了，不停地埋怨父亲怎么不早说。病了的母亲当然是为了支持儿子工作，关键时刻不想给儿子添乱，想等着新系统顺利上线以后再说……痴情父母古来多，可怜天下父母心！老父亲平日里总是教导双双就职于青州农商银行的宫世强夫妇：“你们两个专心干好工作，孩子放我这里，我们负责吃住、接送，让她姑姑负责辅导作业。”从上幼儿园的那一天开始，日复一日，年复一年，昔日的小娃娃如今已是一名五年级的小学生了，孩子正在长大成人，父母却在残酷地老去……正是他们的理解和支持，才使得他能全身心投入本次系统升级工作中。

“一个人强不是强，再强也是只羊，全员强才是强，团结起来是群狼。”除了父母，最让他感动的是财务会计部的十几位员工。这次核心系统顺利上线，同志们的支持和配合，让他再次感到了家的温暖。财务会计部是一个团结有爱的部门！培训期间、演练期间的劳动强度不言而喻，考虑到天天坐在电脑前，颈椎和腰椎不好是大家的职业病，他便把家里的羽毛球拍带到了单位，利用晚饭后演练前的时间号召大家一起打羽毛球。办公室里基本都是女同志，晚上加班晚了，他变着花样给她们准备水果。基层网点晚上9点半结束演练，财务会计部还需要汇总、整理当天遇到的问题，要到晚上10点半以后才能下班，为了不让她们害怕，他每天都陪到最后。

对工作执着的爱，与同事真挚的情，在别处也留下了斑斑痕迹……2018年8月19日，洪水肆虐了美丽的青州古城，全行干部员工上下齐心响应行总部号召，放弃周六、周日休息时间，组成红马甲志愿队，到辖内村庄开展帮扶服务！危难时刻，也是模拟演练的重要时刻，新系统上线、灾后援建，两件大事并驾齐驱！期间，他参加完行里组织的抗洪救灾捐款活动，就把主要精力放在了新系统上线上，但又牵挂着灾区的老百姓！9月1日，一个周六的早上，他与同事们商量每个人出资1000元，买来了洗衣粉、消毒液等一同驱车赶赴受灾严重的王坟镇庙头村，支援灾民。村里的书记追问他们的姓名，他们没有留，只是留下了一个共同的身份——“我们是青州农商银行的人。”

奥勃鲁切夫曾经说过：“人能为自己心爱的工作贡献出全部力量、全部

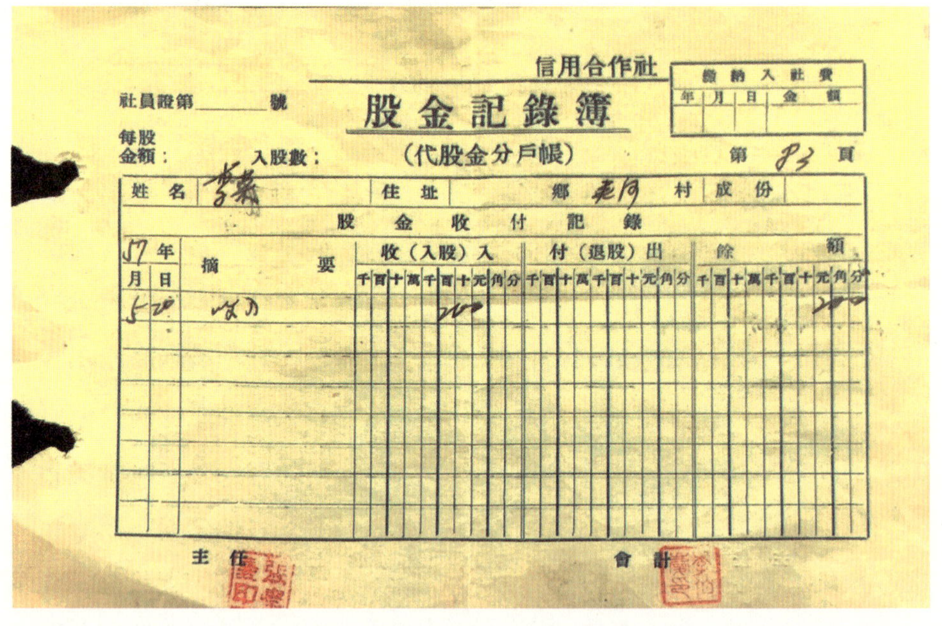

信用合作社

社員證第＿＿＿＿號

股金記錄簿

（代股金分戶帳）

每股金額：　入股數：　第 83 頁

| 繳納入社費 | | | |
|---|---|---|---|
| 年 | 月 | 日 | 金額 |

姓名　　住址　　鄉　　村　成份

股金收付記錄

| 57 年 月 | 日 | 摘要 | 收（入股）入 千百十萬千百十元角分 | 付（退股）出 千百十萬千百十元角分 | 餘額 千百十萬千百十元角分 |
|---|---|---|---|---|---|
| 5 | 20 | | | | |

主任　　會計

20世纪50年代的股金记录簿

精力、全部知识，那么这项工作将完成得出色，收效也更大。”这世上从来就没有什么奇迹，只有专注和聚焦的力量！而这种专注和聚焦的驱动力便是爱！2001年，他加入青州农信这个大家庭，一直从事会计工作，严谨细致是他的底色。他说：“很喜欢这个工作。” 我想那是因为他首先热爱青州农商银行这个大家庭吧，像你、像我、像他、像所有奋战在核心银行系统转型升级工程一线的农商银行人……因为热爱，所以才有了两个多月的夜以继日，60多天的反复磨炼，1440多个小时的艰苦考验。全身心地投入，并让自己的爱得到充分表达，把热爱工作炼成了一种信仰，贯穿工作始终！

胜利的曙光终于穿透层层云海……

日出东方耀九州，江山万里瑞气留！

喜看转型起锚日，创新发展立潮头！

# 奋斗书写担当 巾帼不让须眉

王爱华

新时代的农商银行涌现出一批批立足本职、爱岗敬业、锐意进取的实干者，而在这些展现新时代中国特色社会主义新形象、新作为的奋斗者中，不乏巾帼不让须眉者。她们自尊、自立、自信、自强，肩头担负的不仅是柴米油盐，还有“挎包精神”的传承，有农商银行事业的发展，更有社会的和谐、文明和进步。今天，就让我们走近青州农商银行云河支行行长——王爱华，看她如何用奋斗精神书写巾帼不让须眉的担当。

## 坚守优秀——亲力亲为促发展

王爱华，1993年3月加入农信大家庭，先后从事出纳、会计、辅导员、会计主管、直管分理处主任、支行行长等岗位，现任青州农商银行云河支行行长。她具有扎实的基层工作经历和丰富的组织领导能力，不管在哪个岗位上，她始终敢干、能干、会干，在奋发昂扬的精神状态下以饱满的热情攻坚克难、扎实工作。

让人记忆犹新的一幕是2006年夏天的那个雨夜，恰逢行总部规范化服务培训，时任邵庄支行会计主管的她开着一辆面包车，下班后载着包括新入职员工在内的7名内勤人员，赶20千米的夜路到行总部接受规范化服务培训。山里的麦子熟了，夜里又来了一场急雨，农人们匆匆忙收了麦子，只剩下"布阵"在麦子周围的石头，横散在大山深处本就狭窄的马路上。"按理收麦子的季节很少下雨，你说那天晚上也怪了，雨哗哗地下跟泼下来一样，雨刷不停地刷也看不清眼前的路……"但是她心中的路是明晰的！大雨滂沱也不能阻挡前进的道路！陪同新人结束培训，她又钻进车里当起了司机。车子变得更加沉甸甸，因为里面装满了新人们刚刚学得的新知啊，她的心中充满了欣慰，再次冲进雨中……返回邵庄支行，放下同事，她还要继续赶十几千米的路回家。当时家住临淄的她，孩子尚小，家中的灯火明亮地指引着她的归途……2009年1月，由于工作突出，她被调到城区信用社担任会计主管一职，家和单位之间的距离为25千米。但是每天早上第一个到单位的是她，晚上最有一个离开的也一定是她。哪有什么豪言壮语，只有默默坚守！恰逢新系统上线，多少个夜晚她坚守到凌晨，收到会计部邮件后才离开。为了不影响工作，她于2011年4月将在临淄区读书的儿子转入青州市，并在就读学校附近租房直至儿子高中毕业。 9年后的8月，我们又迎来了新系统上线，她动容地补充道："我是过来人，知道内勤的不容易。我家孩子现在大了，我更是一个晚上也不能少，我会陪着她们的。"这当属为"不忘初心"的真实写照！她无怨无悔，好似从来也不知道疲惫。工作26年以来，1994～2004年连续11年被青州市农村信用社联社评为优秀会计员，其中连续两年被潍坊市联社被评为优秀会计员，还先后获得优秀内勤主任、工会积极分子、优秀共产党员、五佳支行行长、潍坊市银行系统优秀支行行长等荣誉称号，被青州市政府授为首届青春创业状元、巾帼建功标兵等荣誉称号。在她的带领下，所在团队也取得了骄人的成绩：优秀团队、文明服务优胜单位、潍坊工人先锋号、青年文明号、文明单位、先进单位等，其中2017年云河支行被潍坊市联社评为全市农商银行系统先进基层党组织。

## 敬业担当——亲力亲为有力量

不见海不知海阔，不下海不知海深。面对激烈的市场竞争环境，王爱华从不犹豫或退缩，也不信奉所谓的“亲力亲为的人不懂管理”，而是身体力行、以身作则。“什么领导啊，我从来不把自己当领导，不过是一群南飞的大雁，我是领头雁罢了。有时候我也觉得自己是一个大家长，必须亲力亲为，带领大家一起干！”如此定义自己的她，坚持在各项业务开展的“热点”和“难点”中寻找突破口和创新点，坚持一手抓业务、一手抓管理，坚持用工作成绩和思想素质的高低来衡量和考核每一个人。她带领支行员工开展厅堂营销、网格化营销，走进市场，并在行总部组织的2018年上半年“V付”拓展竞赛中取得第一名的好成绩。相处久了，同事或身边的朋友对她的评价用得最多的词就是“敬业”，在哪里也不忘工作：饭店吃饭随时随地拓展“V付”，车站接客人的空隙营销平价超市……这种敬业源于她负责任、敢担当、有魄力，能挑重担、敢打硬仗！2016年初，王爱华调到云河支行。初来乍到，受几个大客户季节性存款及当地新入驻两家金融机构的影响，支行面临十分困难的境地，主要业务指标完成率普遍较低，员工的情绪异常低落。王爱华看在眼里，急在心里。她迅速投入工作中，她要打破这个局面。那段时间，她的压力非常大，但是你却不曾在她身上看到半点怀疑和气馁，有的只是积极向上、从容面对以及必胜的信心！最终，用不到一年的时间，云河支行各项业务指标有了大幅提升，她带领支行所有的兄弟姐妹打了一场漂亮的翻身仗！

20世纪八九十年代的营业网点外景照（组图）

## 深耕服务——把客户当亲人

王爱华的客户群体来源十分广泛，上至机关事业单位的领导干部、集团公司的老板，下至半生扫街的环卫大妈、街边营生的小商贩，不论何种身份的人见了她都是一样的亲切，身边的同事也无不感慨：“她的朋友遍天下！”何故？因为她心里面实实在在地装着客户，她常常教导自己的员工：“何必把客户当上帝？你把客户当成你亲爹、亲妈、亲姐姐、亲弟弟去给他们服务就一定差不了！”秉承着这种信念，她不断加强单位的精细化管理，从改善基础环境、提升员工意识到加强细节管理、提升客户满意度，最后让所有客户来到云河支行便有宾至如归的亲切感。

优质服务水平必须依靠严格、规范、科学的管理。为了更好地提升员工服务水平，云河支行以每周的驻行学习为有力抓手，全面提升客户服务体验度。同时，为不断引导员工深刻领悟优质服务的标准，使员工肩上的责任感和大局观念不断增强，王爱华更是在“厅堂营销”上下足了功夫，“这些年一路走来，我一直没有淡化对厅堂营销重要性的认识，优质的服务不仅仅是‘三声服务’，更是一种主动意识、一种负责态度、一种良好的工作心态，营销人员不仅是工作人员，更是客户的需求代言人，是我们

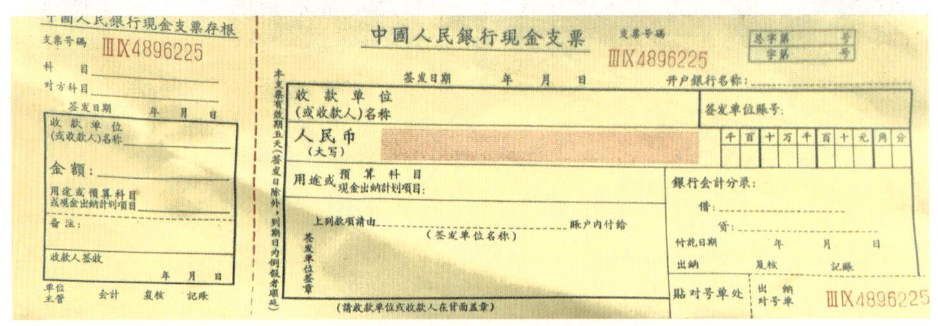

中國人民銀行現金支票存根
支票号碼 ⅢⅨ4896225
科目
对方科目
签发日期 年 月 日
收款單位（或收款人）名称
金額：
用途或預算科目或現金出納計划項目
备注：
收款人签收
年 月 日
單位主管 会計 复核 記賬

本支票有效期五天（签发日除外，到期日为例假者順延）

中國人民銀行現金支票
支票号碼 ⅢⅨ4896225
总字第 号
字第 号
签发日期 年 月 日
开户銀行名称：
收款單位（或收款人）名称
签发单位賬号：
人民币（大写）
千 百 十 万 千 百 十 元 角 分
用途或預算科目現金出納計划項目：
銀行会計分录：
借：
貸：
上列款項請由（签发單位名称）賬户内付給
签发單位签章
付訖日期 年 月 日
出納 复核 記賬
（請收款單位或收款人在背面蓋章）
貼对号單处
出納对号單 ⅢⅨ4896225

20世纪五六十年代的现金支票

服务的开端，也是客户对我行的第一印象。”

2016年秋天的一个清晨，王爱华正在办公室里梳理手上的工作，电话响起来，原来是她的小学同学：“爱华，你上班吗？我现在在你单位门口，攒了3万块钱给你送来了，我穿得不好，就不进营业厅了，你出来拿吧，进去给你丢人……”不等这位自觉自卑的小学同学说完，她便一路小跑出营业厅，二话没说，挽着这位同学的胳膊，大大方方地走进营业厅。她儿时的伙伴——邵庄镇那贫瘠的山地里最普通的一名村妇，穿着朴素，骑着摩托车风尘仆仆地带了不知攒了多久的3万元钱来帮她完成存款任务……这是何等的善良，何等的友谊！王爱华说：“我从来不觉得我有这样的同学丢人，她电话里那样说我心里很难受，我挎着她的胳膊就是要让她感受到最高贵的尊重。还有很多这样的朋友……一路走来最感激的就是他们……”她的陈述被眼泪打断。

只要有一点时间，她便以身作则穿梭在营业厅内，担任起大堂经理一职，让员工切实认识到“客户是衣食父母”，优质服务是银行的“生命工程”。正是凭借着这样的信念，云河支行营业网点的整体服务质量得到了健康、稳步、快速发展。

## 大爱情怀——用真诚照亮前方

2018年1月，张某所在的联保小组中有一人“跑路”，家庭困难的张某也起了侥幸心理：“他都跑了，贷款我也不还了。”但是作为云河支行行长的王爱华不想让他失信，“他还那么年轻，不到30岁”。王爱华便隔三岔五地登门拜访，去做他的思想工作，可是守在清贫家中的往往只有张母一人。善良的老母亲敌不过良心的谴责，儿债母还，每个月替儿子还1000元钱，还了一个月又一个月……王爱华也是女人，面对这样一位母亲，心中百般滋味。她自掏腰包买了老母鸡或者是面条等生活必需品去探望她，一次、两次……时间久了，张母对王爱华也是更加信任。一个平常的午后，王爱华又来到张家，张母愁容满面，王爱华关切地追问老人家原因，张母终于开口：“这两天身子不好受，去中心医院拍了个片子，医生说是个不太好的病，我也不知道还能活几天了……又不能和孩子说……”说着便流下无助的泪水。王爱华听后当即联系了自己在中心医院的同学，帮忙询问情况，并陪同张母去中心医院提前取出查体结果，“虚惊一场，不是什么大病……”日子终于恢复往常的平静了……2017年9月的一天，久未谋面的张某提了10斤小米走进了云河支行的大厅。他直奔王爱华的办公室：“王姨，我错了……俺娘让我给你拿来的小米……”七尺男儿铮铮铁骨流下了忏悔的泪水，王爱华说：“小米你拿回去吧，我不要！好好孝顺老人就行。”张某带着哭腔回答：“王姨，你收下吧，我就一个娘啊……贷款我还，老王那钱该我还的我也还！”人间自有真情在，历时21个月之久的不懈努力换来的是55万元贷款盘活。次日清晨，王爱华提了10斤小米和一箱酒，再次回访张母……张某用这笔贷款开始了阳光下的营生，每月按时归还利息，直至今日，从未欠息。从来不要客户一针一线，而且她还要把她能给你的都给你，“你是我的客户，也是我的家人。”大爱情怀，照亮了多少人前行的道路！

2018年5月上旬，在青州农商银行总部领导的大力支持下，王爱华开始积极对接潍坊市护理职业学院。她跑了无数次、讲了很多话、举了很多例子、做了很多对比……终于对方同意青州农商银行介入相关项目合作。但是按照青州农商银行内部管理规定，公司贷款是由公司事业部来具体办理，作为办理个人贷款业务的云河支行负责人，她即使攻下这个大客户，也不算她的工作业绩。她并没有因此放弃，2018年7月13日，潍坊护理职业学院在青州农商银行授信2亿元，“不管是谁来做这个项目，只要拉进来了就是咱青州农商银行的”。正是这种对农商银行的归属情怀，使她赢得了广大客户的一致好评，并感染着身边的每一个人。2018年7月下旬，我们迎来了全省农商

银行核心银行系统转型升级重大工程，青州农商银行积极找寻最佳培训场地，王爱华更是积极对接相关单位，功夫不负有心人，最终潍坊护理职业学院相关负责人被她的优质服务所折服，被她大公无私的情怀所感动，同意让青州农商银行无偿使用可容纳500人的学术报告厅6个白天17个夜晚，直至相关培训结束。这当属为真诚的力量！也当属为大爱情怀！

“王行长工作认真，还特别平易近人。”这是众多一线员工对她的评价，主要是因为她能够在保持所在支行团结和谐与高效运作的同时，又能平等地对待每一名员工。平时雷厉风行的她，其实特别重感情、懂感恩，她说是员工和客户成就了她的今天，不管谁有困难，她都会第一时间伸出援助之手。节假日，她自发组织全体员工到王坟镇看望困难群众，给他们送去生活用品，询问他们当前的生活状况，也把青州农商银行当前欣欣向荣的发展讲给他们听；她把员工和客户约在一起到自己的老家采摘香椿、前往淄川区马鞍山接受爱国主义文化教育。王爱华坚持以诚实的态度对待工作、对待客户，把规范、优质、贴心的工作态度落实到行动上，维护好农商人的良好形象。“人心齐了，工作才能干得好，人心聚了，才能拧成一股绳”，她善于将员工的工作积极性调动起来，在一张一弛中形成良性循环，让员工愿意去拓展业务、开拓市场。在她的带领下，员工工作干劲上去了，营销的意识也上去了，自觉形成了“人人肩上有指标，工作重任全员挑”的意识。

银河一粟的地球上，广袤的中国大地上，从古至今从来不缺少伟大的女性！祖国日益繁荣昌盛的大好河山，有多少女性洒下了汗水和心血？又有多少人像王爱华一样，正在用自己的不懈奋斗谱写着不平凡的人生经历？她们在平凡的岗位上，用扎实苦干的实际行动坚守敬业奉献的价值导向，为中国梦的实现汇聚着自己的所有力量，用敢想、敢干、敢拼的精神为我们树立了敢于担当的榜样！

# 洪灾中书写农商大爱

冯志刚

台风“温比亚”来袭，古城青州变成了汪洋泽国。百姓危难之际，青州农商银行党委反应迅速，决策果断，组织广大党员干部迅速投入抢险工作，谱写了一曲众志成城的抗洪赞歌，保护了人民群众的生命安全。在这次抗洪抢险中，涌现了很多动人的英雄故事，他们用实际行动诠释了对工作的赤胆忠心和对人民群众的无限热爱。

——题记

冯志刚，青州农商银行王坟支行党支部书记、支行行长。2018年“温比亚”台风灾害中，身为党支部书记的冯志刚身先士卒，带领支行员工不惧风雨、舍己为民，全力以赴投入抗灾救灾工作，让群众感受到党的温暖，彰显了一名共产党员的优秀品质，书写了一名优秀支部书记的责任担当。

## 饱含深情，抢险救灾在一线

2018年8月19日的暴雨持续了5个小时，因各种担心，冯志刚久久不

能入睡。天还未亮，他便火速赶到单位，路上目睹的一切让他觉得事态比他想象的更严重。他即刻召集副行长孙洪涛、客户经理房坤等支部成员赶到辖内村屯。在灾情严重的王坟村和涝洼村，山洪的破坏力大到让人难以置信：房屋浸泡、农田被淹、电杆倾倒，塌方的道路变成了河道，到处漂浮着被冲出来的日用品及生产工具。他走遍村里每户受灾群众，和村民们一起打捞、晾晒生活物资，满身满脸都被水浸湿了，但他依然不肯停下来……

## 满腔热情，公益服务为村民

暴雨导致王坟支行主、备线路双双中断，冯志刚第一时间报告行总部。根据行领导要求，王坟支行迅速启用移动终端，3台移动终端定点办公，确保金融服务不中断。

洪水过后的第一个周末，冯志刚迫不及待地再次深入村屯，到灾民家中查看倒塌房屋状况，安抚受灾群众情绪，并带领全体支行员工自备胶鞋和铁锹，放弃休息时间，加入红马甲志愿者服务队。在灾情严重的王坟村吴亮星的印刷厂，10多个队员齐心协力把洪水浸泡的设备等搬到架子上，队员们组成“人体传送带”，把66个生产模具一个个搬离积水，最后再把厂内淤泥一车车推出来……虽然很累，但所有人都坚持到最后，没有一个掉队！去陈家园村的路冲断了，为了支援灾民，他同客户经理徒步绕行7千米，穿过玉米地，踏着泥泞，和村民一齐打桩加固、运送沙石、扛沙袋，帮助群众修路修房，搭建帐篷；协助政府分发救灾物资，确保物资发放井然有序。

在冯志刚的带领下，王坟支行红马甲志愿者服务队成为王坟镇灾后援救的重要力量。

20世纪80年代上门服务场景

## 充满激情，持续奋战不退缩

“带着感情工作，再累也能挺过去！”王坟镇大面积山区农田被洪水冲垮，很多农田都是村民经过好几代开垦的成果，多次调研中冯志刚感受到了村民对这些农田的特殊情感。为了更好地支持村民恢复生产生活，王坟支行充分发挥当地主流银行的作用，积极开展红马甲送贷上门活动。一边服务，一边调研，王坟支行根据自身实际，建立救灾援建资金支持台账，详细记录受灾户数、损失金额、受影响的存量贷款金额、农户信贷资金需求等，留存有关摸底排查资料，全力以赴满足辖内村民灾后重建的各项金融服务需求，为王坟镇恢复生产和重建家园提供了强有力的信息支持

和信贷服务。

在前期调查摸底的基础上，王坟支行组织召开专题会议，落实青州农商银行灾民贷款“绿色通道”政策，对受灾村民贷款做到不压贷、不抽贷、不人为增加贷款条件。同时对受灾原因形成的贷款逾期或不能正常归还贷款本息的，办理展期手续或无还本续贷，及时为客户延续信用。

## 富有豪情，面对未来有信心

“水灾没什么可怕的，我们有信心将家园建设得更加美丽。”在行领导的一次调研中，冯志刚这样表态。

事实上，王坟支行不光有决心，更有能力、有底气做出这样的表态。针对家电、房屋、维修等生活自救的小额、高频资金需求，他们精心设计救灾帮扶专项贷款，灵活使用“家庭备用金”贷款品种；针对农业设施的大额资金需求，通过“家庭亲情贷”办理，并对符合“信e贷”信用贷款办理条件且已开通手机银行的受灾群众，利用手机银行实现自助签约、自助放款，实现让客户“一次不跑”；对其他的受灾群众，通过微信、电话、农商宝等渠道申请贷款，由客户经理上门服务，在资料提供、调查审查、签约放款等环节全面落实“一次办好”，最大限度地简化流程、提高效率，确保信贷支持资金及时到位，让群众尽快投入生产自救，最大限度地减少灾害损失。

在严重的灾难面前，冯志刚始终把人民群众利益放在首位，身先士卒。他这种不怕苦、不怕累，不顾个人安危、舍小家为大家的行动，赢得了广大干部群众的赞誉，谱写了一首新时代农信人抗洪救灾的壮丽乐章！

# 客户心中的『飞姐』

王飞飞

“飞姐，这些缺角的钱还能换吗？”“飞姐，我对象的银行卡丢了怎么办？”在青州农商银行北城分理处的营业厅里，每天这样的问题接连不断。一位面带微笑、声音温柔的内勤人员不急不躁地解答着每一位需要帮助的客户，“飞姐”成了北城分理处的品牌和名片。

“飞姐”——王飞飞，1987年生，同事和客户都习惯叫她“飞姐”。王飞飞参加工作已有8年，她清楚地记得第一天报到的场景。在主任办公室里，主任语重心长地说：“每个柜员都是一张名片，服务质量直接关系着农商银行的形象，有些同事不能严格要求自己，对客户漠然甚至傲慢，这样的人多了，就会疏远了老百姓，就会砸了农商银行的牌子。”王飞飞把这些话牢牢记在心底，她暗自下决心，向优秀的同事学习，做好柜台服务，努力让每位进门的客户都对农商银行竖大拇指。

为使自己成为一名合格的人才，她坚持自学不辍，点钞、机点、汉字录入、数字小键盘，每一项技能都认真对待。有时一个简单的捆钞动作，

也会不厌其烦地练好几天。为练好捆钞这个动作，她一练就是上百次、上千次，手指被捆扎钞票的“腰带”勒得生疼，仍然咬牙坚持着，有时手指被“腰带”条割得鲜血直流，她就用创可贴简单一贴，再继续练。为保证在不耽误工作的前提下完成学习任务，她几乎付出了所有的业余时间。随着捆扎钞票的“腰带”一条条飘落，手指上的老茧一层层变厚，她捆钞、点钞的本领也愈加过硬，2011年在全行业务技术比赛中获得了青年组点钞第四名的好成绩。作为前台柜员中的一员，她深感岗位的重要性，在办理业务时始终保持快速、精准，对接待的每一位客户都给予热情周到的服务，对于行里安排的每项工作，她都以高度的责任心去完成。

农商银行偏远的乡镇网点条件一般，自助机和人员配备也不完善，却承担着绝大部分的普惠金融服务，服务对象大多是文化水平不高的老年人。嘈杂的环境、拥挤的人群、和眼花耳背的大爷大妈沟通是新入职员工的最大难题，临柜人员每天不得不数百次重复同样的对话。王飞飞用积极的心态看待这一切，把困难当成磨炼，换位思考去理解身边的每一个人，尽最大努力做好每一个细节服务。

“真心才能换得真情”，她深知自己岗位的重要性，她把客户的事当成自己的事。9年来，王飞飞以质朴大方的服务风范赢得了客户赞誉。“来

20世纪80～90年代的制度办法（组图）

有迎声、走有送声，微笑服务、站立服务”是青州农商银行对前台服务的要求。一次站立容易，成百上千次的起身也不难做到，难能可贵的是对所有客户都站立服务，无一例外。偶然一次文明服务抽查时，检查人员含着眼泪看完了她一个下午的服务录像，共起身360余次，此时的王飞飞已怀孕7个多月。

有柜员怕麻烦，不喜欢向客户推荐电子产品，王飞飞却不这么认为，“农村客户虽然接受能力不强，但习惯是需要慢慢培养的，手把手教会了他们，这部分客户的忠诚度就是最高的”。王飞飞积极推广网上银行、手机银行，耐心细致地讲解和服务，即便换了好几个工作的营业网点，她营销的电子产品总是最多的。

2016年起，王飞飞开始担任会计主管助理，看到同事们都很忙，她主动承担起自助设备管理员的工作，无论是节假日，还是恶劣天气，都坚持每天巡检，事实上她是离自助设备最远的人。为了及时收到故障提醒，睡前她总是把手机放在床边，生怕耽误维修时间。只要自助设备出现故障，无论是漆黑的夜晚还是忙碌的白天，她都会第一时间赶到。用她的话说：“工作第一位，必须的！”

业务旺季时，她主动加班加点，早来晚走，力所能及地帮助其他同事。忙起来的时候甚至顾不上吃饭，更顾不上照顾年幼的孩子。私下聊起来时，她说感到非常内疚，没有尽好做女儿、做妻子、做母亲的责任。

辛勤付出换来丰硕果实，2012年3月她被潍坊市联社评为优秀柜员；2014年2月被潍坊市联社授予文明服务标兵；2015年1月被山东省精神文明建设委员会办公室、山东省农村信用社联合社授予全省农村信用社文明服务标兵；2016年4月被中共潍坊市委、潍坊市人民政府授予劳动模范称号；2018年4月27日获得山东省劳动模范殊荣，受到了山东省委刘家义书

记的接见。

“如果你是一缕阳光，你是否照亮了一片黑暗？如果你是一滴水，你是否滋润了一寸土地？”这是王飞飞记在日记里抄的雷锋的一段话，也是激励王飞飞不断前行的动力。职业典范，青春榜样，显现别样情怀，这就是工作和生活中平凡、普通而又出类拔萃的王飞飞，也是农商银行一代人“立足城乡、服务三农”的缩影。

# 英姿飒爽炫精神　不让须眉巾帼志

## 刘敏

全省农商银行历时22个月之久自主研发的核心业务系统，终于在2018年的秋天与大家见面了。在丰收的季节里，这也寓意着重生！系统培训、模拟演练、参数填报、数据规范、上线迁移核对……7月、8月、9月、10月……直至新系统正式上线！而在此期间，青州农商银行全体员工牺牲了大量的休息时间，全身心投入到核心系统模拟演练环境中，为的是全面提升用户体验！为的是全面提高全行业务处理效率和风险防控能力！为的是提高农商银行的市场竞争力！一路走来，一路辛苦，一路收获，一路感动……

她叫刘敏，核心银行系统上线期间，任青州农商银行王府支行的会计主管。

2018年7月17日至2018年7月27日期间，因为工作能力出色，刘敏被青州农商银行选调到位于济南市的省联社核心银行系统转型升级培训基地。在此期间，她成为章丘与青州之间、省联社与青州农商银行之间、她眼前的老师与她要教授的学生之间的联系纽带，不分白天与黑夜，也不分工作日、休息

日，她时刻不忘自己肩上所肩负的责任。全天候、无缝式，学习内容之多，时间之紧，令人不可想象！10天、8天、5天、2天……培训临近结束，也意味着她作为讲师的培训之旅即将开始。为了节省时间，可以达到回到青州即可开始做培训的目的，她挤出午饭和晚饭的用餐时间与其他3名培训人员共同研究制定《青州农商银行的培训配档表》，修改、讨论、再修改、试讲、再讨论……就在这样紧张的节奏中，10天的培训眨眼而过。

立足于早，突出于快！7月27日晚，青州农商银行连夜召开动员大会，让员工切实明白核心系统升级的必要性和重要性，以统一思想、凝聚共识、开展行动、奋发有为的干劲儿开展转型升级工作！大会结束后，参会的行长和会计主管陆续离开，她却自觉地留下来，再次根据实际情况对培训内容与时间进行修改，直至半夜确定最终的业务转型培训工作方案、明确培训动员时间表和任务图，为的是给后续培训工作、模拟演练以及系

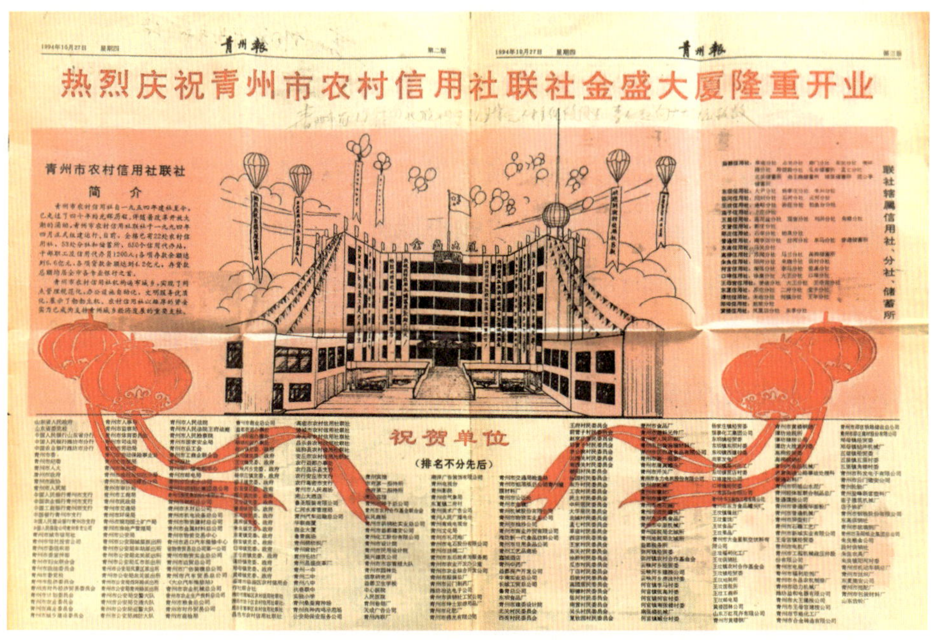

1994年10月27日 星期四 青州报 第二版

1994年10月27日 星期四 青州报 第三版

热烈庆祝青州市农村信用社联社金盛大厦隆重开业

青州市农村信用社联社

简　介

青州市农村信用社自一九五四年建社至今，已走过了四十年的光辉历程，伴随着改革开放大潮的涌动，青州市农村信用社联社于一九九四年四月正式组建运行。目前，全辖已有22处农村信用社、53处分社和储蓄所、850个信用代办站，干部职工及信用代办员1200人；各项存款余额达到6.6亿元，各项贷款余额达到4.2亿元，存贷款总额均居全市各专业银行之首。

青州市农村信用社机构遍布城乡，实现了网点管理规范化、办公设施自动化、文明服务优质化，展示了勃勃生机。农村信用社以雄厚的资金实力已成为支持青州城乡经济发展的重要支柱。

联社辖属信用社、分社、储蓄所

祝贺单位

（排名不分先后）

20世纪90年代青州市农村信用社联社开业专刊

统上线都打下坚实的基础！

2018年7月28日下午，青州农商银行在潍坊护理职业学院报告厅正式举行核心银行系统转型升级业务培训，全行首批110人参加培训，后续内勤人员300人分批次全部参加培训，标志着全行核心系统转型升级工作正式启动！白天的刘敏还是王府支行的会计主管，晚上她会成为这几百名内勤人员的老师，责任大于天。为了更好地进行培训，她只能利用晚上正常休息的时间备课。时间在夜色中滴答滴答地溜走，她起身轻悄悄地踱进女儿的卧室，借一缕微弱的光，看那长长的睫毛搭在粉嘟嘟的脸上，再继续伏案备课，抬眼间已是凌晨，这成为培训期间刘敏的夜间常态。提到女儿，她说："感觉很亏欠家人，特别是对女儿。家里的事情根本没时间考虑，平时为了工作加班加点是家常便饭，孩子从上幼儿园开始，我没能接送过一次，也没参加过她学校的活动。"她低垂的眼中溢出了泪花，划过脸颊，滴落在白色的条纹衬衣上，又迅速散去……"今年去章丘培训期间，正好孩子上小学报名，没机会回来，啥也没顾上。国庆上线期间，孩子动了小手术，也没顾上她，每天都在单位忙碌，晚上才能回家，陪她时间太少太少。有时候想想，觉得自己作为母亲真是太不称职了，可是出于责任，单位的事情我不能放下，为了工作只能选择舍小家顾大家。"是啊，2018年对全省农商银行来讲，是极不平凡、极具挑战的一年，为了"不忘初心、牢记使命、扎根三农、服务百姓"的信仰和承诺，为在改革转型中迈出新的步伐，为勾勒出辉煌灿烂的前景，为全市8个乡镇、4个街道办事处、1个经济开发区几十万客户的翘首期盼，她一路走来，带着一颗感恩的心，无畏风雨地坚守和拼搏！

8月13日培训顺利结束，8月14日晚上模拟演练开始。这天晚上9点半左右演练结束，柜员们都走了，刘敏带着倦意收拾好东西准备离开时，电话响起："省里有个业务需要反馈，及时跟进！"刘敏立即重启电脑，反复查询数据，忙完工作离开单位时已是晚上11点，同时这也是模拟演练过程中所有会计主管的一种常态。而刘敏更是忙中加忙，每天在日常工作的基础上，她会接到一个又一个咨询问题的电话：“刘主任，咱们这个系统中的**代码是什么意思？”“刘主任，我们是开发区支行，请问……”“刘主任……”她一天能接到七八十个电话，手机需充电三次！同事们有问题咨询时她乐意解答，自己不懂的就帮同事向省里负责相关业务的老师请教，直至解决问题！用她的话说就是：“遇到问题必须搞懂，不然总觉得心里不安。”

“大家都很累，员工们都特别辛苦，我们王府支行的同事特别体谅我。我脾气急，特别是在业务方面。忙起来的时候啥都顾不上，有些事情她们都很帮忙。前几天孩子生病，早上我们解款早，7点10分左右，她们就让我晚去单位。”忙碌之中的刘敏提起支行里并肩作战的姐妹们，言语中充满了感激和感谢，而她口中的这种照顾，也是有原委的。

2017年还在营业部任会计主管的刘敏，因为操劳过度腰部错位，路都走不了，钻心的酸痛无时无刻不折磨着她。但是她没有请一天假，只是淡淡地说：“业务很忙，工作第一。”晚上回家再敷药，因为错过了最好的治疗时间，现在落下了腰疼的老毛病。姐妹们深知她的责任心之大，所以都主动为这为能干又善良的姑娘分忧，“现在同事都不让我抬箱子。其实说实话，工

20世纪90年代的业务宣传场景（组图）

作真的很累很辛苦，但是和同事们在一起相处得特别好。我们和同事在一起的时间比家人都多，感情很深。”句句都是肺腑之言，没有过多的修辞，却让人闻之动容。

不论是在哪个网点，她都很愿意和同事真心交流，同事之间的关系都十分要好。“大气，干练”是大家伙提到刘敏时用的频率最高的词。“我只是觉得最起码要对得起自己的工作，对得起大家的信任。把自己的工作能做到多好就做多好！工作就是这样啊，你掉了我拾起来，大家一起努力。”“工作能做到多好就做多好”已成为她在农商银行工作的信条！而她所就职的青州农商银行作为服务地方百姓的主流银行，转型和发展的立足点和落脚点就是做实并创新金融服务。青州农商银行在此次核心银行系统升级的具体实施过程中以客户需求为中心，以落实执行为归宿，以科技促进全面发展，把创新与服务结合起来，通过金融服务水平的不断提升，真正将金融服务嵌入广大老百姓的生活之中，为乡村振兴插上了腾飞的翅膀！

最后，刘敏说道：“吃着农商银行的饭，得对得起自己的良心才行。”没有抱怨与不值，额外的工作亦没有索求什么回报，演练的日子更加练就了她的斗志昂扬和赤子之心！她在平凡岗位上践行着责任与担当，认真负责、无私奉献，用坚守诠释着新时代的“挎包精神”！让我们致敬身边最可爱的人！让我们满怀信心和期待，团结在农商银行大家庭里，为共创农商银行百年伟业砥砺奋进！

# 李梦颖 真情服务成就精彩人生

转眼间加入农商银行这个大家庭已经快3年了，在充满正能量的企业氛围的熏陶下，在领导的关怀和同事的帮助下，李梦颖顺利克服职场新人过渡期“水土不服”的困扰，也更加坚定了自己心中作为服务者的责任和信念。在日常单调烦琐的工作中，她总能充满活力，充满新鲜感。在农商银行大家庭里，她感受到了家的温暖、责任的意义、梦想的真诚、奋斗的幸福和付出后的回报，为的是那份服务百姓的使命和承诺，为的是用心服务后人间温情的暖意。

## 真情待客户　提升业务服务质量

平凡的日子里也会有闪耀的瞬间。2017年腊月二十八的青州瑞雪纷飞，距营业结束还有15分钟时，一位中年客户慌慌张张地冲了进来，说自己卧床不起的父亲急需存折里的定期存款，但存折密码忘记了。李梦颖与同事了解了实际情况，决定下班后上门办理业务。她们向大爷讲明业务流程，请他写好授权书并进行录音录像，整理好凭证后，向客户说明天一早就可以去柜台将钱取出。看到顾客轻松下来的神情，她也感到了浓浓的满足和骄傲："我们农商银行的客户多是农民朋友，他们在办理业务过程中遇到的困难也更多，我想这就需要我们一线工作人员提供更贴心细致的服务，可能是一句简单的问候，可能是多一点的耐心和等待。最好的服务发于心，出于情。"正所谓"赠人玫瑰，手有余香"，她服务好客户的同时也温暖了自己。

## 提高服务主动性　增强客户依赖度

机会稍纵即逝，只有主动出击，方可善作善成，方可赢得发展和未来。一天中午，李梦颖正在值班时接到电话，顾客表示自己在其他银行有定期存款，现想具体了解一下我行理财信息。她感觉这是一个很好的机会，立刻向顾客就理财的期限、利率以及是否保本等问题做了介绍。忽然电话中传来银行叫号的声音，顾客说自己正在他行办理业务，现在正纠结到底把钱继续存在该家银行还是来我行买理财产品。李梦颖进一步说明我行不光理财产品好，还有好礼相送及一系列的服务配套措施。她同时表示可以去接客户过来，陪她一起把钱安全带来。顾客听完非常开心，表示乐意来我行办理理财业务。最后顾客带来40万现金购买了一年期理财。由此她更加深切地体会到："客户不是等来的，市场不是等来的，只有打破坐门等客的'玻璃门'，真正将服务放在心里，才能真正走到客户心里去。"有时候不过是多付出一点、多向前走一步，就能赢得客户的心，也为这个社会多增添一分信任。

## 努力工作　换得精彩人生

又是一年春来早，东方风来满眼春。一年一度的"春天行动"并没有

因为春节假期的断档而停止营销进程，2017年的“春天行动”正在全行热火朝天的营销氛围中进行。为做好旺季营销宣传工作，全行上下全体员工除了早来晚走做好每天工作外，更是主动放弃休假，全身心投入到旺季营销中去。从没有人抱怨工作时间长，工作压力大。每个周末，李梦颖和同事会带着宣传材料和小礼品，进入集市，深入社区，加入红马甲便民服务宣传队，宣传金融产品，讲解金融知识，做好基层金融营销服务工作，在努力工作的同时也在实现着自己的人生价值。

沐浴在农商银行“立足三农，服务百姓”的光辉下，李梦颖动容地说道：“我会牢记初心使命，不忘承诺誓言，既然选择了远方，便只顾风雨兼程。我坚信在新时代农商人的共同努力下，我们的未来会更加灿烂辉煌！”

20世纪80年代培训班学员合影

# 永远不要停下学习的脚步

宋　昉

回首儿时的我，小小的脑壳里被灌输的理念是——好好学习、天天向上，努力考上好大学，为父母争气。像众多中国传统家庭的孩子一样带着光宗耀祖、光耀门楣的远大志向，我顺利地走完了小学、中学、大学的学习生涯。脑海中尚且记得近几年的新闻中提到的情景，面临毕业的学生，疯狂撕书并将书纷纷扬扬洒下，被撕碎的书本漫天飞舞，校园宛如下了一场雪，这时你若问他们，如果有这么一天不再需要学习的时候，你会不会拿起书、再走进校园，我想他们的回答应该是：绝不。

2012年参加工作之后，终于再也没有人逼着我学习了。周围总有这样一种声音：一天到晚工作哪有时间学习，这脑子也不好使了，学了就忘，不能跟年轻人比。是啊，环顾周遭的人们无不潜心忙于工作，哪还有时间学习呢？曾经也如此“劝慰”“开导”自己，我以为再也不想拿起书本，心中学习的火仿佛已经熄灭……

然而就这样浑浑噩噩地工作了几年后，我突然发现自己陷入了无尽的

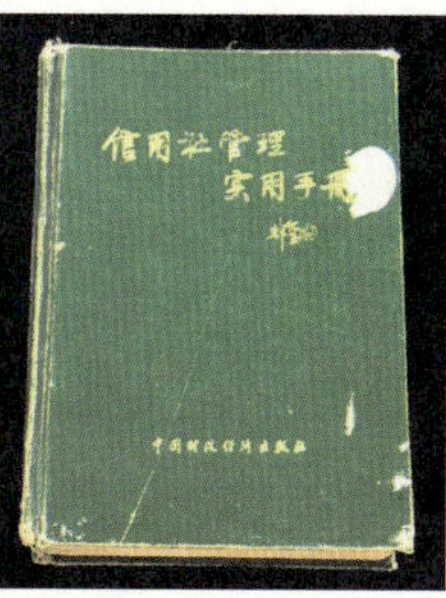

20世纪60～90年代金融书籍（组图）

困惑和迷茫中：除了每年递增的工龄以外，我还有什么收获？一种莫名的焦虑和恐惧感涌上心头。行业竞争日趋激烈，电子替代率在逐年提高，我们做的工作技术含量低，我们会不会提前下岗退休？

转折发生在2016年，恰逢行领导找我谈话："目前，行里还没有考取CDCS（国际跟单信用证专家）证书的人，你英语不错可以考考看。"而当时我已有孕在身，并且孕期反应很大。学还是不学，考还是不考？纠结中的自己想起父母经常在耳边的嘱托："上了班也别放下书本，技多不压身，没事多看看书。"以前经常拿着父母的唠叨当耳旁风的我，经过深思熟虑后，终于开始打算认认真真学习了。

每当周末休班时，我就抱着厚厚的参考书来到市图书馆。我以为图书馆会人烟稀少，没想到第一次来到图书馆时，一楼大厅已经被来看书的小朋友全部占满，三、四楼的自习室也是座无虚席。后来，为了能够占一个位子，炎炎夏日，我就早一步出门，占据有利位置。图书馆很安静，学习氛围也很浓烈，比起待在家中，图书馆更能让人全神贯注地学习，沉浸在知识的海洋中。如果你想玩手机消遣一下时，看到周围的人在认真学习，也就不自觉地把手机放下了。

同事看到我学习时，也会调侃我："怀孕还报这么难的考试，等孩子出生都能说英语了。"我会心一笑："对呀，权当是给孩子做胎教了。"时间过得飞快，马上就到了公布成绩的那一天。晚上9点多，我抱着手机等着查询结果，看到成绩“80分，PASS”的一刻，心底五味杂陈：3个月的努力没有白费，这是对自己学习的最好肯定。

有了第一次考试成功的试水后，趁热打铁，在2017年我又陆续报考了CITF（国际贸易金融专家）、CSDG（保函与备用证专家）考试。准备这两次考试时，看孩子、喂奶、看书、查资料、备考同步进行。考试当天，我还带着孩子去了考点，喂完孩子就进了考场。令人欣慰的是最后两门考试也都顺利通过了。现在的我依然没有放弃学习，已报考了在职研究生考试，目前还在努力备考中。

回首职场中的学习经历，想要告诉大家：在残酷的职考华容道上我们摩拳擦掌、披荆斩棘、过五关斩六将无不豪情，无不快哉。如今的我们终于成为农信系统最优秀的士兵，令人欣慰。但是喜悦之余也请你意识到：职场和社会更是一个毫无硝烟的战场，不再有专业的老师进行系统的言传身教，完全靠独立和自觉的工作空间对年轻的我们来讲无疑是一个更大的考验，要求我们必须制定详细的职业生涯规划，做好目标计划的制定并严格执行。无论我们身处什么样的岗位，都要把当下的工作作为一种修行。永远不要停止学习，也不要用各种各样的理由搪塞自己不去学习。保持一颗谦卑的心，让学习成为永不停歇的人生脚步，不断在工作中学习，在学习中进步，在进步中自信！

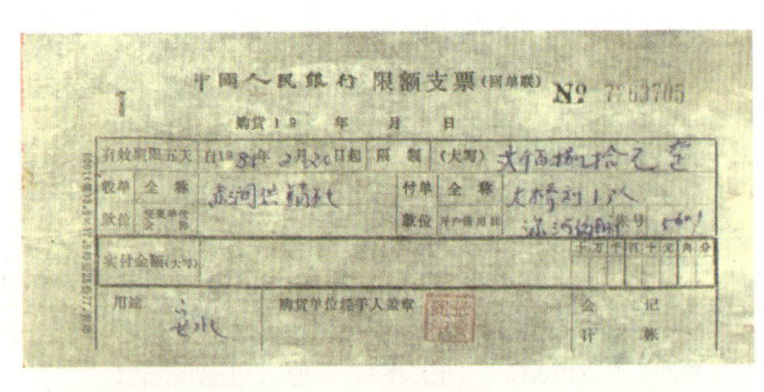
1　中國人民銀行 限額支票　№

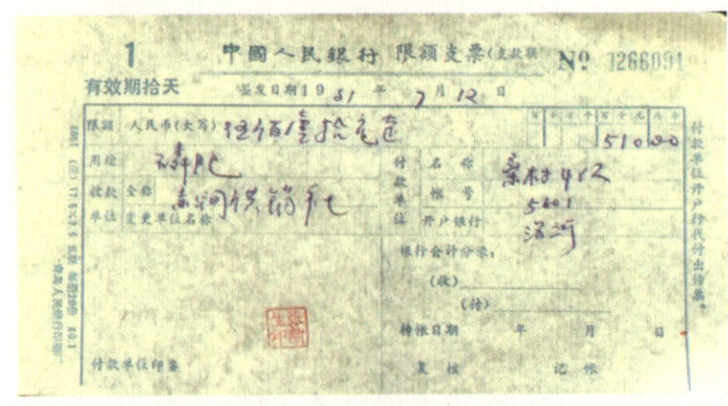
1　中國人民銀行 限額支票　№ 3266091
有效期拾天

20世纪80年代的限额支票

# 殷永波 不言弃的铿锵玫瑰

坚毅、自信、热情、细腻……殷永波大姐把铿锵玫瑰所绽放的种种魅力都毫无保留地献给了她的尺间柜台。殷大姐从业23年，现为北关支行前台柜员，从1995年进入单位到现在，轮换了数十个支行，一直奋斗在柜员岗位上无怨无悔。2018年核心银行系统上线前夕单位组织理论学习，虽然殷大姐胃疼得厉害，且恰逢大女儿高三准备高考，小儿子等着妈妈回家补习功课，但她依然按照行总部的规定进行学习，晚上10点到家后再默默地检查儿子的作业。一天，殷大姐疼得实在受不了了才去医院检查，原来她有很严重的胃病，医生早就给她预约好了手术时间，但为了新系统上线，她在单位什么也没说，默默忍受，直至不得不动手术。手术共切除息肉24颗，术后医生让她卧床至少两周，可殷大姐说："我要去学习，现在不学扎实，系统上线后耽误客户办业务，单位需要我，客户也需要我。"术后不到两周，殷大姐带病上岗学习直至系统演练。支行演练时，需要加班，胃没恢复好的她只能吃流食，她的丈夫就带着病号饭送到支行。那段时间，殷大姐在柜台里面工作，小儿子在柜台外面写作业，她的丈夫去学校等大女儿放学。有时候行长问小儿子，你觉得妈妈是个好妈妈吗？小儿子只会羞涩地笑，问急了会说：“是，妈妈是个好妈妈，虽然不能陪我去游乐场，不能在家帮我补习功课，但我们在一起学习。”大女儿高考结束了，支行考虑到殷大姐的情况想让她歇一天送孩子到大学报道，她摆摆手拒绝了，说：“工作要紧。”殷大姐总是用自己的真挚和耐心不断学习，而把苦涩、委屈和对女儿、儿子及家庭的愧疚深深埋在心里。

殷大姐在柜台办业务时话不多，但笑容亲切，清风细雨般询问客户需求，服务热情周到，从来也不嫌弃年纪大的人耳朵背。周围的大爷大妈总

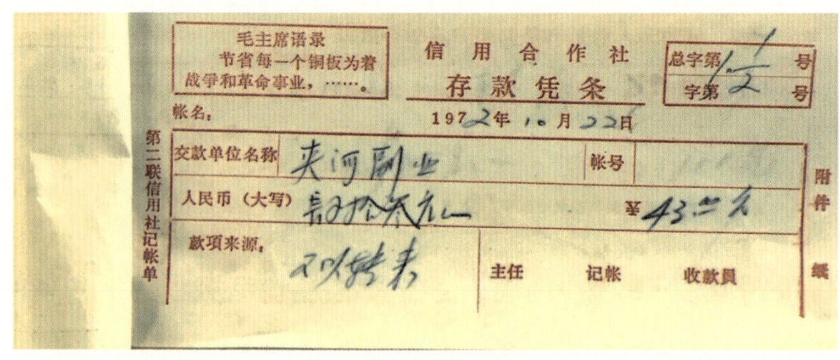

最高指示

领导我们事业的核心力量是中国共产党。
指导我们思想的理论基础是马克思列宁主义。

益都县 信用合作社记帐单封面

1972年10月18日 第1册共1册第 号

| 记帐单种类 | 张数 | 记帐单种数 | 张数 |
|---|---|---|---|
| 合收入记帐单 | | 結帐单 | 7张 |
| 合付出记帐单 | | 附属单据 | |
| 帐收入记帐单 | | | |
| 帐付出记帐单 | | 合计 | |

主任 会计

毛主席语录
节省每一个铜板为着战争和革命事业，……。

信用合作社
存款凭条

总字第 1 号
字第 2 号

帐名：
1972年10月22日

第二联信用社记帐单

| 交款单位名称 | 夹河副业 | 帐号 | |
|---|---|---|---|
| 人民币（大写） | | ¥43.00元 | |
| 款项来源： | | 主任 记帐 收款員 | |

附件 张

20世纪70年代的存款凭条传票

爱来找她办业务。来北关支行眼看一年了，又准备轮换了，殷大姐说，一年一轮习惯了，坚决服从总行的安排，但还是有些不舍，不舍相处一年的同事，不舍整天闺女长闺女短的大爷大妈，不舍行长的“唠唠叨叨”，不舍食堂张姐做的饭……

望着执着而坚强的殷大姐，我想起了那些如她一样美丽的歌词：一切美好只是昨日沉醉，淡淡苦涩才是今天滋味，想想明天又是日晒风吹，再苦再累无惧无悔，风雨彩虹铿锵玫瑰，芳心似水，激情如火，梦想鼎沸！

# 不争第一就是在混

## 陈效亮

潍坊市联社将提高放贷效率、优化信贷便民服务作为推动普惠金融综合示范区建设的有利抓手，利用互联网和大数据支持，研发“V贷”系统，合理简化了贷款手续，减少了客户填写各种凭证的时间，大大提高了信贷工作人员的放贷效率，提升了客户办贷的满意度，实现了申贷、评级、授信、放贷、还贷的“线上”一体化信贷服务，取得了良好的惠民效果。

自2018年“V贷”系统上线以来，青州农商银行积极推广“V贷”普惠金融模式，激活信贷便民新动能。截至目前，青州农商银行线上办贷占比全市第一，何官支行秉承行总部求真务实的工作作风，高度重视个人信贷业务的稳健发展和可持续性发展，坚持在风险可控的前提下大力发展个人信贷业务，结合 “双增工程”建设，利用“V贷”系统有力助推零售业务的快速发展。其中，客户经理陈效亮累计线上授信贷款226户，授信金额1807万元，零售贷款户数新增72户，线上办贷率位居全行第一！

20世纪60年代的股金分红明细

众所周知，“V贷”系统的客户准入是有门槛的，并非所有客户都能通过“V贷”系统线上办理贷款。那么，如何更好地发挥“V贷”系统的优势，提高客户经理的整体办贷率呢？在此，青州农商银行“V贷”营销冠军陈效亮“慷慨解囊”，把实际工作中的几点心得体会分享给大家。

**首先，存量客户不流失是“前提”**。客户的维护至关重要，我们获取来的新客户，一般只是有信贷需求的单一性客户。“他们目前对于我们农商银行的认识，可能只是停留在‘小学’水平上。客户经理为他们提供服务的过程，也是对客户培养和教育的过程。在这个过程中，要把客户对农商银行的认识提高到‘中学’甚至是‘大学’水平！必须双向互动、全面渗透，了解客户、熟悉客户、理解客户，同时也要让客户了解我们农商银行的发展现状，了解我们的现有产品，从而购买我们的产品。”“通过手机银行客户端、聚合支付等便捷手段，牢牢抓住存量客户，从而让他们成为我们的忠实客户。同时，让客户懂得‘信用’的重要性，密切业务关系，做到按时还款不逾期，及时还息不拖欠。这样的客户在贷款到期还清再贷时，通过‘V贷’系统实现线上办贷的概率是非常高的，从而形成一个良性循环。”

**其次，积极拓展新客户是“核心”**。陈效亮以我行开展的“双增工程”建设为契机，以“家庭备用金”贷款为有力抓手，最大限度地获取新客户。“新客户的信用记录一般都是很好的，吸引他们前来办理‘家庭备用金’贷款，‘V贷’系统通过的概率是非常大的。省工省时，从申请到放款30分钟办结的例子很多，客户体验非常好。”今年以来，陈效亮新增授信客户45户，90%以上都是通过“V贷”系统线上办理。

**最后，先进的零售理念是“关键”**。随着当前我国经济发展进入新常态后，尽管各个产业都在加快进行结构调整，经济增速放缓，但是个人的生活需求并未减少，反而随着前期财富快速增长的积累，富裕群体逐渐形成，并呈现稳步上升的势头。何官支行驻地何官镇居民以种植大棚蔬菜为主业，原始资本的不断积累，使当地老百姓对生活品质的需求也在不断增加，全面促使银行零售业务客户群体不断扩大。一直以来陈效亮秉承“得零售者得天下”的理念，多次强调大力拓展零售客户的重要性：“我目前管理贷款户数436户，金额5678万元，大多数是通过零售贷款获客。首先要把客户引进来，只要把客户引入了，这种客服关系就建立了，关键是后期继续跟进服务，零售很重要。”在广大客户金融行为向线上迁移的大背景下，他充分重视以金融科技为核心，积极探索“网点+银行App+场景”获客新模式，通过线上线下全渠道融合的方式，破解零售获客和经营发展的难题。

“线上申请，线上受理，限时办结，当日放款，没有‘V贷’系统，我们如何能实现？”陈效亮有感而发。“选V贷，就是快”，已经不是一

句简单的口号，而是实实在在地提高了全行信贷人员的办贷效率。“‘V贷’留住了老客户，吸引来了新客户，客户满意了，我们受益了，有这么好的‘V贷’系统，我们有什么理由不好好利用呢？有这么好的‘V贷’系统做支持，我们的零售业务何愁不突飞猛进呢？”从他的激昂陈词中不难看出，陈效亮之所以能在青州农商银行系统拿到“V贷”营销冠军，是因为他的思想观念已经转型。用户体验的时代已经全面到来，我们坚信青州农商银行全体一线信贷人员以“V贷”为有利抓手，引领零售业务发展，为实体经济和广大零售客户群体提供更加优质高效的金融服务，指日可待！

# 谋新做实主题银行

刘丽杰

刘丽杰，中共党员，1995年参加工作，在青州农商银行已经工作了20多年，多次被青州市、潍坊市联社评为先进工作者。2000年被山东省统计局评为基层劳动统计工作先进个人，2010年被省联社评为巾帼建功岗位明星，2015年被潍坊市联社评为政策法规先进个人、潍坊市农商银行系统优秀共产党员。她先后组织了青州农商银行评选“山东服务名牌”、东高支行评选省联社“文明服务单位”的验收工作，并顺利通过，组织推广的主题银行项目2016年荣获潍坊市联社创新经营成果奖，先后接待省市联社、多家农商银行来青州农商银行现场观摩学习。

## 转变思想　以主题银行消除发展瓶颈

在实际工作中，刘丽杰同志深刻体会到，赢得客户是银行实现可持续发展的根本保障，仅仅依靠传统的营销服务手段已很难吸引客户。究其原因，一是随着手机银行等电子产品的普及，客户不用到网点就能办理业

20世纪90年代业务技术比赛场景（组图）

务，农村金融机构网点多的优势减弱，银行与客户的黏性降低，有时上门营销甚至会引起客户反感；二是互联网金融功能完善，能够满足客户的不同需求，较传统银行单一的金融服务模式更具竞争力。正是由于刘丽杰同志对转型发展理念的透彻理解、对当前形势的准确判断，她充分认识到主题银行便是解决这一难题、消除发展瓶颈的有效手段。她认为主题银行就是以网点为阵地，从满足客户非金融服务需求入手，将金融服务嵌入创新创业、教育培训、健康养生、休闲娱乐等与当地居民生产生活息息相关的产业中来，把潜在服务需求相同的客户吸引到同一个产业链条上来，实现分群管理，通过整合不同的产业链条，满足客户多元化的服务需求。

## 探索前进　全省第一家主题银行正式运营

主题银行推行之初，青州农商银行指定机构管理部作为主题银行的推广实施部门，刘丽杰同志作为机构管理部的负责人便担起了主题银行建设的重任。刚开始，主题银行对大家来说都是陌生的，省内没有开展主题银行的先例，全国也是零零散散地设立了几家主题银行，正是在这种毫无经验的情况下，刘丽杰同志开始了主题银行的探索之路。上网找资料，组织同事们讨论，去基层网点征集建议，外出参观学习，让她对主题银行有了一个全新的认识。她认为打造主题银行的关键，应该是以银行为平台，整合社会资源，打造利益共同体，借力发力，转变以往“单打独斗”的发展模式，在互惠共赢的基础上，实现自身长远发展。

刘丽杰同志对主题银行的充分认识，使她慢慢地把焦点聚焦到了骑行这一主题。近年来，骑行运动因绿色低碳、环保健康深受市民欢迎，目前青州有骑行俱乐部50余家，会员9000多人，骑行爱好者不计其数，同时青州又是国家级优秀旅游城市，因此打造骑行主题银行、整合骑行运动相关的资源就成为打造主题银行的首选。历时半年，经过一系列的探索工作，2016年5月19日，在国际旅游日当天，随着第一次“骑行乡村游 拥抱大自然”大型骑行活动的开展，全省首家主题银行——“骑行者之家”主题银行正式成立。在刘丽杰同志的带领下，“骑行者之家”主题银行进行了功能分区改造，在营业厅内设置骑行体验区、自行车展区、骑行装备区，帮助商户展示商品，拓宽销售渠道；在二楼设立休闲区、更衣室、棋牌室，为参加完活动的骑行爱好者提供休闲娱乐的场所，与美利达、捷安特、UCC等9家骑行俱乐部建立业务合作关系，推出了自行车按揭消费贷款，

发行了“绿色骑行”主题银行卡和专属理财产品，受到了骑行爱好者的欢迎。随着活动参与人数不断增多，社会影响力逐渐扩大，刘丽杰同志又积极推动“骑行者之家”与青州市旅游局合作，推出“金融+旅游”合作模式，被指定为青州市宋城游客服务中心，是青州市唯一一家非官方游客服务中心。

## 开拓创新　主题银行效果最终显现

刘丽杰同志在主题银行建设的道路上，不畏艰难，任劳任怨，勇于开拓，乐于奉献，把时间和精力都放在了工作的落实和创新上，用自己的实干精神和创新思维推动着主题银行一步步向前发展。截至2019年9月，由她组织推广的主题银行已达到6家，分别是北关支行“骑行者之家”、宝丽支行“宝贝营”、王府支行“摄影者之家”、花园分理处“魅力女性课堂”、恒元支行“四点半学校”、昭德支行“太极文化主题银行”，建立时间最长的有10个月，最短的仅有不到3个月，举办了骑行乡村游、摄影比赛、亲子课堂、插花沙龙、养生讲座等活动，发行了快乐成长、摄影、绿色骑行3种主题卡，推出自行车按揭消费贷款、摄影器材消费贷款、儿童启蒙助学贷款等各具特色的信贷产品，发行了主题银行专属理财产品，满足了客户多元化、差异化服务需求。主题银行的建设还让员工的兴趣爱好与日常工作结合起来，工作热情不断高涨，真正实现了“要我干”到“我要干”的转变。由刘丽杰同志发起成立的金融志愿者团队，利用业余时间参加主题活动和社会公益活动，助推我行社会形象进一步提升。

“谁说女子不如男”，刘丽杰同志以女性特有的工作思路、细腻的工作方式、高度的责任心，取得了优异的工作成绩，不断为农信事业的发展增光添彩。

# 传播者<br>躬身做新时代文明的<br>徐婷婷

徐婷婷，女，1987年11月出生，是青州农商银行的一名普通职工，现在是办事中心分理处的一名前台柜员。事实上，从2012年12月年参加工作开始，徐婷婷一直从事前台服务工作，今年已是第7个年头。工作中，徐婷婷认真负责、服务周到；生活中，热心公益、助人为乐，深得同事和周围朋友们的赞赏，也得到了单位领导好评。

## 青春担当有信念，积极参加社会公益活动

徐婷婷有一个温馨和睦的家庭，温暖体贴的丈夫和天真可爱的女儿带给了她源源不断的动力。她常说："在做好本职工作的情况下，我喜欢做一些有意义的事情，对社会尽一份自己的责任，让所有人都品尝到生活的甘甜。"

她是这么说，也是这么做的，小徐把助人为乐当作自己人生重要的一部分，尽可能去服务社会、帮助他人。她加入了青州农商银行金融志愿者团队，行里组织金融知识宣传和公益服务时，她总是第一个报名，每当有

"慈心一日捐""物久情深"等活动时，她不一定是捐得最多的那个，但一定是最积极的那个。"助人为乐是一种态度，我们要勇于把这种态度表现出来，这样才能带动身边的其他人。"

### 青春助人献爱心，勇敢无畏救助摔倒老人

"感谢咱农商银行的员工把我老伴送回家，非常感谢……"2016年12月27日上午，青州农商银行办公室接到齐先生打来的电话，反映他老伴受到农商银行员工热心帮助的情况。

齐先生说，当天早上，他老伴外出行至市政府西路口时，由于路面结冰不慎滑倒，摔伤了腰部，无法站起，幸亏开车路过的一位姑娘伸出援手，把她老伴扶起并送回家中。那位好心人不愿意留下名字，经过再三追问得知她是青州农商银行的员工，特意打来电话表示感谢。

20世纪90年代处社主任培训班结业合影

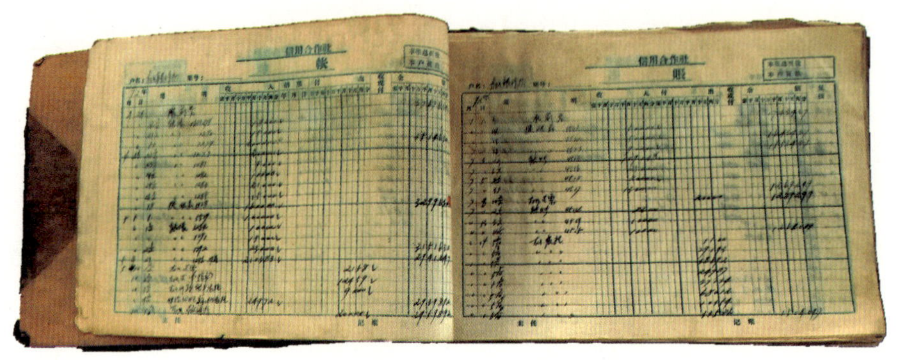

20世纪70年代的信用合作社账

通过齐先生的描述，办公室找到了那位好心人，她就是徐婷婷。27日早上，因前一天下雪，路面特别滑，小徐比平常提前了几分钟出门上班，开车走到市政府西路口等红绿灯的时候，看见一位老太太手中拿着伞躺在马路中央，期间有几个行人路过，却没有人上前把她扶起来。等绿灯亮了，小徐把车开过路口，停在路边，立即跑回来，把老太太扶起来，询问她是否受伤、要去哪里，得知她是要过马路坐公交车回家，于是小徐就开车把老太太送回了家。

在事后的了解过程中，徐婷婷说："只是一件小事，是我应该做的，老人却很感动，一直在谢我。我想假如自己的爷爷奶奶哪天在某个路口滑倒，也一定会有人扶一把，不要相信电视上的讹人剧，那毕竟是少数，世上还是好人多，这还是一个充满爱的世界。"

见到有人摔倒，扶还是不扶，也许是每个人心里的一道选择题。这之所以变成一道选择题，可能是被少数负能量的事件遮蔽了眼睛。人倒了可以扶起来，但是人心倒了可就扶不起来了。徐婷婷助人为乐的行为，让人在寒冬里感觉心暖暖的，希望她扶起的并不是一个人，而是更多的人心。

徐婷婷始终认为助人是快乐之本，是一种美德，人生要有善心，多点爱心，能为他人多办点儿好事，多帮一点儿忙，就多一分快乐，社会就多一分和谐。是的，一缕春风，可把冰雪融化；一丝春雨，会让枯草发芽；一轮太阳，能够照亮整个世界；一颗爱心，就会温暖你我他。只要人人献出一点爱，这个世界将会有更美好的未来。

# 以爱之名　成就梦想

张一明

2018年，为贯彻落实习近平总书记重要讲话精神，深入推进贫困学生健康教育，确保贫困学生快乐成长，在青州农商银行党委的正确指导下，我同基层党员张栋、张旭波、邵长青、戴文豪、王志莹、周鹏、赵凯平等人组成了青州农商银行"一米阳光"党员先锋队。2018年9月的一天，我们一行8人联合市文明办、青州市实验高中开展了"以爱之名　成就梦想"为主题的助力贫困学生爱心捐助活动，共同走进青州市实验高中，为贫困学生送去温暖与关怀，而我们在帮扶活动中，也认识了一位"身穷志不穷"的阳光少年——晓强（化名）。

晓强本该如花般的童年，因为一场突如其来的车祸，被笼罩在了一层阴影之中。父亲作为一家之主，被残忍地夺去了性命，家庭生活的重担全部压在了母亲一人的肩上，靠着亲戚们的接济，一个支离破碎的家勉强地维持着生计。日子一天天地度过，终于有一天母亲再也顶不住压力，撒手离开，另嫁他人。在晓强心中原本还有一丝依靠的家庭，失去了最后的支

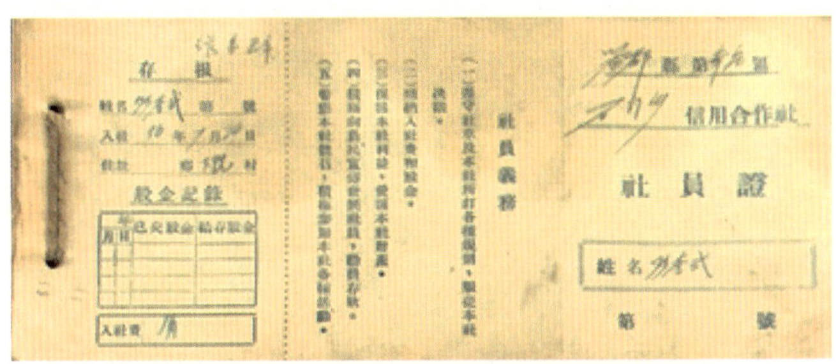

存根

股金記錄

社員義務

信用合作社

社員證

姓名

第　號

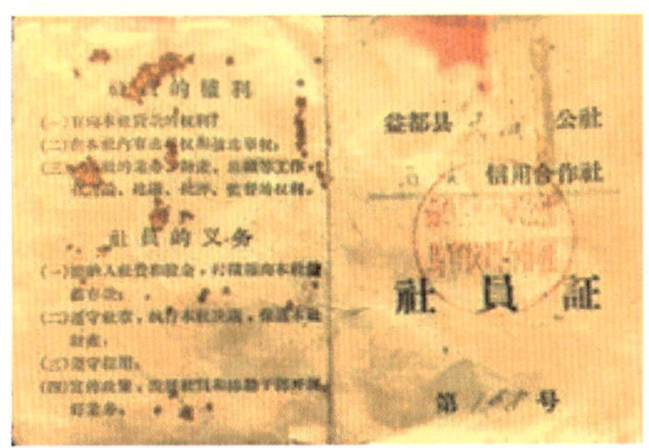

社員的权利

社員的义务

益都县　公社

信用合作社

社員証

第　号

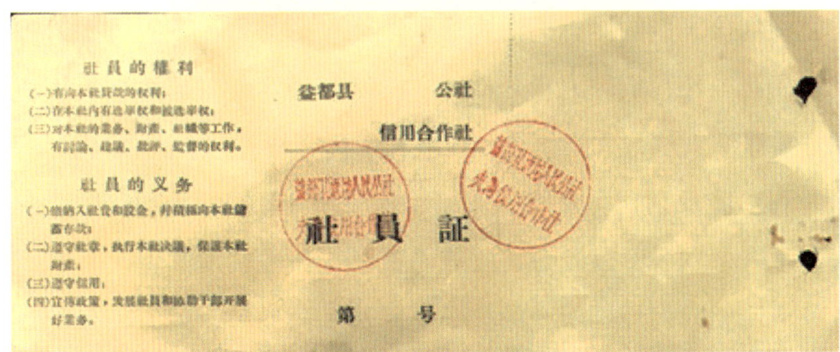

社員的權利

(一)有向本社貸款的权利；
(二)在本社内有选举权和被选举权；
(三)对本社的業务、財產、組織等工作，有討論、建議、批評、監督的权利。

社員的义务

(一)繳納入社費和股金，并積極向本社儲蓄存款；
(二)遵守社章，执行本社決議，保護本社財產；
(三)遵守信用；
(四)宣傳政策，发展社員和協助干部开展好業务。

益都县　公社

信用合作社

社員証

第　号

20世纪五六十年代的社员股金证（组图）

撑，也使一个阳光男孩的生活陷入了尴尬的境地。难能可贵的是，眼下的困境不但没有将他打倒，反而让他更加坚强，从小学一直到高中，奖状贴满了整整一面墙。同时，晓强在奥数、省级各类比赛中都取得了好成绩。都说上帝关上了一扇门，必然会为你打开另一扇窗。你失去了一种东西，必然会在其他地方收获另一个馈赠，就在一个暖暖的秋日里，我们“一米阳光”党员先锋队走进了他的生活，不但为他解决学费的困扰，还从生活各个方面进行帮扶，用爱心点燃他理想的火炬，用爱心鼓起他前进的风帆。虽然我们提供的帮助是有限的，但是我们也想尽自己最大的努力让一个饱受生活折磨的孩子知道：在这个城市里，他从来不是孤独的，还有那么一群热心的叔叔阿姨，在时刻关心他、爱护他，期望他能够走出家庭不幸的阴影，成长为一个乐观坚强的少年。

爱是与生俱来的，在血液里流动，在骨子里结晶，它源源不断地由心而生，永不枯竭。自2018年夏天以来，“一米阳光”党员先锋队共对接贫困学生17人，通过“一对多”的形式与困难学生建立结对帮扶关系。平日里我们会接到孩子们的倾诉电话，逢年过节我们会为孩子们送去新衣服和生活日用品。虽然我们的力量是微弱的，但是只要人人都愿意奉献一点爱，就如甘霖沐浴大地，人间便会处处盛开幸福之花。

一滴水能反射出太阳的光辉，一份爱足以体现社会的温暖，“赠人玫瑰，手有余香，奉献爱心，收获希望”，关爱贫困学生是一项长期艰巨的任务，希望我们周围所有的孩子不因贫困而孤单，因为还有我们“一米阳光”党员先锋队和你们在一起，希望孩子们健康快乐地成长！“十年树木，百年树人”，教育是民族振兴、社会进步的基石，是提高国民素质、促进人与社会全面发展的根本途径，也是各级党组织义不容辞的责任与义务，相信在青州农商银行党委的正确引导和积极带领下，各级党支部能够继续发挥示范作用，为社会、为国家倾情奉献、创造价值！

# 黄丽云 最美一线风采

无论何时，当你走进青州农商银行营业部，映入眼帘的是优美的环境、整洁的陈列，传入耳中的是亲切的问候、暖心的话语。此时，您也一定会看见那样一张笑脸，她灿若阳光，宛如清风，让人舒心。她就是营业部的综合柜员黄丽云。

热情、勤奋、敬业是同事们给黄丽云贴的标签，也是她给人留下的最深刻的印象。自参加工作以来，黄丽云一直在内勤岗位上踏踏实实、勤勤恳恳地工作，珍惜学习和提高的机会，努力让自己成为一名“自尊、自信、自立、自强”的农商银行人。

## 优质服务，谱写青春誓言

常言道：“是金子总会闪光。”三尺柜台上，黄丽云认真谱写着自己的青春誓言，按照青州农商银行规范化服务要求，工装穿戴整体，工号牌佩戴端正，面带微笑，以饱满的热情迎接着每一位前来办理业务的客户。她坚持做到来有迎声、问有答声、走有送声，说话办事时总是注意温柔点、细致点、效率高一点。对年纪较大、忘记密码的客户，进行耐心安慰，提示好好想一想；对刁蛮的客户，她从不正面顶撞，而是好言相劝，耐心解释，用真情去感动他们；对于缴存残币的客户，她不厌其烦地一边清点一边对他说："很快就点好了，请稍等"；每当客户不理解时，她首先要求自己冷静，同时换位思考，为客户解决问题。

## 脚踏实地，挥洒青春汗水

在综合柜员的岗位上，她总是提前到岗，抢着做好各项内勤工作。上班时她本着"热情、礼貌、快捷"的服务理念，快速准确地办理各项业务。虽然营业部工作重复繁杂，但她从来都是认认真真、任劳任怨。在进行业务宣传时，她积极向客户营销"V付""V贷"等新兴业务，让更多的人重新认识青州农商银行的改革与发展。当回到家，面对坚定支持自己的丈夫，她只有会心地一笑；面对着急抱孙子的长辈，她一次次抱歉地说："我们还年轻，再好好工作几年吧。"辛勤的付出，也换来了领导、同事以及客户的一致认可，这也成为她努力进步的动力。

## 奋勇争先，追逐青春梦想

市场竞争和岗位竞争给青年员工带来了压力，同时也为青年人提供了发展的机遇。从小在农村长大的她，有着坚韧不拔、吃苦耐劳的精神，她积极参加青州农商银行组织的各类学习及培训活动，把提高自己的综合业务素质作为发展目标。"一花独放不是春，百花齐放春满园"，对晚于自己入行的同事，她像大姐姐一样关心、照顾他们，同时也更加严格要求他们，不厌其烦地督导其熟悉各类规章制度以及核心银行系统业务操作，提示核心风险点，督促业务技能的练习，定期进行总结，为新人进行专门解疑。她这种坚持的态度，为新人树立了良好的学习榜样，也延续着营业部"传、帮、带"的良好作风。在营业室厅堂内，黄丽云总是尽心尽力为客

20世纪80年代的青州市农村金融学会成立纪念照

户办好每一笔业务，解决每一个问题，即使业务量大、客户多，或是面对大额存款客户提前办理的要求，她从来都是热情接待、一视同仁，让每一位客户开心而来、满意而归。

作为青州农商银行一名普通员工，黄丽云以青州农商银行“服务三农，立足社区”的服务理念为指引，认真做好自己的本职工作，践行自己的社会责任，默默奉献，唱响了一首青春的赞歌。

美丽，是一种青春活力、激情飞扬的展现；美丽，也是一种奋力拼搏、积极向上的力量。黄丽云，就是这样一位普普通通的青州农商银行员工，用她的真情和认真来保护着她热爱的事业，用心做好每一件事情，奉献自己的青春，展示自己内心的真善美。

# 舍小家为大家

南金

2018年10月6日，全省农村商业银行核心业务系统成功上线。在系统上线前的3个多月时间里，青州农商银行广大干部员工坚守工作岗位，加班加点演练准备，舍小家为大家，付出了大量的汗水和智慧。南金，本科学历，在农商银行工作11年，现在是业务发展部的一名办事员。自2018年7月份新系统培训演练以来，她立足本职工作，锐意进取，刻苦学习，兢兢业业，甘于奉献。

崇高的职业理想和过硬的政治素养是做好所有工作的前提条件。在思想方面，南金同志始终以这样一句话勉励自己：先学会做人，再学做事，德是一个人的立身之本。她积极参加各种学习和培训，提高自己的思想觉悟，并始终严格要求自己，时刻不忘“与时俱进，开拓创新”的时代责任，立足本职工作，认真学习新时代中国特色社会主义思想，善于总结和思考，并在实践中综合运用。她深知金融工作的严肃性和重要性，认真学习党的十九大精神，并以此作为自己的行动指南。无论在什么岗位，她都能以高度的责任心、使命感和饱满的工作热情扎扎实实做好每一件事，认认真真对待每一项工作。没有惊天动地的事迹，她只是众多平凡岗位上的

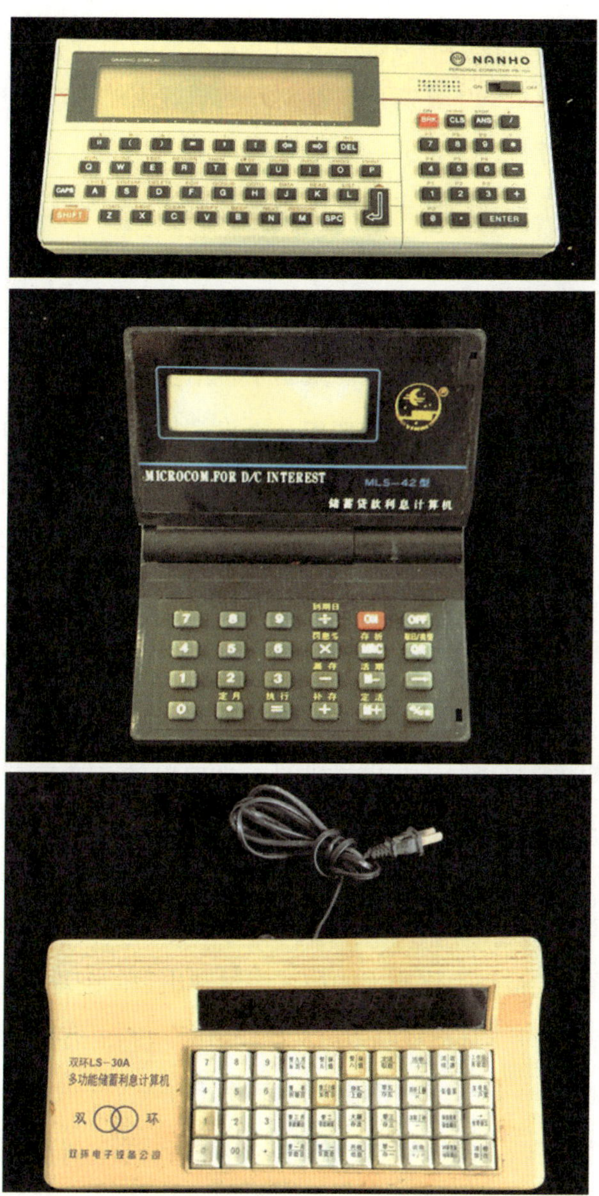


20世纪八九十年代的计算机（组图）

一员，但就在这平凡的岗位上，南金凭着爽朗的性格和积极向上的工作态度，让每一个与之交往的同事都感受到了春天般的温暖。她以踏实细致的工作作风、认真负责的工作态度以及良好的职业道德，在平凡的岗位上默默地奉献自己的青春，树立了一个优秀青年员工的形象。

突出的业务水平和精益求精的工作态度是做好本职工作的有力保障。随着全省农商银行核心业务系统转型升级模拟演练的开始，信贷系统的模拟演练也接踵而至。作为本次信贷系统演练青州农商银行的主联系人，南金深深感觉到了自己肩上的重任。凡是了解南金的人都知道，她不仅认真负责，更力求细节的完美。在工作中，不论是贷款审核、征信系统管理、报表数据的上报，还是与上级主管部门的汇报、沟通，甚至日常的工作琐事，她都能以一种严谨的工作态度对待。8月15日，青州农商银行组织了首次信贷系统升级的培训工作。从准备课件到提炼重点，南金经过反复修改，最终整理出一套通俗易懂而又层次分明的培训稿件，先后分两批对154名客户经理及信贷内勤进行了系统培训。

培训工作结束紧接着就是演练准备。她根据自己的工作经验，将整个演练工作进行了细致划分：首先组织各关键岗位人员建立了信贷系统演练微信群。其次，她根据演练任务和实际岗位特点编排了详细的演练方案，包括每天的演练事项、演练人员、演练后结果的汇总、上传等，都有明确时间段和侧重点。最后，将当天的演练经过和出现的问题汇报给市联社。

整个演练工作从8月15日到9月15 日，历时32天。模拟演练工作是在不影响白天日常工作的前提下利用晚上时间进行的，在这一个多月的时间里，她白天正常工作，晚上组织演练。由于工作岗位原因，她白天的工作强度很大，其中一项任务是为全行客户经理整理的贷款资料加盖公章，从自己的工作区到保管公章的办公室，每来回一趟是48级台阶。面对着辖内100多名客户经理的盖章需求，她每天都要跑近50趟。除此之外，她还负责对各行提报

的贷款进行系统审批、向对口部门上报报表，一天的时间总在忙碌中度过。

积极的工作态度和不断提升的综合素养是续写工作业绩的不竭动力。忙完一整天的日常工作，接踵而至的是晚上的演练工作，来不及吃晚饭的她，总是用水果和泡面在办公室里草草了事、勉强应付。演练过程中各支行的电话、微信不断，到最后核对完大家的演练成果，并回复完最后一个演练单位后她才下班回家。

当天的演练工作如果顺利，她的心情会很好，甚至都忘了一天的疲惫；如果演练得不顺利，她的心里总是在想着工作中的事情，身体也会更加疲惫。不过，即使自己再疲惫也得强撑着，因为家里还有未断奶的小儿子在等着妈妈。说起家庭生活，南金也并不轻松。丈夫也是青州农商银行员工，因工作原因长期外派村镇银行；两个孩子，大的6岁，小的2岁，都正是需要照顾的年龄。为了系统演练，她将大儿子放在自己父母家里，小儿子白天由婆婆带着，晚上下班再接回来。9月4日，是大儿子一年级开学的日子，也是系统演练最紧张的日子，她没有时间送儿子去学校开启人生的第一堂课，也没有时间去接儿子放学，甚至两周与大儿子连面都见不上，只能用微信视频来担负起母亲的角色。当大儿子以生气的口气质问她“为什么其他同学都是父母陪着去上第一节课，我是姥爷陪着去”时，她心中积累的各种委屈再也控制不住了，强忍着挂断电话，伏在方向盘上大哭一场。

功夫不负有心人，在她的积极努力和信贷内勤、客户经理的配合下，青州农商银行的信贷演练业务量在潍坊市9家农商银行中排名第一。现在，系统虽然升级完成，但后续工作也随之而来，自10月6日信贷系统正式上线后，她每天工作之余还要接听询问电话70余次，并在微信群里为大家统一答复各类疑难问题，充当着各支行和省市联社的沟通桥梁。南金同志与时俱进的思想品质、耐心细致的工作作风、持之以恒的奉献精神，深深地打动着身边的每一个人，也深受领导和同事们的好评。

# “三透”工作法做好营销工作

刁玉竹

刁玉竹，男，45岁，1995年8月加入农商银行大家庭，至今已有24年的时间。他现为青州农商银行邵庄支行的一名普通客户经理，工作兢兢业业、无私奉献，2018年“春天行动”业务竞赛期间，新增贷款86户，新增授信1500万元，新发放贷款1223万元。他的“三透”工作法如下。

**一是学透政策，下好零售营销关键棋**。作为服务地方经济发展的主流银行，青州农商银行紧扣国家乡村振兴战略决策部署，提出“十百千万”示范工程，全方位、立体化服务乡村振兴战略。作为一名农区客户经理，他深深体会到自身工作的自豪感和责任感。压力之下，他认为，当前客户经理最紧迫的任务是加强业务学习，努力挖掘自身潜力、不断提高综合素质，充分掌握金融岗位的各项专业知识和业务技能，不骄不躁，勤奋刻苦，将“立足社区、服务三农”的理念真正内化于心、外化于行，融入日常工作当中。

工作中，他针对服务辖区内的经济现状和市场发展趋势，紧紧围绕青州农商银行“双增工程”工作部署，以“标杆村”建设为契机，深入调查研究，立足农区，深耕本地零售市场，大力拓展优质客户。为尽快找准业务突破口、拓展新客户资源，刁玉竹根据市场动态和需求，制订了灵活多样、切实可行的营销计划，提出有针对性的授信方案，在最大限度规避风险的同时又快又好地为客户办理业务，在政策允许的范围内积极为客户争利益、办实事，提高办贷效率。截至2018年一季度末，刁玉竹管理零售贷款客户新增82户，新增金额1123万元，不仅赢得了客户的赞誉，也为所在支行各项业务的快速发展起到模范带头作用。

**二是悟透本领，练好市场拓展基本功**。从事客户经理岗位20多年来，刁玉竹深刻体会到市场营销没有捷径可走，只能从一点一滴的实践中积累经验。他随身携带的笔记本上，密密麻麻记录着客户的姓名和联系方式。这位“老工匠”甚至将服务拓展领域延伸到其他金融机构的客户群体。成功之余，刁玉竹意识到要时刻保持居安思危的紧迫感，他与时俱进，主动适应市场的变化，持续深入学习领会省市联社、行总部的新政策、新产品，在思想和行动上与省市联社、行总部保持高度一致，不断提高自身业务水平，努力让自己成为农商银行的全能型员工。

20世纪80年代的枪柜

2018年以来，面对竞争日益激烈的金融市场，他同邵庄支行全体员工紧密团结，攻坚克难，充分发挥“人熟、地熟、情况熟”的优势，利用节假日以及晚上的休息时间，深入所在支行服务范围内的每家每户进行营销宣传，让青州农商银行的主打产品、优惠政策深入人心，积极拓展小额零售贷款市场，抢占新增存款市场，下真功夫、苦功夫清收不良贷款，顺利完成行总部下达的“春天行动”工作任务。

**三是摸透市场，当好农民的知心人**。他将“努力就有收获”作为自己的人生信条，认为想要做透农村市场，就必须摸透农村市场，做农民的知心人：沉下心来，踏踏实实为农业、农民办实事，勇于奉献，时时刻刻严格要求自己，急客户所急，想客户所想，把客户的事情当成自己的事来办。实际工作中，他总结出了“诚、勤、细、新”四字真经：“诚”即讲诚信，与客户真诚相待，言行一致，以心换心；“勤”即眼快、口巧、腿勤，善于与客户沟通交流；“细”即对客户细心观察，充分了解，制定周密细致的营销方案；“新”即创新服务方式，最大限度地满足客户的服务需求。

他说，只有设身处地为客户着想，彻底改变“坐门等客”的观念，做到主动营销，跑出去营销，并在营销中锻炼自身能力，才能始终保持着一颗不断进取的心，才能立足平凡的岗位，以踏实苦干、勇于开拓的精神，发扬农商银行的优良传统和作风，严格律己、勇挑重担，用热情和努力，展示勤奋敬业的人生价值，为农商银行事业的稳健快速发展做出积极的贡献。

# 邵长青 用信仰续燃青春的梦想

我的父亲是一名老农信人，母亲是一名农村妇女。家里原先靠两亩薄田得一点微薄的收入，多亏父亲后来加入了信用社大家庭，才有了我们家现在的幸福生活。所以现在老父亲平日说得最多的一句话就是："我们家最该感谢的就是共产党和信用社。"所以，我从小对信用社就有很深的感情，我也跟爸爸还有其他家人一样从心底里感谢它，感谢它带给我们的幸福生活。今天同事对我说："说说你的农信故事吧？"一刹那，自己仿佛猛然间被惊醒。是啊，8年了！转眼间，我从入职农商银行到现在，8个年头已悄然而过，留在心底的都有哪些难忘的故事呢？

## 初出象牙塔　同梦同行

大学毕业时，我及时关注农商银行的招聘，第一时间报考，经过严格的笔试和面试，我很荣幸地成为农商银行大家庭的一员。可以像父辈一样为老百姓服务，还能挣钱并实现自己的社会价值，我倍感欢欣。记忆犹新的是2011年7月1日，刚刚大学毕业的自己，带着家人的嘱托，满怀着对农商银行事业的憧憬，来到了青州市驼山中路3188号。记得在大学时流传着很广的一句话是：对于入学分宿舍的教导员或者师哥、师姐来说，分宿舍对他们而言是一件再平常不过的事，但是对新生而言，却决定了他们和哪些同学成为一生的好友。分配工作也是一样，人事部的一纸调令再平常不过，但却冥冥之中将一些人紧紧连在了一起。我被分配到王坟支行参加实习。

从未去过王坟的我，只知道那是全市最大的一个乡镇，坐落于美丽的西南山区。刚接到分配通知时，自己也着实兴奋了一把。行里约定俗成的规矩：支行行长接新员工入行。我记得那天坐在王聚滨行长的车里，望着车窗外一排排飞速后退的杨树以及车前一眼望不到头的柏油马路，就已经开始脑补王坟支行的样子：是不是有宽敞明亮的大厅？是不是有温暖舒适的宿舍？又有哪些新同事将成为我的好朋友？终于，经过50分钟的车程，车子拐进了王坟支行的大院。呵！好气派的办公楼！坐北朝南，高高地矗立在山坡上……入职第一天，认识了好多新面孔，会

20世纪50年代的账款保管箱

计主管——张晓亮、我的老师——吴庆明、郭哥、小董，还有小郝。当时初入职场的自己还意识不到眼前的各位将在我的职业生涯里留下浓墨重彩的一笔。

## 搭顺风车的幸福时光

王坟支行离我家25千米还多，当时的条件不允许天天回家，只能搭同事的顺风车。说到顺风车就需要提到郭哥了。郭哥，1985年出生，是当时王坟支行唯一有车的青年员工，因此更是我们中间名副其实的“大哥大”了。记得那会儿我们一大圈的人都是靠着郭哥的车，往返于单位和家之间。郭哥家在城东住，我和小董的家分别住在城中和城西。每次下班回家，郭哥都非常仗义地挨个送我们到家，他虽然美其名曰顺路，但我们心里都明白，那是郭哥怕我们再倒车麻烦。第二天上班，我们就不好意思再让郭哥挨个接了，毕竟不在一处住，很不方便。我和小董早早约着在我家附近碰面，给郭哥买好豆浆和豆沙包，再一起骑自行车到郭哥住的小区。郭哥喜欢睡懒觉，而晨训时间又早，所以每次我们都是飞驰在新建成的柏油马路上。2011年的清晨路上还没有现在的“车水马龙”，郭哥手握方向盘急驶赶路的同时还不耽误吃几口豆沙包、喝几口豆浆，一连串娴熟的操作着实让我一个刚刚入职的“菜鸟”佩服。

20世纪90年代的营业网点标识牌

每周不用驻行学习的几天，我们都是这么在一起愉快地度过。记得有一次，郭哥惯例吃着豆沙包、喝着豆浆赶路，突然前面冒出来一辆叉车。郭哥一个急刹，我们都差点晃到前排去，豆浆也撒满了驾驶座，本来是惊险的一幕，我们却傻乎乎地笑了好久，到单位后一起把车刷了个干干净净。这件事过去许久以后，再提起，还是满满的欢声笑语。

现在回想，郭哥当时是正常偏快但又能保证安全的车速。只是因为我们没有驾驶经验，而通往王坟的公路刚刚建成，车流量少，无形之中，给我们创造了一个“飙车”的好机会，那是属于我们三个人的“速度与激情”。现在每每经过那条熟悉的公路，我都会想起郭哥，想起那风驰电掣般飞驰的比亚迪F0，想再次谢谢捎了我们无数个来回的郭奕辰，我的郭哥！

2011年9月30日钓鱼台分理处开业，我和唐增海一起被调往钓鱼台分理处，我亲切地称呼他“唐叔”。唐叔当时也刚刚学会开车，他买了一辆教练车——副驾驶带刹车。唐叔说话很快，但是开车巨慢啊！每天我们在天还没黑的时候就出发，像坐着老爷车一样，慢悠悠地走在崎岖的山路上，正如“慢慢走，欣赏啊”。我想，唐叔是对这句话中毒太深，每天都是“慢慢走，欣赏啊”。在路上，唐叔总是一本正经地坐在驾驶座上，眼睛一斜都不斜，但这却不妨碍他对工作上的往事侃侃而谈。过去的农信故事，零零碎碎，点点滴滴，都通过唐叔的讲述生动地再现在我的眼前。让我对农信的过往，对老一辈的农信人充满敬佩和尊重。想那会儿唐叔的吉利轿车就像是一款老式的移动留声机，我坐在里面，唐叔就是播音员，一次又一次，一遍又一遍，让我沉浸在美好又质朴的农信故事里……

## 漫话钓鱼台的慢时光

自从我正式上岗成为钓鱼台分理处的一名柜员，每天的主要工作就是为村里的老人办理养老金提取业务。这本是一件枯燥无味的工作，我却从中感悟到了截然不同的职场韵味。淳朴的村民，约定俗成似的在赶集的日

子里走进信用社。一进门就冲着你微笑，带着山里人的淳朴。当我亲切地问他们需要办理什么业务时，他们一股脑地把存折、身份证，甚至户口本都塞给我，依然保持着微笑说："看看多少钱，取出来。"这些老人对信用社都无条件信任，那种淳朴让我至今为之动容。我仍清晰地记得有一位大爷，80多岁了，虽然头发已经全白，但是步伐依旧稳健。他每次都是步行十几里路来分理处取款，递进存折后大声说："还是信用社好啊，俺这山坳坳里也有信用社，很方便。真好，谢谢你们啊！"几句话，说得我心里暖暖的，让我觉得必须给大爷办好业务，不然对不起这份沉甸甸的信任！就这样，每天面对的90%的客户都是老年人，他们要么听力不好，要么眼神不好，但有一点是相同的，那就是村民们独有的淳朴的微笑。看到他们，就像看到老家的父老乡亲，能为他们尽我的绵薄之力做点分内的事，给他们带去快乐和方便，我觉得实在是太值了。让每一位走进营业室的客户，带着期许的微笑来，带着满意的微笑走，是我一直以来孜孜不倦的追求。

钓鱼台分理处设在更加偏远的山区，以前往返王坟支行与家之间的"大难题"，变成了往返钓鱼台分理处和王坟支行之间的"难题"。因为交通工具的匮乏，从分理处到支行只能乘坐往返仰天山的旅游巴士。虽然往返车次很多，但却是定点发车，所以在结账解款以后能不能赶上车是个大问题。很多时候解款车因为不可抗力因素不能按时到达，所以我就只能在钓鱼台分理处自己住了。在钓鱼台的日子孤单又充实，说孤单是因为确实是我自己一个人住在单位——分理处就三个人，两个是当地的，剩下的就是我了；说充实是因为驻行需要干的事还是很多的。我需要自己做饭、自己烧煤炭供暖，没有其他的娱乐设施，晚饭后就只能对着练功钞下手了，练着练着，外边的天就黑了，再过不了多久，大山深处零星的几点灯光也熄灭了，山野睡下了，我也伴随着不远处传来的一阵阵狗吠声进入梦乡。

因为卧室门口正对着营业室的北墙，墙上挂着的制度规定和办法便成了我睡前的必读科目，读完墙上的规章制度才算结束一天的工作，才能安然入睡。现在想想，人确实需要定期定时独处，可以发现很多平时不易察觉的问题。躺在床上，想想今天办过的业务，既能熟悉业务、增加记忆，还能查缺补漏、及时发现差错。

在钓鱼台分理处的日子，是枯燥的也是有趣的，是孤单的也是丰富的，它教会了我很多，我收获了很多。

从毕业的青葱岁月到现在已经是两个孩子的父亲，我见证了农商银行的变大变强，农商银行也见证了我的成长和成熟。我的人生从入职那一天起就与农商银行的发展深深交织在一起，同农商银行一同站在青春的起跑线上，我想我们是同龄的。韶华易逝，作为农信系统的新兵，我们的青春应该交付于伟大的使命，在不断提高业务技能的同时，必须时刻提升我们的思想层次，为实现自己崇高的职业理想而不断奋斗。就让我们选择默默地启程，让我们的青春如同那红红火火的向前驶进的列车，让那寻梦的背影越来越小，越来越接近遥远的地平线，直到最后接近了天与地的宏大背景。而那一瞬间停留在你我脸颊上的是坦然、成熟与稳定，我们的内心是如此的坦荡与激昂。

来吧，亲爱的伙伴们！让我们澎湃着激情，怀抱着梦想，让青春烈火燃烧永恒，让生命闪电划过天边，用所有的热情换回时间，让年轻的梦没有终点！在成长的道路上让我们与农商银行一起携手，在未来的日子里我们会伴随彼此经历欢乐和风雨。置身农商银行这样一个欣欣向荣的集体，我愿意为农商银行的发展贡献自己的绵薄之力！我乐意为农商银行灿烂辉煌的明天添砖加瓦！

# 刘云鹏 雪地里的红色榜样

有句话说得好：进了农信门，永做农信人。农商银行之所以能发展到今天，成为服务地方的金融主力军，离不开一代代农信人的奋力拼搏。有幸加入青州农商银行这个大家庭，我倍感骄傲和自豪。工作两年来，我深刻感受到农商银行不仅为每一位员工提供了成长进步的平台，也为有志青年架起了施展抱负的梦想阶梯，更为勤劳朴实的农信人铺展了书写人生幸福的画布。

细细品味过去的点点滴滴、每分每秒，都值得格外珍惜，总有那么几件事让你印象深刻、记忆犹新，因为那是榜样的力量，那是前进的方向，那是人生的信仰。

去年冬天，鹅毛大雪漫天卷地般落了下来，霎时间，整个邵庄镇的山川、田野、村庄全都笼罩在白茫茫的大雪之中。驾车回家的路上，缓缓地驶进，耳边不断回响着临行前刘云鹏行长的千咛万嘱："回家的路上，同志们一定要注意道路安全，安全第一！"所以，我那天开车比往常更加小心。车子谨慎且缓慢地行驶着，也不知过了多久，才走到黑山脚下，山路十八弯，天已经有些昏暗，十分危险。就在此时，朦胧中看到前方有辆车开着双闪停在路边，靠近才发现，竟是今年刚来的新同事小贾的车。不知前因后果的我，赶紧把车停在路边，小跑过去，用手拭去她车窗上沾着的雪花。只见小贾在车里痛哭流涕，原来是为一次考试失利而无法释怀。我用尽了脑子里所有安慰人的话去平复她的情绪却仍无济于事，眼看着天色一点点暗下来，我竟一时六神无主、不知所措。焦灼之中看到刘行长的车驶了过来，他停车仔细询问情况后对我说："小李，你先回吧，你媳妇挺着大肚子等你回家，天又不好，回去太晚她会担心，你放心吧，我来安慰小贾。"那会儿刘行长还发着高烧，我几乎是出于一种本能断然拒绝他："这怎么行？！您已经感冒发烧好几天了，这么冷的天，长时间站在这里您身体受不了。"但刘行长态度坚决，坚持让我先行离开。再三推辞不过，我只好继续开车缓步前进。就在那一瞬间，我感到浑身上下的彻骨寒意烟消云散，一股暖流从全身上下蔓延开来，不一会头顶的雪花化成水珠，顺着脸颊躺了下来。许久之后，听小贾再提此事，才知道那天她被刘行长一番语重心长的话说通之后，又在刘行长的紧紧跟随下安全到家，那时候天已经漆黑一片，路上一片寂静。

听小贾讲完，我们每一位在场的同事都为之感动不已。作为一行之长，刘云鹏行长完全没有领导的架子，他笑容可掬、待人亲善，让人倍感温暖和钦佩。

工作上，刘行长更是身先士卒，率先垂范。在今年开展的"双增工程"中，他每次都是第一个跑到村里、最后一个离开村子的人。"甩开膀子，磨破嗓子""时间就是金钱"这些话用在他身上恰到好处，甚至到最后他连女儿的高考都没顾不上，这种舍小家为大家的敬业奉献精神无不让人敬仰；在抗洪救灾之际，刘行长更是第一个冲锋在前，直奔受灾村庄，

争分夺秒抢险救灾，哪还有什么周六周日，他曾说过：我们多休息一日，受灾群众就多受苦一日，作为一名党员决不能将百姓置于水火之中而不顾。新系统上线期间，他陪我们柜员日夜操练，出现困难及时帮助解决，上线期间他又做起了大堂引导员，时刻关注舆情动态，不遗余力地做好宣传，确保上线万无一失……其实，这样的例子不胜枚举。

是啊，优良的示范就是最好的榜样！刘行长就是我们邵庄支行的榜样，有榜样才更有力量！

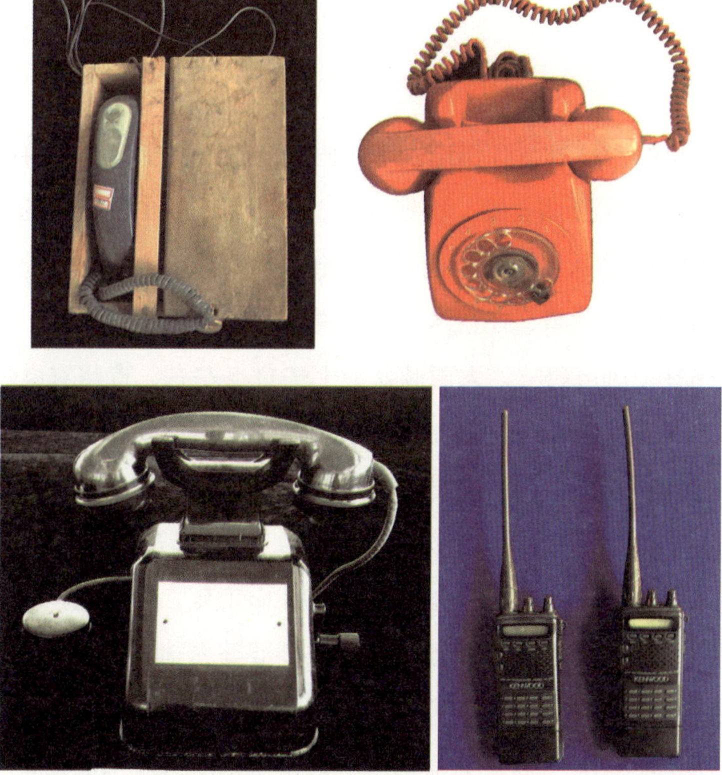

20世纪50～90年代的通信工具

# 厚德载物行天下 小中有爱遍古城

李文涛

2019年的7月7日，青州论坛《大雨中！青州这个叫李文涛的男士！火了……》一文刷爆朋友圈。很好奇，李文涛何许人也？盛夏的一场大雨里他怎么就突然“火”了呢？他是谁？到底做了什么事？足以让一座90万人口的小城沸腾。故事，还得从那场雨说起。

7月6日，风声鹤唳，大雨倾盆。上午11点左右，青州农商银行昭德支行行长李文涛，在行总部参加完会议后，驾车赶回昭德支行进行厅堂营销服务。他注意到大厅里一位身怀六甲的女士左顾右盼、略显焦虑，便主动上前亲切地询问：“请问您要办什么业务？有什么需要帮助的吗？”“我不办业务……”原来，眼前的这位女士家住山工苑，和婆婆一起出来购物，不料途中遇上瓢泼大雨，由于没带雨具，婆婆先骑电动车冒雨回家了，她候在这里等家人来接，又担心婆婆是否安全到家。李文涛听罢，立即说：“我送您回去吧。”善解人意的准妈妈怕耽误李文涛忙业务，执意不肯。李文涛劝慰道：“看这个雨一时半会儿也没有停的意思，等的时间久了，

家里人也担心，我开车送您，很快，耽误不了多长时间。”女士这才应下，李文涛撑伞相扶，驱车将女士安全护送到家。心急如焚的婆婆见儿媳安全顺利地回来了，激动得一时语塞，连忙让李文涛进屋喝杯热茶，可是感谢的话还没有来得及说，李文涛已经转身又冒雨上车急匆匆地赶回行里忙工作去了。因为李文涛觉得这不过是一桩人之常情的小事，无须言谢。

20世纪70～80年代的业务员日记账

之后，李文涛还是一如既往地忙碌着在厅堂营销、审批贷款、开会、见客户。不曾想，赵女士一家却是知恩图报、知书达理的人家，第二天一早即带了感谢信和两个大西瓜早早来到了昭德支行。信是这样写的：“昨日忽降暴雨，我与儿媳骑电动车外出未曾携带雨具，路过贵行暂时避雨。但雨越下越大，毫无停意，无奈之下，我将儿媳暂时留在贵行，自己冒雨回家，再做他法。贵行‘活雷锋’李文涛见状，二话没说，自行开车将我儿媳送回了家，连口水都没喝就走了。‘千里之行始于足下，大爱之山积于小善’，李文涛同志助人为乐的精神让我们全家感激万分！我们深信，优秀的工作人员的高尚品德源于贵行优秀的企业文化。敬请贵行向李文涛同志转达我们全家真诚的谢意，同时也敬请贵行接受我们由衷的敬意！青州农商银行是功在千秋、力泽万民的好银行！祝贵行：前景无限，网点越办越多，再创辉煌！同时祝愿贵行所有的工作人员身体健康、万事如意！致谢！”致谢信的署名为“青州市山工苑小区赵女士全家”。感谢信字里行间满满的都是感激、赞扬和祝福。同时，温暖的故事被青州论坛记者及时传播了出去，小中有大，爱暖全城。

李文涛就这样在一场大雨中“火”了，话说他的“火”并不是偶然。深挖李文涛背后的故事，还得从李文涛所任职的昭德支行说起。这可不是一家传统意义上的银行，是全国第一家太极文化主题银行。在行党委的领导下，青州农商银行积极响应习近平总书记增强“文化自信”的号召，于2018年10月敢为天下先，筹建太极文化主题银行。该行经常组织以太极文化为核心的国学精粹交流，其主题是通过传承国学精粹，领略太极风采，培养会员的团队观念和积极进取精神，在打造太极与金融相互融合、相互推动、共同发展的专业平台的同时，让更多的人体魄更健康、家庭更美好、社会更和谐。李文涛和行里12名兄弟姐妹一起，在主题银行筹建和发展的道路上，以服务“三农”为中心，以服务实体经济为宗旨，积极践行新时代“挎包精神”，早已荣获数项殊荣。“2019中国·潍坊武术文化节‘雷霆应急’杯武术锦标赛”上，太极文化主题银行代表队取得吴式太极拳个人项目6金6银1铜和团体一等奖的优异成绩。太极文化主题银行的建设，被《武当》《中华武术》《武魂·武道》等杂志连续报道。

李文涛不仅在工作中兢兢业业、奋发进取，而且团结员工：遇到内勤忙碌的月份，主动给自己排班，周六早早来解款；三伏盛夏，他又自掏腰包给行里的员工买来西瓜解暑，舌尖上的甘甜滋润着心田，生发出团结协作、无往不胜的力量。在李文涛的带领下，昭德支行党支部被青州农商银行评为2017年度先进党支部，2019年“春天行动”中，昭德支行获得青州农商银行综合考评先进单位、资金组织先进单位、零售贷款营销先进单位三项殊荣。李文涛本人也在2018年被中共青州市委市直机关工作委员会评为优秀共产党员、2019年被中共潍坊市农村信用合作社联合社委员会授予

优秀共产党员荣誉称号。

作为社会中的一员，有担当、有作为的人，可以让家人、朋友信赖；作为集体中的一员，有担当品格、信念的人，可以塑造正义感、使命感；作为党员干部，就更要担当起历史责任，义无反顾，砥砺前行。如此看来，作为一名党员，作为一名农商银行人，李文涛“火”得很有道理。你看，每一位农商银行人身上那星星点点的光，正在汇聚成可以燎原的力量，照亮了农商银行砥砺前行的光明大道！

# 把微笑留给厅堂 把疼痛留给自己

王雨晴

初识王雨晴是在2017年底，记得当时营业室里的姐妹们很兴奋地说："咱们网点新来了一位年轻貌美的大堂经理！"是的，"95后"的她身材高挑、青春靓丽，不仅人长得漂亮，连名字里都透出几分诗意——"清明别后雨晴时，极浦空颦一望眉。湖畔春山烟点点，云中远树墨离离"。同这样一位美好的姑娘短暂地共事过一个月左右，因工作调动我们便分开了，之后很少再见面。"年轻貌美"一词很淡、很浅，难以给人留下延续和深刻的印象。最初我记得的王雨晴也只是一位很漂亮的大堂经理，仅此而已。

## 文字里的再次相遇

不曾想，再一次真正的相遇竟是在文字里。2018年新系统成功上线以后行里组织了主题征文比赛，她的文章为《春风化雨沐农商 系统上新乘东风》。文章写道："新系统能够将实时监控与事后监督进行有机衔接，强化运营风险的全程控制，从大局上避免了许多我们可能发现不了的隐患，

虽然有暂时的不便利，但是为了以后搭载更便利的操作平台而设计，农商银行也会更加的完善和优化”“以前的农商银行改革和发展我没能赶上，但是现在的这一次我真真切切地感受到我们农商银行全体员工的热情和坚定。现在的我们、新生代的青年员工们，像点点星火一样，合在一起，必成燎原之势”。1500字，篇幅不算太长，字里行间里却渗透着她的思考：对自己的要求、对现状的分析、对自己与单位的紧密相连……我心想，小姑娘家心思竟是如此缜密，每天在营业大厅里的服务能引起她对业务这么多的思考，甚至是对农商银行未来发展留下的期许和愿望也是流畅自然。带着几分的诧异和惊喜又反复读了两遍，摒弃华丽的辞藻和夸张的修辞，通过文章发现原来王雨晴是一个喜欢钻研和思考业务的姑娘，真是难得。这算是真正的见字如面、以文识人了。

后来，又向她约了一篇稿子，在基层忙着业务的她也欣然答应，并很快按照我们约定的时间交稿，我通过她的文字，更加深刻地认识了她。再后来，同宝丽支行胡国华行长交流业务的间隙，对胡行长说：“王雨晴写东西很好，工作也很用心，从她的文字里发现她很有大局意识，恭喜胡行长又带出了一位好大堂！”胡行长如此回复：“雨晴工作确实很努力……”后知后觉的我这才知道了她以下的故事。

## 坚持在岗的“崴脚”姑娘

这是一个发生在青州农商银行新青年身上“把疼痛留给自己，把微笑留给厅堂”的故事……

2018年的12月21日，王雨晴在上班期间不慎把脚崴了。有道是“伤筋动骨一百天”，宝丽支行的同事们知情后都劝她抓紧去看医生。但是2018年底，恰逢行里一批大堂经理转岗，她的同伴刚刚转岗柜员，加之年终决算，更是忙上加忙。王雨晴看在眼里，急在心里，她一个劲儿地埋怨自己：

“哎，怎么偏偏这个时候把脚崴了呢？”就这样带着深深的愧疚感，王雨晴没有请病假，更没有休息，而是在单位最忙的时候同行里的兄弟姐妹们一起迎接新年的到来。后来我问她：“你不疼吗？”她只是说不想拖单位的“后腿”：“当时我如果请假单位大堂就没人了，同事们也都特别忙，贷款也多，柜台业务也多，请假的话会耽误很多事，我当时心里很急。”短短的交谈里，她不止一次提到了“心急”。就这样，心急如焚的姑娘在单位一瘸一拐地坚持上班。“特别想把脚治好，因为在单位一瘸一拐地上班形象也不好……”一瘸一拐，每走一步，脚疼一步，她在大厅忙碌的时候早已忘记了疼痛，只剩下更深的愧疚和自责。怕自己形象不好，她抽休班和下班以后的时间去医院检查敷药，但是情况并没有好转。期间，王雨晴又打听到圣水花园有个贴膏药的大夫，便即刻寻了去，竟也无济于事。她记得有一天下午很忙，忙到她身上都出汗了，脚也出汗，袜子都湿透了……哪里是汗，回家后脱下袜子来一看，那不是汗，整个脚肿得像个大馒头，是脚踝骨处化脓后流下的血水……就这样到了2019年的1月8日，实在没法再坚持了，她这才打算请假，也只是打算。

旺季营销来了。她又操心行里的“存款送礼”活动，1月9日上午跟胡行长制定好方案之后，跟新大堂交接好工作，接着又去广告制作公司把存款送礼的海报定下。下午去医院，主治医生在她脱了鞋子的一刹那，惊讶得当场训斥了她：“你再不歇着，这脚就没法要了！”无奈之下，她才把请假条交给了行长。

## 身在床榻心在行

假条的时间是“2019年1月10日～2019年1月24日”，病假中的王雨晴又不想把“春天行动”的存款任务落下，电话联系了几个亲戚朋友去行里存款，人在家里躺着心也是忙着工作，存款的任务超额完成。好不

容易请了半个月的病假，怕新上岗的大堂经理不熟悉业务，她便电话、微信遥控指挥……病假还未到期，听说省联社领导要来调研主题银行建设情况，作为讲解员的王雨晴又沉不住气了，看脚踝情况有所好转，她竟提前把病假消了，1月22日便回到了自己的工作岗位。“我觉得不能再耽误工作了，工作本身就得努力，不想再影响工作，而且我的同伴自己在厅堂里也比较辛苦，我去了也能互相帮忙。”我们还能说什么呢，此时此刻，所有的修饰词去形容她都那么苍白无力，我们心中盈满了无言的感动……

我又问她：“你不疼吗？”她带了一丝腼腆地说：“疼。”但是疼又算得了什么呢，她是多么热爱自己的工作：“从胡行长带着我来到宝丽支行开始，我就在这里扎了根，工作了一年多，我的性格也从内向变得活泼了，同时我也收获了很多的经验与沟通的方法，从一个菜鸟开始一步步成长……”言语中，没有一丝的不足和抱怨，而是满满的对这个集体的爱、感恩、真诚、坚忍和善良。“正是有胡行长、王主任对我的帮助指点和同事们对我的照顾，我才可以一步步地成长起来。”

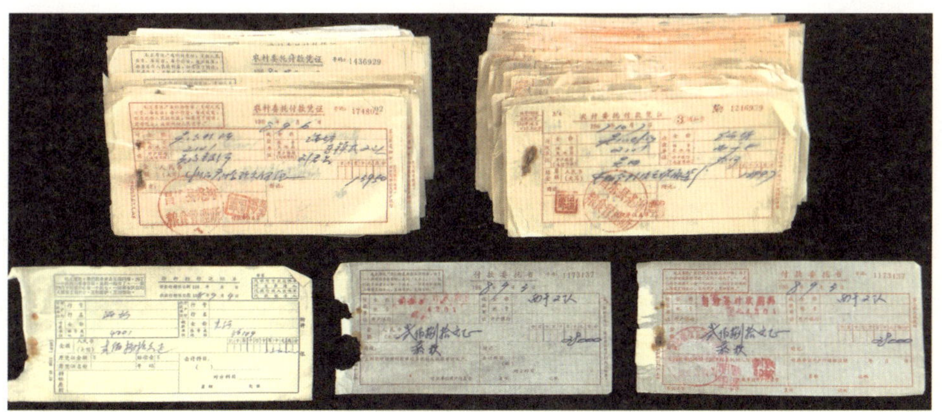

20世纪60年代的农村委托付款凭证

2019年三八妇女节，青州农商银行组织了“爱行 爱家 爱生活”女神心声寄语活动，全行422名在岗女职工纷纷把对单位、对家人、对生活的美好寄语流露笔端。我特意找出王雨晴的贺卡，她是这样写的：“饮水思源，我在这里取得的进步都离不开咱们农商银行这个大家庭给我的信任与支持，感谢青州农商银行让我有了这个发展和进步的平台，我深信‘携手农商银行，同发展共成长’，我们一定会越来越好。”笔记工整、字字初心。

这就是我后来认识的王雨晴：年轻貌美，身材高挑，热爱工作，感恩集体，敢于担当，相信未来。1995年出生的王雨晴与青州农商银行是同龄的，同农商银行一同站在青春的起跑线上。韶华易逝，作为农信系统的新兵，她选择把青春交付于伟大的使命，在不断提高业务技能的同时，时刻提升思想层次。为实现自己崇高的职业理想，她不叫苦、不叫累，用她的实际行动做了新时代的开拓者和祖辈精神的传承者，用她纤弱的身体传达给我们向上的信念和奋斗的能量！

# 新时代『挎包精神』的最美践行者
## ——营业部群像

2018年6月29日，青州农商银行成功召开“挎包精神”主题宣讲报告会暨“挎包精神”千人誓师大会，老一辈农信人用真情诠释的“挎包精神”，激励着新时代农商人不忘初心，牢记使命，砥砺前行……下面，让我们走进青州农商银行营业部，看青州农商银行的1/58处网点，是如何将大会精神内化于心、外化于行的。

近日，青州农商银行营业部面临的柜台压力非常大。白天，内厅办理独生子女补贴业务，外厅2000多张到期的承兑等待解付；晚上，大家还要继续开立社保卡至夜间8点多，所有一线柜员异常劳累，甚至会出现“人在线，智商不在线”的情况，但是所有人都毫无怨言……

**特写镜头之一：**前台柜员——臧之香，两个孩子的母亲，大儿子2岁，小儿子不到1岁。开卡高峰的第二天下午，她突然接到家里老人打来的电话：“孩子发高烧了……40度！怎么办啊？怎么办啊？”电话里传来老人无比焦虑的声音。老人不会开车，孩子父亲又出差在外，正在给客户办业务的她心急如焚，如坐针毡！但是此时，营业厅内依然有40多位客户在等待，她简言安慰了两位老人的情绪后，依然选择了微笑服务："您好，欢迎光临！请问您需要办理什么业务？"一笔业务又一笔业务，一位客户又一位客户……始终微笑，从容自若。好不容易熬到了下班的点，她才急匆匆赶回家照看高烧中的幼子。第二天，本想继续上班，无奈大儿子被小儿子传染，也得了疱疹。病了的孩子粘着妈妈，无比依赖！营业部会计主管段莉莉打电话询问孩子病情，才得知两个孩子都得了疱疹……作为主管亦是同一战线上的姐妹，她心疼自己的员工，宽慰她："不用来参加晨训了，别耽误了营业点就可以。"但是，第二天早上，臧之香毅然决然地站到了晨训的队伍之中。

**特写镜头之二：**前台柜员——曹希盈。已经是中午1点多了，她还没有吃午饭。她不饿吗？怎么可能！但是恰逢业务量大，又有那么多等待的客户，她选择了将自己的午饭延时，12:00……12:30……13:00……13:30……时间在一笔笔业务中飞快过去，"先去吃点吧，不吃下午也没力气的，你别再拖了！"会计主管段莉莉再次催促，"好吧"，曹希盈这才答应了要下柜台去吃口饭……但是刚刚拿起筷子，营业厅里传来了客户的埋怨声："几点了？才吃饭！怎么办业务？"大堂经理几经解释无果，曹希盈没有任何辩解，她觉得所有的解释都是多余的……只是轻轻地放下了刚刚拿起的筷子，又重新临柜办起了业务。那一天，她只喝了两口水，午饭拖到了13:30，也终究是没有吃上，一拖再拖，拖到了晚上……她跟营业部的姐妹开玩笑："正好减肥了啊，哈哈！"

**特写镜头之三：**前台柜员——黄丽云，是一名业务熟练的"老战士"了，已经坚持打了3天"硬仗"。即使中午不是她值班，也是草草地应付几口饭接着干。由于长时间面对电脑屏幕，眼睛浮肿得厉害……据会计主管段莉莉观察，她每天一杯水也喝不上。黄丽云本想休息一天，缓解一下

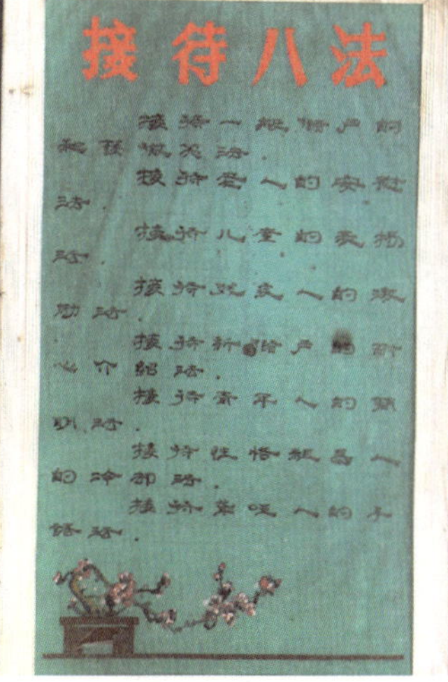


20世纪80～90年代的行为准则（组图）

疲惫，休班也已经安排好了。但这时营业部突然接到要开社保卡的通知。她知道开立社保卡对于一个网点来说业务量会猛增、劳动量加大，“这么特殊的情况下，我还是不要休息了吧，特殊情况时一个也不能掉队，我不能掉队”，黄丽云毅然放弃了休班，毫无怨言，坚守一线！

**特写镜头之四：**前台柜员——陈淑梅。作为还在哺乳期的妈妈，她不记得自己有多久没有中午回去给孩子喂奶了。自从开卡高峰来临，她每天中午在单位吃饭，已经10多天没有回家了…… 晚间的开社保卡环节，她也从不缺席，同营业部所有的兄弟姐妹一起坚持到晚上8点多才离开……

**特写镜头之五……**

**特写镜头之六……**

她们是臧之香、曹希盈、黄丽云、陈淑梅……她们更是青州农商银行所有扎实肯干、吃苦耐劳的一线员工的缩影……无论家里孩子得疱疹还是自己身体不适，比起工作，那都是小事。在她们心中，单位的事永远是大事！她们认真负责、无私奉献，用坚守诠释着新时代的“挎包精神”！她们就是我们身边最可爱的人，为共创农商银行百年伟业风雨同舟，砥砺前行，是我们新时代“挎包精神”的最美践行者！让我们为她们点赞！让我们为青州农商银行所有的默默奉献者、勇于担当者、坚守信念者、积极进取者点赞！！

对银行而言，服务质量决定事业兴衰。

我行始终坚持“客户至上，始终如一”的服务理念，通过强化客户服务管理、优化服务流程等举措，努力提升服务质量，为客户提供高效、便捷的服务。本章选择了20个服务客户的小故事，这对一个拥有上千名员工和十几万客户的大行来说可能是“鸡毛蒜皮”，但对身临其境的客户和员工来说却是“举足轻重”。从这些故事中可以看出农商银行员工的责任和坚持、认真和执着，充分体现了“银行服务无小事”的服务理念和价值追求。

# 『欲投诉』变『忠实粉』

郑桂林

最近读了几则农信人自己的故事，感觉是那样真实、真诚，都是身边最熟悉的人和最熟悉的日常，却都是我们于忙忙碌碌的工作中最容易疏忽的……回忆是一种寻根溯源，记录是一种自我警醒，交流是一种真诚对话。我们在一则则故事的记录和阅读中，重新认识自己、净化自己并提升自己，也勾起了我对往事的回忆……

这并不是一个很久远的故事。惊蛰刚过的3月，刚调回青州农商银行不久的我正在办公室签批贷款手续，突然听到营业厅内传来一阵吵嚷声。我迅速放下手中的活儿，急步走到营业大厅，只见一位60多岁的男同志在柜员窗口大声地叫嚷："我的钱，为什么不提给我？我要投诉你们。"我赶忙安抚客户情绪："您好，您先别激动，您有什么事情和我说，先消消气……"客户依旧怒气不减："我的钱，凭什么不给我提，肯定是因为你们为了完成月底存款任务。我要投诉你们！"听到这里，我继续安抚："大叔，您别着急，钱一定会给您的，而且随时可以取，只是需要向行里备一

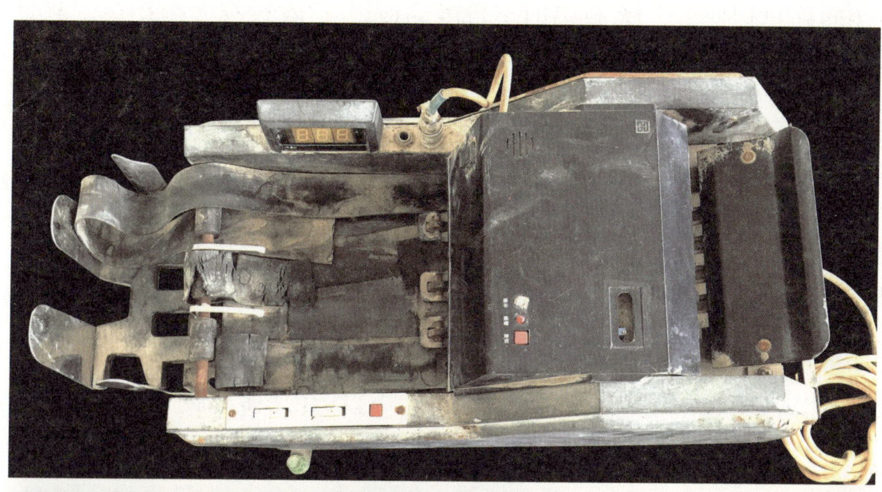

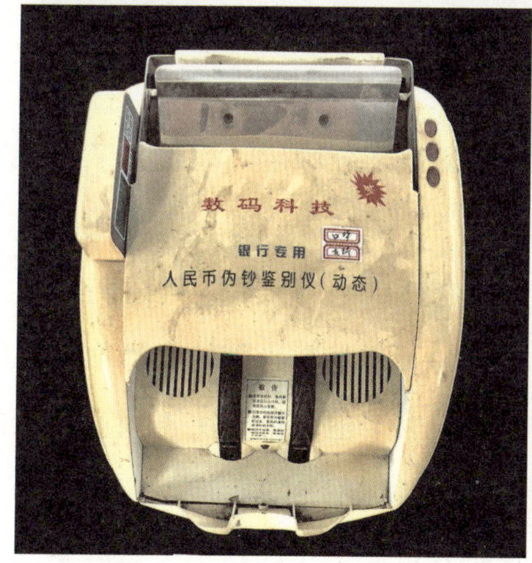


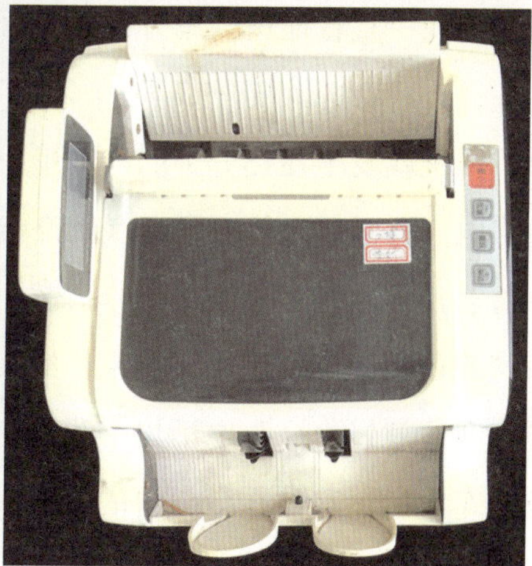

20世纪80～90年代的点钞机

下案。”

我顺手取了一张取款凭证，一边帮客户填写，一边问：“大叔，您取这么多现金不安全，而且超过5万元大额提现需要提前一天预约，您如果急用转账可以吗？”大叔仍旧略带激动地说：“农行有大额存单，利息比你们高，我要存到农行去。”听完，我又马上拿了一张电汇凭证帮客户填写。填写之际，突然记起了这天正好是周六，电汇等联行业务是无法办理的。我诚恳地向大叔说明了情况：“大叔，实在不好意思，今天是周六，跨行汇款只有正常工作日才可以办理。我把名片留给您，您周一什么时间方便，随时给我打电话，我开车去接您过来办理汇款可以吗？”这时大叔的情绪已经平复了好多：“也是，那也只能周一办理了，但不用你接我，我自己有车，离得也不远，我自己来就行。”“这次让您多跑腿了，我必须去接您！”一问一答的有效沟通里，大叔将我的名片装进了口袋，准备离开营业厅。我一直将他送到车旁，并一再嘱咐周一务必给我打电话接他来办理业务，直到目送大叔开车远去。

转机就发生在15分钟的冷静里。大叔离开15分钟后，我接到了一个陌生来电，电话那边传来了有点似曾相识的声音：“你好，郑行长，我回到家一看名片，才知道原来你是行长啊，你也有任务吧，钱我不往农行转了，农行我还有30万元一块转过来，给我凑个80万元存个半年的，给你顶个任务，我这就过去。”电话里，我执意要开车去接他，他坚决不同意，说自己开车方便。我站在行门口的青州农商银行行标下，等着迎他。一会儿工夫，大叔便开车过来了，当场存了一张80万定期半年的存单。再后来，存单到期后大叔又给我打电话买了80万元的半年理财产品。前些时日，在外地出差的我又接到了大叔给我打来的电话：“理财又到期了，你看看最近还有什么理财产品，我想再买100万元的。”就这样一来二去，这位客户不仅没有投诉，还成为我的忠实客户，现在理财方面的事大叔基本上都找我

商量，帮他拿个主意。

这次经历让我感触很深。其实与客户沟通交流也很简单，只要学会换位思考，把每一位客户都当成自己的亲人和朋友去对待，走进客户的心里，相信我们每个农商银行人都能为客户撑起一把伞，我们每一天的工作都会充满阳光和快乐！

哦！对了，这个大叔姓王，是我们青州出租车交运公司的一位老总，手下经营管理了200多辆出租车。当然，这也是我后来才知道的。经过王叔的介绍，有很多出租车朋友主动来到行里开通“V付”业务，同时也有效地带动了存款和贷款的增长。这是一个“欲投诉”的客户变为农商银行“忠实客户”的故事，也是一个“以点带面”不期而遇的故事。

# 愿比瓜农更懂瓜

冯喆

“沧海横流显砥柱，万山磅礴看主峰”，喜逢大有可为的历史机遇期，我们新一代青年无一不摩拳擦掌、跃跃欲试，想为中华民族伟大复兴添上浓彩重墨的一笔，欲为中国特色社会主义新时代贡献力量。作为新时期农商银行的一名员工，我想我们更应立足本职，好学真思，有梦想，肯吃苦，共创青州农商银行百年伟业，以知识、智慧和汗水奏响一曲无愧于时代的青春之歌！

## 用青春激情共圆中国梦

“青年兴则国家兴，青年强则国家强”，曾经看过一期电视访谈，一个叫秦玥飞的小伙子深深地打动了我。他是美国耶鲁大学的毕业生，却放弃了国外优厚待遇来到湖南乡下做了一名村干部。村里条件艰苦，他从一开始的不习惯到渐渐和老乡们融为一体。他的青春要钉在这了，没有编制，没有“五险一金”，月工资1050元。到白云村以后，秦玥飞带着村民

搞专业合作社，把麦田里的粮食作物换成香莲、茶籽等经济作物。他还找来一些大学生协助村民创业，计划实现15个贫困村人均增收3140元。秦玥飞陆续受邀参加了《财富》全球论坛、亚布力企业家论坛，也成了博鳌亚洲论坛、APEC青年创业家峰会的座上客。他与主办方争取发言的机会，抓住一切可以为新农村建设筹款的机会。从地方组织部来的同志找到秦玥飞，希望他认真考虑调动或提拔。秦玥飞婉拒："乡村和土地是我适合的地方，我的价值在基层。"

他的事迹让我体会到，年轻人就应该心存梦想，胸怀大志。在人生的漫漫长河中，不能让自己的青春留有遗憾。一定要把个人的奋斗目标与中华民族的奋斗目标结合起来，把个人的理想融入"中国梦"之中。要努力把个人的聪明才智与祖国的需求相结合、个人的抱负与祖国的腾飞相结合。作为在农商银行工作的我，要不忘初心，筑牢理想信念之基，自觉用青春和激情共圆农商梦、中国梦。同时，也必须以只争朝夕的使命感提升服务人民的能力和水平。坚守在工作一线，对前来办业务的群众细心、耐心，待人热情、彬彬有礼，对于群众反映的问题要及时向领导汇报。工作不管多烦琐都不能马虎，要以兢兢业业的态度做好每一天的各项工作，力争做到让群众满意、让领导放心。

## 回归田埂的农商银行人

众所周知，谭坊是著名的中国瓜菜第一镇。寒来暑往，马上又要到西瓜收获的季节了。2018年在谭坊支行，我们全体员工在张爱国行长的带领下，结合"大学习、大调研、大改进"，深入基层与农户密切联系。瓜农在田间播洒汗水，我们也奋斗在田埂之上，烈日当空，陪伴着阳光的是我们奔走在田间地头的身影。瓜农汗流浃背时，我们微笑着送上一瓶"爱心矿泉水"，为的是将我们真心实意的关心切实传递到瓜农的心里。"三农"金融事业部的领导也多次到谭坊支行指导工作，与我们一同对接地磅、经纪等关键点。地磅、经纪是瓜农卖瓜的“必经点”，攻克这几个关键点能起到事半功倍的效果。我们的“智e购”商城更是服务百姓坚实的后盾，能为瓜农提供优质的化肥等农资，也能为广大的城乡居民提供优质的生活用品。“拿杈子”“授粉”等农活儿对我们来说就像馒头、米饭那样熟悉，切实为瓜农做实事，了解瓜农生活的点点滴滴，与瓜农打成一片，真正成为瓜农的亲人，田埂上的我们常被戏称为“不种瓜，却比瓜农还了解种瓜的瓜农”。

想那会儿我刚到谭坊，不懂瓜农的生活，在走访宣传过程中遇到了很多困难，甚至会陷入被瓜农误解的尴尬境地，时不时会有种“热脸贴在冷屁股上”的感觉。张行长常常教育我们“任其职，尽其责”，张行长以及多位客户经理手把手传授我们与瓜农交流的方式，耐心告诉我们与瓜农打成一片的秘籍，懂得了了解瓜农的生活才是关键，从而顺利地保质保量地完成了任务。田埂上的我更加懂得了在工作中要严于律己，面对工作中遇到的困难，迎难而上、永不言弃、敢于担当、不怕吃苦，才能在农商银行的工作中做出成绩、不断进步。

## 本领过硬可为业务带头人

俗话说：“没有金刚钻，不揽瓷器活。”在与对手竞争过程中，我们深知扎实优质的业务能力和灵活多变的工作方式是我们的制胜法宝。因此，我们坚持业务学习，时刻给自己“充电”，掌握最新的工作方法，在工作中勤思考、多钻研，让自己真正成为业务领域的行家里手。

与此同时，作为一名预备党员，我在工作中坚定了自己的理想信念，始终做到“不忘初心，牢记使命”，坚定不移地对党忠诚，自觉加强党性修养，牢记“一滴水可以折射出太阳的光辉”。用科学理论武装头脑，补足“精神之钙”，点亮“信仰之灯”。拧紧“总开关”，做到心无杂念、

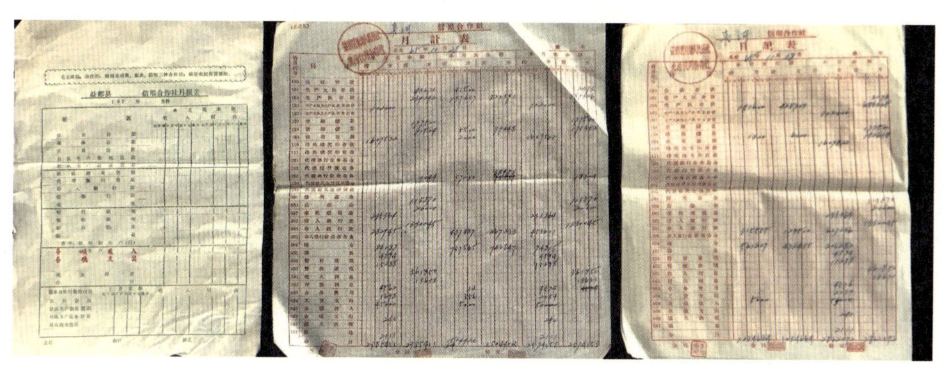

20世纪六七十年代的信用社日月报表

德无杂质、行不乱章，坚守共产党人的精神家园。同时，加强党性修养，在大是大非面前政治坚定，立场鲜明，始终在思想上、政治上、行动上与党中央保持高度一致，坚决抵制各种错误思想影响，坚决同各种错误思潮做斗争，永葆共产党人的政治本色。

扬鞭策马征程急，放眼神州气象新，我感受到了国家发展、民族振兴的强烈脉动。青年一代有理想、有本领、有担当，国家就有前途，民族就有希望。农商银行的美好未来更属于青年，农商银行的美好未来更依靠青年。作为青年员工，我要牢记使命和责任，以朝气蓬勃的精神、昂扬向上的状态和求真务实的作风，努力在工作岗位上做出更加优异的成绩，为推进青州农商银行全面转型发展贡献力量！与祖国同行，与农商同行，响应召唤，挥洒汗水，在实现梦想的生动实践中书写青春华章！

# 擅变被动为主动

陈莹

不知不觉来到农商大家庭已将近4个月了，在感叹时间依旧如白驹过隙之余，更多地则是对这个大家庭由浅到深地逐步了解，从起初的新员工培训到新系统的理论学习，再到新系统的操作演练，的确，这4个月过得快而充实。在这短短的时间里我看到了很多，学到了很多，也感悟到了很多。银行，作为金融服务行业的中流砥柱，远没有之前想象的那样简单、机械化。许多工作细碎而又烦琐，不仅需要严谨和认真的态度，更需要过强的专业知识和业务技能，在提供服务的过程中更是要真诚热情，付出真心。在这段时间里，许多事情让我感受到了农商银行这个大家庭的温暖与力量所在。

作为一名新员工上柜，仿佛一张白纸，什么业务都没有具体真实地办理过，既好奇又紧张，起初最简单的业务也总是把自己搞得手忙脚乱，单位里的姐姐总会笑着拍拍我的肩膀对我说："别紧张，一项一项地来，只要认真细心，对好金额就不会有问题的。"只要一有时间姐姐就站在我的旁边看我如何操作，并耐心告诉我遇到某种情况该如何办理。没有了最初的紧张不安，基本的业务操作流程也慢慢熟悉，内心的沾沾自喜让我淡忘了起初的小心翼翼和认真仔细。记得那天下午营业室里有许多等待办理业务的客户，这时来了一个客户要存19000元钱，在我为他办理业务要输入金额时，不知是由于心急还是大意我便输入了20000元，这时姐姐及时提醒了我，我惊慌地意识到了自己的错误所在。事后姐姐告诉我，无论客户多与少，都要认真办里手头上的业务，只有在保证办理正确的前提下才可以逐渐提高办理速度。没有苛刻与指责，有的只是耐心和指导，在帮助我意识到自己的错误之余，我感受到的便是温暖。不只是这一件事，每当遇到不熟悉的业务时，向哥哥姐姐们问一句总会得到及时的回答，有时出现比较特殊的问题时，他们便会锁起库箱，走过来一点一点地告诉我该如何去做。他们之间的互帮互助以及对我们新人的耐心指导，使我感受到工作中周围的一切都是有温度的。

没有进入银行之前，总是认为银行里的工作是机械性的，面对的就是

来河 信用社

1965年度损益表

填制日期 65年 12月31日　　共 1 页

| 1 收益 | 2 金额 | 3 损失 | 4 金额 |
|---|---|---|---|
| 收入利息 | 21694 | 付出利息 | 119601 |
| 其中：1.收入存银行款息 | 20167 | 业务费用 | 3120 |
| 2.收入放款息 | 1527 | 工资支出 | 60000 |
| 杂项收入 | 6800 | 杂项支出 | 240 |
| 其中：收入农行手续费 | 6800 | 损失款项（ 笔） | |
| 收入人行手续费 | | 纯益 | |
| 其它手续费 | | | |
| 纯损 | 154467 | | |
| 合计 | 182961 | 合计 | 182961 |

行长（主任）　会计　复核　制表

银行汇总时纯损、纯益应按信用社报表原方向反映，不要轧差。

20世纪60年代的损益表

电脑等各类机器，客户来了想要办理什么业务，我们只管给他们办好就好，客户是主动方而我们是被动方，一件小事却改变了我的想法。那天临近中午，营业室里仅有寥寥几位客户，一位看上去年近八旬的老奶奶一直在营业室门口徘徊。我注意到了她，但是并没有多想，以为她在等什么人。这时主管让安全员开了联动门，把门外的奶奶搀扶了进来。奶奶说："谢谢你了。"然后，便从口袋里拿出了皱皱巴巴的存折，说："我想取500元钱。"之后我明白了，原来这位奶奶想进来取钱，可是却不知道营业室的门如何打开，于是一直在门外徘徊。老奶奶取完钱后，主管又搀扶着她走出大门并将她送到了马路对面。这件事让我意识到，其实有许多人像那位奶奶一样，他们或许上了年纪，或许身体不便，再或许他们对一些新时代的电子产品了解甚少，很多时候我们都应该去做主动的那一方，去积极地询问他们想要办理什么业务，为他们提供力所能及的帮助。做好服务工作不仅需要系统的升级、设备的更新，更需要一颗善良真诚的心。

很多人都说，每天都做着同样的事情，且这个事情每天要不断地重复多次，久而久之就会乏味至极。然而，看看身边工作多年的同事和领导，虽然他们每天都忙碌着相似的工作，但依旧微笑着对待客户。对于那些上了岁数眼花、耳背的老人，他们总是一遍一遍不厌其烦地给他们讲解，当顾客夸赞他们服务好时，那种开心也是发自心底的。其实，乏味的原因不是职业，不是工作，而是对待工作的态度。有时候客户就像一面镜子，你微笑他就微笑，你生气他也必然会发怒。在工作中，只有学会不断调整自己，不断地给予自己正能量，才会不断取得进步。

虽然入职到现在只有不到4个月的时间，但是，在农商银行这个大家庭里我真的学习到了许多，收获了许多。这是一个温暖团结、积极向上的家庭，一个不断创新、勇于挑战的大团体。相信通过我们每一个农商人的努力，农商银行会迎来更加美好的未来！

# 从『心』开始谋转型

曹元震

9月是别离，10月是新生。

为期1个月的核心银行新系统转型升级模拟演练转眼已经结束。

从开始的培训课程到后来的模拟演练，可见省联社对我们这次新系统转型升级工作的高度重视。

从开始的业务生疏到后来的运筹帷幄，可见我们农商银行员工为此次新系统转型升级浇铸了太多心血。

作为一名新入职的农商银行员工，我很荣幸能够见证农商银行这样一个转型历程，也很感激行里给了我这次陪同老员工一起参加模拟演练的机会。

这为期1个月的模拟演练，使我感悟颇多。

首先，我体会到了我们农商银行与时俱进的决心。在其他金融机构日益增多和革新的今天，我们要想提高竞争力，保持持续增长的成长力和动力，就要直面现实，因势而变，适时转型，不断寻找新的价值增长点。这

信用合作社定（活）期存款存单 №252315

存入日期 年 月 日

科目（收） 支取日期 年 月 日 字第 号

帐号 户名

存入人民币（大写） ¥

期限： 年月 于 年 月 日到期 按月息 厘 毫计息

存户印鉴 备注：

主任 会计 出纳 复核 记帐 制单

第一联代收入记帐单

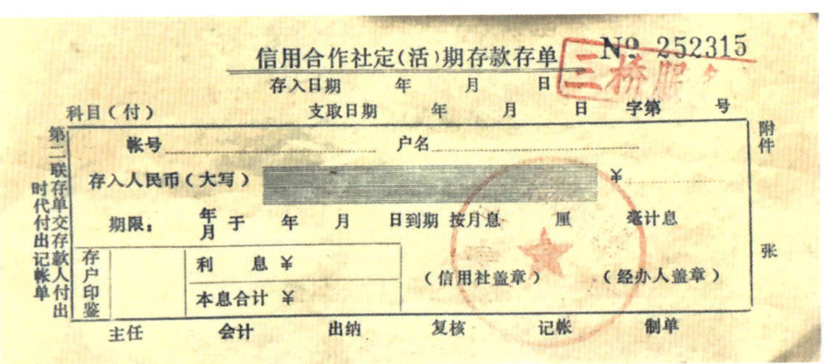

信用合作社定（活）期存款存单 №252315

存入日期 年 月 日

科目（付） 支取日期 年 月 日 字第 号

第二联存单交存款人付出时代付出记帐单

帐号 户名

存入人民币（大写） ¥

期限： 年月 于 年 月 日到期 按月息 厘 毫计息

存户印鉴 利 息 ¥ 本息合计 ¥ （信用社盖章） （经办人盖章）

附件 张

主任 会计 出纳 复核 记帐 制单

信用合作社定（活）期存款存单 №252315

存入日期 年 月 日

支取日期 年 月 日

帐号 户名

存入人民币（大写） ¥

期限： 年月 于 年 月 日到期 按月息 厘 毫计息

存户印鉴 利 息 ¥ 本息合计 ¥ 备注：

主任 会计 出纳 复核 记帐 制单

第三联存根联

20世纪70年代的存款凭条

次转型本着更好地为农民、农业和农村经济发展提供金融服务的原则，推出了一系列更加方便快捷的系统措施。以前必须要去柜台办理的业务现在在大厅便可办理，大大减轻了客户的等候时间；“无纸化”也离我们越来越近，客户需要签名的凭证回单也越来越少……

其次，我体会到了行领导对我们这次核心银行新系统转型升级的高度重视。新系统转型升级是一项庞大的工程，它涉及农商银行每一个部门、每一个专业、每一名员工。“少年强则国强”，员工业务范畴越熟练，我们行的市场竞争力才越强。为期1个月的模拟演练期间，虽然每晚要到很晚，但领导们都等到所有系统关闭了才会离开；虽然每晚都很累，但领导们每晚都去各个网点慰问指导。

最后，我体会到了我们农商银行员工面对这次核心银行系统转型升级的挑战一往无前的决心。面对转型，每一个人都是压力与动力并存！我们营业网点人少、业务量大，每天下班时大家都累得筋疲力尽，全身如同散了架一般，但是面对转型演练，我们没有退缩、没有怨言。我们放弃照顾家人、陪伴孩子，克服这样那样的困难坚持参加培训和演练。培训时，我们认真聆听培训老师讲课，牢记办理业务的规范流程，重视新系统转型升级带来的变化；演练时，我们每晚都要把培训所学运用到实际操作之中，严格按照规范制度流程操作。虽然过程很苦很累，但我们始终怀有一颗陪同农商银行一往无前发展的决心。

核心银行新系统的转型升级，并不只是业务操作转变那么简单，它是凤凰涅槃，浴火重生。对于我们员工，转型升级并不只是一句话、一个动作、一个流程，而是自我升华的过程，是改革前进、舍我其谁的担当！

转型升级，从“新”开始，更要从“心”开始！

# 农商银行的那些事

王宁

2018年，是我入行的第六年。本以为在银行工作了这么长时间，早已麻木了，不会再被什么人、什么事感动了。但身边的这些闪光的人、微不足道的小事，像是散落在浩渺银河里的星，闪着璀璨的光，照亮每个被工作压垮的瞬间。

“智e购”平台的推广有效推动了我行各项业务的转型发展。商户数量不断增多、商品类别日益繁多，加之更多的优惠活动，“智e购”被更多的老百姓熟知。基层网点的营业厅里，常常聚满了慕名而来的客户咨询业务、购买商品。各项活动也如火如荼地开展起来，好不热闹。当然，这也加重了大堂经理的工作强度。我所在的高柳支行，曾经有一个大堂经理令我印象深刻。虽然之后她因为孩子太小离职，但是她认真对待工作的态度和积极的工作热情给我留下了深刻印象。记得有一次“智e购”活动力度空前，引得周围四邻八庄的乡亲们纷纷购买。商品的数量、客户的数量都给这个刚刚上岗的新大堂经理带来了不小的挑战。让我出乎意料的是，从清点数量、配送商品到商品的调剂，她都做得井井有条。更难得的是她对客户有耐心、对工作有热忱。即使在要离职的那几天也完全没有懈怠，把剩余的商品盘点了一遍，把还需要配送给客户的商品明细都做了记录。她的这份工作热情深深地感动了我，让我仿佛看到了刚入行时的我。那时的我也是这样充满热情，虽然青涩、爱犯错、犯迷糊，但每天都元气满满。现在的我也应该持续保持积极的工作态度，坚守初心，在枯燥重复的工作里寻找挑战，把每一件平凡的小事做好，这就做到了不平凡。

为了应对激烈的第三方支付角逐，我行“V付”应运而生。在面临支付宝、微信几乎已经二分天下的情况下，我们推行“V付”的难度可想而知。但是知难而退就代表一点机会都没有，迎难而上才有可能，这也是老一辈农信人传递下来的“挎包精神”。刚开始推行“V付”确实有难度，我们利用下班时间挨家挨户推广但收效甚微。但是，我们的人生中没有“放弃”两个字。我身边的一位同事徐文婷懂得抓住

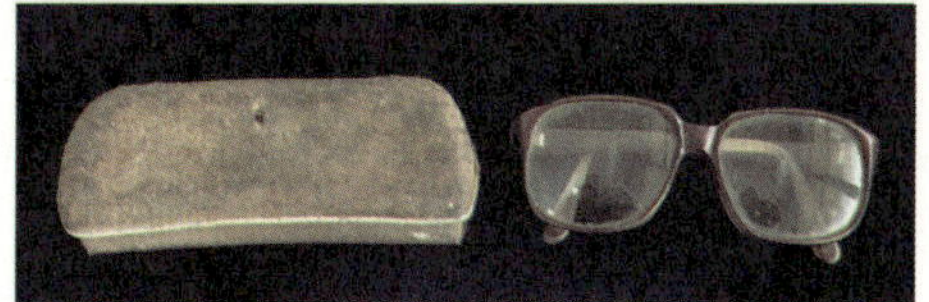

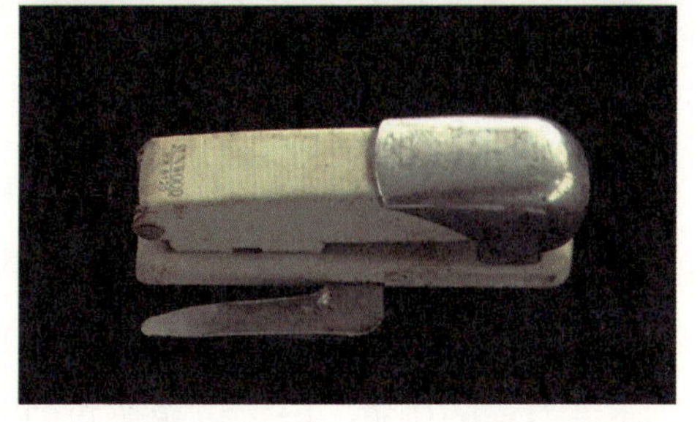

20世纪50～90年代的办公文具（组图）

一切时机推广“V付”。曾经一位客户到柜台办理预留手机号业务，经询问该客户是要绑定微信，将微信里的钱转到银行卡。徐文婷在给客户办理业务过程中，详细向客户介绍了我行“V付”，最后成功给客户申请了“V付”。这件事告诉我，工作比别人多干一步、细致一步，也许就能找到问题的解决办法。为难题找办法，而不是找借口，工作起来会简单许多。对了，这个故事还有后续，这个客户后来又介绍了他的朋友也来开办了“V付”。

要说2018年农商银行的大事，当属核心银行系统的转型升级了。“十年磨一剑，今朝试锋芒”，这个凝聚了新一代农商银行人心血的新系统，全省农商银行人翘首以待。整整一个月，白天正常营业，晚上加班演练。在我们这个年纪，必然要在家庭与工作中作取舍。其中，让我最感动的是会计主管王志莹。在系统演练期间，我深切体会到会计主管担负的责任之大，上到数据核对报送，下到账务处理，都要由主管操心把持，这其中付出的心力是我无法体会的。可以想象，她必然无法完全承担应尽的家庭责任。演练期间，正值王主任的儿子一年级入学，而王主任的爱人在医院上班，也要经常值班。所以，王主任有时就需要下班接孩子来单位陪同加班。这边妈妈在演练，那边孩子在写作业等妈妈下班一起回家。有时晚点了，一年级的小朋友就在一旁睡着了，身为妈妈的主任看在眼里疼在心里。但职责所在，要求每一个人都坚守岗位、尽职尽责。我坚信，有这样一位有责任心的妈妈为榜样，孩子也会成长为一个有责任、有担当的人。

身边这样的事还有好多好多。正是身边这些微不足道的事、可爱善良的人带给了我最深沉的感动。当然也希望这些平凡的事、平凡的人不仅仅感动了我，也能感染到你，然后再由我们去影响更多的人。让这一个又一个有温度的故事，时刻提醒着我们不忘初心，牢记使命！

# 最美女行长

## 刘新福

她，双眼皮，大眼睛，高鼻梁，标准的瓜子脸，皮肤白皙，化着淡妆，清爽、干净，给人的第一感觉就一个字——美。

2017年9月，我有幸被调入青州农商银行花卉分理处，第一次与她相识。初次见面，她把我叫进她的办公室，抛开工作，谈论得更多的是我的生活，了解了我的情况——孩子尚且年幼，且双方父母都不在身边。她承诺单位会尽量照顾，没事的时候她帮忙解款。当时我感觉她很平易近人，不像领导，更像是朋友。后来我才了解到她的孩子才刚刚上一年级，所有的事情都是她操心。

我调入花卉分理处后，单位的各项工作紧锣密鼓地进行着，随处可见她忙碌的身影。

### 她带领我们转变营销观念，狠抓优质服务

花卉分理处作为一个新成立的网点，存贷款各项指标都差强人意，虽

然服务于青州市花卉市场，但是客流量不大，且多为外地客户，认同度不高，再加上受制于“一个客户在同一家银行只能开立一个账户”的规定，各项业务很难开展。

看着单位的情况，她召开内部会议，主张大家转变营销观念，只有坚持站在客户的角度，想客户之所想、急客户之所及，秉承为客户提供最快速、最高效、最优质、最便捷的服务理念，才能真正吸引客户前来办理业务，建立与客户的长期同盟关系。在她的带领下，我们把营业环境打扫得窗明几净、柜台服务坚持零等待，让客户“宾至如归”。

## 积极发扬“挎包银行”的精神，进行地毯式营销

她说老一辈农信人给我们的最大财富是“挎包精神”，当今的银行业不再是坐等客户来办业务，而是积极走出去，走进市场、走进社区、走进小微企业，调查市场，了解客户。她将我行的存款有奖活动和最新理财产品进行整理，印上本网点的专署客户经理电话，到广告公司印发了2000多份。每逢周边大集，她便带领全行员工，身穿红马甲，发放我行印发的宣传折页；对于有意向的客户，主动介绍我行最新产品和政策，提高我行的知名度。她还对我行周边最大的花卉市场进行网格化营销，画出花厅布局图，纵横分割为5大块，划分路线图，协调电子银行部进行宣传。所有人员兵分5路，根据路线图挨家挨户进行地毯式营销。凭借推广宣传扫码支付的机会，顺推了我行家庭备用金、乐享家庭贷、拥军贷和大棚摊位抵押贷款。每天晚上营销结束后，大家准时回到营业网点，进行排名，由各路队长进行总结发言，传授经验做法，以便明天更好地开展工作。

在她的带领下，截至2018年5月底，花卉分理处存款余额3420万元，较年初增长了1200万元；贷款余额1627万元，较年初增长605万元；新拓展“V付”商户54户，超额完成行总部的任务指标。

20世纪90年代部分老同志座谈会合影留念

因为每天奔波于花厅市场和周边村落，今年她已经磨破了两双鞋。周边没有人不认识她，都亲切地称她为“最美女行长”。偶然到附近餐馆吃饭，旁桌的客人经常会送上两个菜，“谢谢你为大家谋福利了，请最美女行长吃个小菜”，每次她都婉言拒绝……

她常挂在嘴边的一句话是“无奋斗，不青春”。

# 以诚相待 快乐相伴

孙培琳

毕业5年，在青州农商银行工作4年。春华秋实、日升日落，每天见到形形色色的人和事，会开心，也会委屈，见得多了，学到的东西也就多了。

## 将心比心感动老大爷

在一个网点的时间长了，与经常来办业务的客户也都熟识了。在花卉分理处，有一个老大爷，每隔一两周就会骑一辆破旧的自行车来存钱。那是2018年盛夏的一天，他照旧拿着一个旧的布袋来，不同的是布袋里多了一袋黄澄澄的杏。进了营业厅的大门，就往我手里塞："家里自己种的杏都熟了，拿一些给你尝尝。"我知道大爷的家庭情况不是很好，赶忙推辞："大爷，别给我了，你自己留着吃吧。"老大爷也挺犟的："每次来你们都帮着我，不拿着，我以后不来找你帮忙了。快！你们分分吃了吧，没别的好东西，别嫌弃。"跟老大爷推辞了很久都没有拗过他，只得最后趁他不注意时，偷偷塞到了他的自行车筐里。记得还有一次，他像往常一样骑自行车到营业厅门口，没撑住摔倒在路边，我和保安大叔赶快跑过去将他扶起，幸好也无大碍，大爷连声道谢。我们将心比心、一视同仁，从那之后，大爷一有钱了就往我们网点存。

### 不要带着情绪上班

记得刚上班那会儿，营业厅里来了位大姐，莫名其妙地非要把我们公告栏上的存款利率表给带走，我耐心劝道："给您复印一份可以吗？"大姐口气很生硬地说："不行！"执拗的大姐认定了就是要红纸的，经过再三解释，她终于同意可以带走一份手写的。这位大姐使得我们的心情晴转多云，脸上的笑容都没有了。就在这时，营业厅里又走进来一位中年大哥，脸上满是灿烂的笑容，问他为啥这么乐，大哥笑哈哈地说："也没啥，见到你们就是发自内心的高兴。"我们心中的小低沉就这么被治愈了。现在回想起来，仍能记得大哥的笑容。我也更加相信，笑容真的是可以感染的。现在的我每天都开开心心的，熟悉的客户问我："小孙，是不是没什么烦恼啊，天天看起来没心没肺地开心。"当我听到这话的时候很是开心，相信他们看到我这么开心，在办理业务的时候也是高兴的，所以我一直坚持微笑服务。当我们脸色不好的时候，客户很容易被影响，也会变得心情不好，但是如果客户一进门看到的是我们真诚的笑脸，就会被感染。

### 主动为我揽存的抗美援朝老大爷

这位来办理业务的老大爷，是位曾经参加过抗美援朝的军人，腿受过伤，拄着拐杖。每个月他都会来把工资转到他儿子的存折上存起来。因为他腿脚不便，每一次见到他，我都主动上去搭把手。有一天，他突然跟柜台工作人员说要另外开立一张存折，帮我完成一下存款任务。他说："我每次来这里办理业务，小孙同志都这么帮我的忙，不能老让她白干活儿啊，这闺女这么讨人喜欢，就跟我自己闺女一样，我怎么能不给自己闺女完成任务呢？！"听到大爷的话，我激动得无言以对。心想：生活就像一面镜子，当你真心待人时，也会被别人回以真心。

这样的客户实在太多太多，有听到我感冒了给我送药的老奶奶、执意让我歇会儿的大姐、拉着我的手要给我找对象的大妈……看到客户那么真心地对我好，我发自内心地感动和感激，即使干再多的活儿、受再多的累，心里也不觉得累。我想，银行作为窗口性服务行业，只有真正把客户放在首位，想客户之所想、急客户之所急，才会扎实有效地开展好工作，才能对得起客户对农商银行的信任。

20世纪90年代的信用社业务宣传车队

# 冯琳涵

# 『以小赚大』的红马甲

时光飞逝，转眼我来到青州农商银行这个大集体已经有一年多的时间了，很幸运地被分配到了消费金融事业部。我们部门的主要工作是负责“V付”收款码的推广，向商家宣传二维码收款。利用二维码收款这一手段不仅可以缓解支付宝、微信对我们银行业的冲击，还可以增加我行的存款，同时还能提高我行的开卡率。

说到“V付”的推广，我还清晰地记得，一开始是在我们组长的带领下去拓展，了解推广流程后，我们开始学着自行拓展。第一次外出拓展的对象是一家服装店，刚开始我还有几分羞涩，不知道该如何寻找话题，只能像一个顾客一样假装向商家咨询店里的商品。随着谈话的深入，我开始向店家介绍我们的产品：利用我行的二维码收款不仅没有手续费，而且不用提现，钱可以直接到账银行卡，省去了中间环节，相比较支付宝、微信而言，银行也更加安全。商家也逐渐开始认可我的介绍，很快就同意办理了我行的收款二维码。

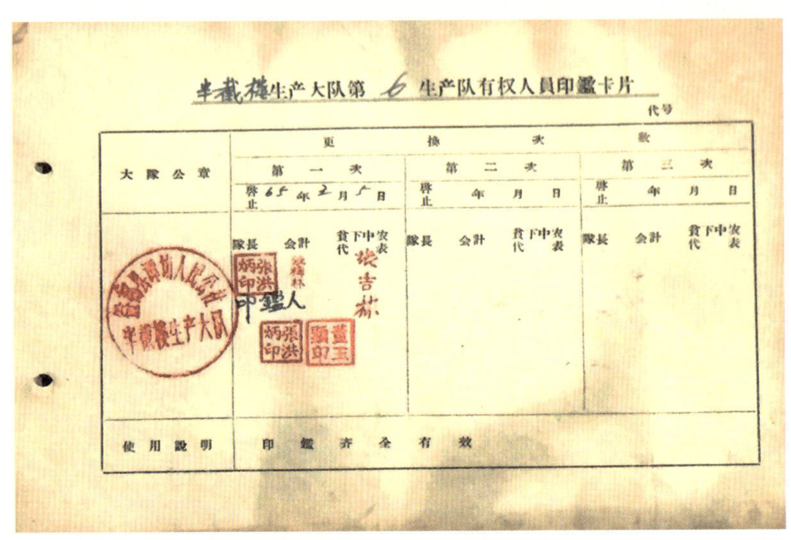

____生产大队第 6 生产队有权人員印鑑卡片

代号

| 大隊公章 | 更换次数 | | |
|---|---|---|---|
| | 第一次 | 第二次 | 第三次 |
| | 啓止 65 年 2 月 5 日 | 啓止 年 月 日 | 啓止 年 月 日 |
| | 隊長 会計 貧下中农代表 | 隊長 会計 貧下中农代表 | 隊長 会計 貧下中农代表 |
| 使用說明 | 印鑑齐全有效 | | |

20世纪60年代的印鉴卡片

成功为商家办理后，我心情激动地离开了。“万事开头难”，有了第一户的开门红，让我士气大增，一上午的时间我就拓展了三户，让我信心十足。由于前面的铺垫，我也清楚地了解到与客户交流的重要性，只有赢得客户的信任，让客户享受到我们优质的服务，为客户耐心地介绍我们的产品，站在客户的角度上考虑，才能提高我们的推广率，让客户信赖并使用我们的产品。

每一次外出我们都身穿农商银行特有的红马甲，让顾客可以信任我们，我们的红马甲遍布全市，在青州的每一条大街小巷都有红马甲的身影。也正是由于我们全体员工共同努力，越来越多的商户开始使用我行的收款二维码。每次当我们走进一家商铺，看到商家已经用上了我们的二维码时，我们不仅会赞叹同事的工作效率，而且也因为商家用我们的二维码收款而开心。随着我们红马甲的走街串巷，越来越多的商家了解了我们的业务，很多商家为了使用我行的二维码收款主动咨询办理条

件，并主动去网点办理了我行的银行卡，我行收款二维码的营销工作如火如荼地开展着。

农商银行的红马甲不仅走街串巷推广业务，而且坚持“面向三农，服务百姓”的初心，在灾难来临之际，我们更是毫不畏惧。当王坟遭遇洪涝灾害时，面对严峻的抗洪抢险形势，红马甲奋勇争先地冲在了第一线，行领导第一时间启动应急方案，积极统筹各方面资源力量，慰问受灾群众并为他们送去物资，全力以赴开展抗灾帮扶和灾后重建工作。

作为红马甲中的一员，我也义不容辞地加入抗洪抢险的队伍中。当时我被分配到云河支行从事客户经理助理岗位，在王行长的带领下，我加入了青州志愿者协会，面对社会各界人士为王坟受灾群众捐献的物资，我内心感慨万千，“人间有大爱，人间有真情”，虽然从未谋面，但是他们愿意为需要帮助的人奉献自己的绵薄之力。快递来的物品繁多，分类又不明确，我却干得格外有劲，顾不得脏累，把它们逐件分类，搬到送往灾区的运资车上。一整个下午过得忙碌而又有意义，汗水浸透了我的衣服，但我的内心从未那样充实，希望这些物资可以早日送到灾区人民手中。

2019年是崭新的一年，我们部门针对专业市场进行了新一轮的宣传，批发街成为我们的第一个市场，我们每天身穿红马甲，走遍批发街的每一个角落。前期我们在批发街已经开立了很多“V付”，所以剩下的都是一些比较难搞定的客户。第一天，可以说是灰头土脸的一天，有的客户连理都不理我们，有的甚至都把我们赶出去了，说实话，我们的自信心大大受挫。第二天我们开会总结讨论，面对各种不同类型的客户，探讨不同的解决方案，终于有了一点点起色。记得有一家客户，我每次去问他，他都说没有卡，我说带他去开卡，他也总是敷衍，后来我每天早上到批发街的第一件事就是到这个大哥的门头打个招呼。一个星期以后，大哥终于忍不住了说：“其实我有银行卡，就是嫌麻烦，看你小姑娘也不容易，办上吧，你们农商银行的服务这么好，来了一趟又一趟，让其他银行怎么办？”他主动拿出了银行卡，让我为他办理了“V付”，并为他开通了语音播报，这位大哥也表明以后会坚持用我行二维码。通过这件事，我感觉我们和客户只要将心比心，真诚地对待他们，他们总有一天会认可我们的服务，办理我们的业务。

回首过去，我们思绪纷飞，感慨万千；立足今日，我们胸有成竹，信心百倍；展望未来，我们引吭高歌，一路欢笑。我相信随着业务的不断推广，使用我行二维码收款的商家会越来越多，存款率和开卡率也会不断增长，从小微商户入手，以小聚大，努力提升我行业务的市场占有率。

# 记一次难忘的营销

党翠萍

自我行“V付”业务开展以来，方便快捷的支付手段获得了广大客户的青睐，为促进宣传，我们积极加入商户拓展工作。

某日，在政法街附近宣传“V付”业务，因上午过来得比较早，许多商户暂时没有营业，于是我一路“扫街”，来到了一家茶叶店。老板是一位男士，我表明自己的身份之后开始说明我的来意。当我介绍完“V付”业务之后，老板并没有说话，我在想他是否对我们的产品感兴趣呢？正当我想着，他终于说话了：“我觉得你们的这个业务挺好的，那怎么办理呢？”我说：“需要提供您的银行卡、身份证。”正当我暗自高兴时，他突然说：“这么麻烦啊，还需要这么多东西，这些可都是我的私人物品，怎么能随便给别人。你是银行的吗，别是骗人的吧，年前骗子这么多，我可要提高警惕啊……”我一听，这就尴尬了，心里在默念，我长得这么像骗子吗？我急忙说：“哥，您放心就行了，我真的是农商银行的。”同时把名片双手递上，他接过我的名片看了一眼便放在了一边，显然他对我的身份还是怀疑。正

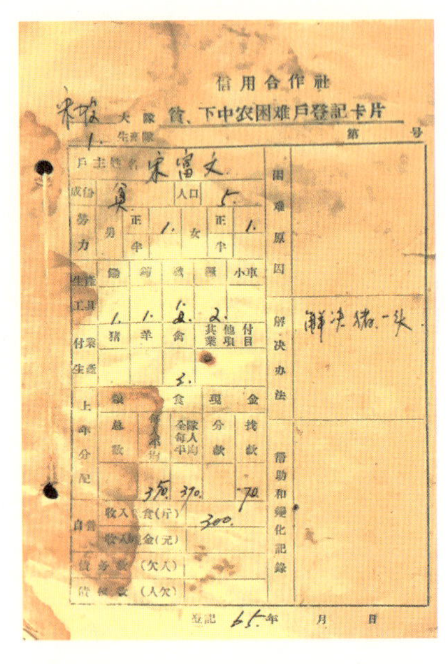

信用合作社

大隊 貧、下中农困难户登記卡片

第 号

戶主姓名 宋富文

成份 貧 人口 5.

困难原因

解决办法 解决猪一头

帮助和變化記錄

收入 食(斤) 300.

收入 現金(元)

登記 65.年 月 日

20世纪60年代困难户登记卡片

当我想跟他聊点儿什么证明我身份的时候，一位年长的阿姨走了进来，原来她是来买茶叶的。阿姨说："你这有客人呐？"老板回应："农商银行的，来宣传业务。"通过她和老板的对话可以知道阿姨是常客，与老板也挺熟。阿姨正要走时突然转头问我："小姑娘，正好你今天在这儿，我想请教你一个问题可以吗？"我说："当然可以，阿姨您说！"原来阿姨前期在我行买了一期理财，但她忘记了到期日，像她这个年纪的并不会使用电子产品，无法自己查询。我告诉阿姨到期之后钱会自动打到卡里，如果实在不放心可以持银行卡、身份证去营业网点进行查询。后来，在交谈中，我顺便向店老板及这位阿姨介绍了我行现有的理财产品、存款送礼品送福字的活动。把阿姨送走后，老板突然对我说："我刚刚听你说手机银行，我也办理了你们的手机银行，转账没手续费，可我一直不会用，你可以教教我吗？"显然，经过了一番交流，他已经不怀疑我的身份，开始信任我了，说话语气也柔和了许多。我忙说："当然可以。"于是我教会了他使用手机银行进行转账。其实他在我行业务挺多的，经常需要给别人转账，只是苦于自己不会操作，现在学会了他很高兴。当然，也顺利地帮他办理了我行的"V付"业务，这样他就更方便了。

走的时候互留了联系方式，我说以后有不懂的业务欢迎随时与我联系。这时才发现我已经在他店里停留了一个多小时，虽然时间挺长，但却收获颇多，更得到了客户的认可。

# 时光不负有心人

王 政

绿树浓荫夏日长，农商楼影映池塘。

华灯初上夜未央，农商战士多繁忙。

——题记

苍茫大地，四季轮回。每一年的夏天色彩斑斓、生机勃发，每一年的夏季都发生着不同的故事。这些故事沉淀进岁月的年轮里，有时又像湖面上被微风吹起的涟漪，不经意间溜进你我的心田。2018年的夏天，对于全省农商银行的人来说，是一个极不寻常的夏天；对于我来说，更是意义非凡。这是我与青州农商银行初遇的季节，我们的故事才刚刚开始……

2018年6月底，初出象牙塔，7月初，我便投入了青州农商银行大家庭的怀抱，开始了人生的新征程。刚刚入职的我们多么幸运，在完成岗前培训后，我们迎来了全省农村商业银行核心银行系统转型升级重大工程！我们成为农商银行核心银行系统上线的见证人！恰同学少年，风华正茂；书生意气，挥斥方遒。作为朝气蓬勃的新一代，我满腔热血，憧憬着我与农商银行的美好未来，在历经新系统模拟演练的过程后，我真切感受到了农商银行强大的力量！

## 见证创新的力量

2018年8月17日，我们的核心银行系统转型升级工程模拟演练拉开大幕，这是一场没有硝烟的激烈角逐。伴随着主管的一声：“开账了”，我们登录系统，映入眼帘的是简明、直观、洁净的界面。相比旧系统，新系统坚持以客户为中心的理念，优化了操作习惯设计，新增了互动交流的功能，实现了柜面前端系统功能的整合。比如新增的一些购物车准入等新鲜功能，操作起来更加便捷，从而提高了客户服务水平和员工的办事效率。在体验新系统之后，我看到了农商银行转型升级之路的美好前景，看到了农商人孜孜不倦、独立发展的创新精神，更懂得这是农商银行在应对日益激烈的银行间竞争主动出击的新武器，这样的成果凝聚了几代农商人的汗水与心血。作为新一代员工，我们充满活力，手里握着大把的青春，还有隐藏在心中多年的梦。面对竞争，我们不能见而避之，而应主动迎上去，积极创新去解决问题，只有这样我们才会成长。我们要将宝贵的农商精神传承下去，勇敢拼搏，奋力开拓，与农商共舞新事业，为大农商的华丽变身贡献新力量！

## 抒写责任的力量

梦回吹角连营，夜里挑灯演练。夜色中的乡村漆黑静谧，没有城市的喧嚣，四周更显得万籁俱寂。只有农商银行屋内灯火通明，像是洒在乡间的璀璨星辰，那里有正在挑灯夜战的农商战士。营业室内，他们全神贯注，眼睛紧紧盯住电脑屏幕，时而眉头紧皱，时而颜笑舒展；他们专心致志，时而翻阅着厚厚的传票，时而捶捶酸痛的腰背继而又急速操作起键盘。他们会为完成一笔从没经办过的新业务振臂高呼，也会为暂时做不成一次交易而绞尽脑汁。为了一个交易或者一笔业务，他们严谨认真，每一个出错的环节或者出现分歧的意见，他们都会耐心分析研究，直至问题解决。营业室内紧张的键盘敲击声、急促的鼠标点击声、“呲呲”的打印声以及急切的讨论声交织在一起，仿佛是在演奏一篇美妙的乐章，每分每秒都弥足珍贵。

在我们支行，有两个年轻的妈妈。记不清多少个这样的夜晚，记不清多少次这样的呼唤：“妈妈，你什么时候跟我一起吃晚饭？妈妈，你要早点回来。”鲜花奉献给爱人，玫瑰奉献给大地，宝妈们则把青春奉献给了农商，把大爱留给了农商。支行里还有一位大哥，小儿子仅有9个月，当白天营业结束后，他便迫不及待地与儿子视频，听孩子喊一声“爸爸”，而每晚到家时他也只能轻轻抚摸一下熟睡儿子的额头，这已然是伟大的父爱。支行里那位年轻的哥哥，妻子卧病在床，自己却不能赶去照顾，只能通过电话安慰，面对妻子的无助与理解时，他尽显无奈与艰辛。我们的主

20世纪70～80年代的捆钞机

管在处理完每天的演练工作事宜之后都会坚守到最后一刻熄灯锁门，还要在工作群中统计好员工安全到家的情况，这样他一天“大家长”的角色才能圆满落幕。在支行的每一个人，都肩负着不可或缺的任务，他们舍小家为大家，一直坚守在平凡的岗位上，一直坚守着一份农信情怀，心甘情愿地学习与奉献。

### 感受团结的力量

黑夜挡不住前行，高温压不住热情。在我们演练期间，行总部领导高度重视，无时无刻不心系基层冷暖，并在百忙之中走访探望我们一线员工，发放慰问品，详细了解了模拟演练的有关情况。他们带来的不仅仅是对我们的殷切希望，更多的是满满的关怀，一句叮咛，一声安慰，一个眼神，让我们感受到领导就在身边，我们一起并肩作战，我们要鼓足干劲，确保新系统的完美上线。看到老员工们对待演练工作的认真与执着，敬佩之情油然而生，而更让我有所触动的是，大家庭中团结友爱的温情。刚刚入职的我，对各项工作还是一头雾水，前辈们手把手教我业务与知识，一次次地指导我完成一项完整的业务流程，耐心地讲解我不明白的环节。每当学会一笔新业务，我的内心都充满了感激与振奋。看到窗外星星点点，我也明白，我们都不是一个人在战斗，我们是一个团队，为了新系统，奋战在演练的前线。

盛夏是百花齐放的季节，金秋是收获果实的季节。转眼间夏天已经成为故事，秋天也成为封存的风景。历时32天的演练工作落下了帷幕，从盛夏到初秋，我们耕耘在最美的季节。一路走来，有欢笑有感动，没有轰轰烈烈，但每个农商人不平凡的闪光点却汇成了最闪耀的光源，照亮了我的前行之路。筚路蓝缕启山林，栉风沐雨砥砺行。我们期待未来！我们期遇更加美好的农商新未来！

# 百姓银行里的热心姑娘

魏 静

那是2012年夏天的一个午后，驼山中路3188号的农商银行营业部门前槐树绿荫浓浓，枝干上依旧停了知了，在声声地叫着小城的夏天。

时任会计主管的我正在营业室内授权，办好业务的刹那抬眼透过玻璃窗向外望了一眼，只见一位衣衫褴褛、面容憔悴的老大爷，背着一个硕大的编织袋，步履蹒跚地走进了营业大厅，着急地左顾右盼。大堂经理小张见状，赶紧走到这位老大爷面前，面带微笑热情地询问："大爷您好，请问您要办理什么业务？"走到近处才发现他的编织袋里面装满了瓶瓶罐罐，手里拿着的塑料袋里装了些皱皱巴巴的零钱。这位大爷小心翼翼地将编织袋立在一旁，又略显焦虑地打开了手里的塑料袋，对大堂经理说："我要给我娃打钱。"小张把大爷引导至柜台并拿出了汇款单帮大爷填写，同时关切地问："是给孩子打钱吗？"大爷颤抖地从口袋里掏出了一部破旧的手机，打开了一条短信，着急地说："是啊，娃娃在云南上学，遇到了麻烦，手机也掉了，急需用钱啊！"一边说一边把短信给小张看，短信上是这样

20世纪90年代的验钞仪（组图）

写的："爸，我的手机丢了，这是我同学的号码，我遇到了麻烦，需要用钱，请立刻把5000元打到我同学的这张卡上。"小张凭借多年的工作经验，意识到这条短信可能是诈骗短信，于是一边安慰大爷不要着急，一边用自己的手机查找陌生短信号码的归属地，果不其然，查找到的地址与大爷孩子上学的地址不符。小张告诉了大爷他的猜测，大爷一脸的诧异和疑惑。小张赶紧用自己的手机拨通了大爷孩子的手机号，电话那头接通了，大爷在电话里确定了他的娃并没有丢失手机，也没有发那条短信，一切平安。当老大爷知道被骗后，眼含泪花，激动地握住小张的手，语无伦次地对小张说："孩子，多谢你啊，你是个好孩子，这些钱是我早出晚归捡了大半年的瓶子才攒下的积蓄，年纪大了，不中用了，差点被骗啊，这是大爷的一点心意……"他说着从袋子里掏出200元钱要塞到小张手里。小张见状赶紧拒绝了，同样略显激动地对大爷说："这是我的工作，是我应该做的，现在有很多诈骗短信、电话，大爷您以后要当心啊！有什么需要帮助的事情，可以随时来找我们。"7年已过，我至今依旧清晰地记得大爷颤抖着竖起了自己的大拇指，用现在的话讲那是一个发自肺腑的"赞"。

这虽然是一件工作中的平凡小事，但是却告诉了我们一个道理：在日常工作中只要细心一点、热心一点，就会发现更多、收获更多，同时会为客户避免很多麻烦。不要因为客户的穿着打扮、贫穷富有去区别对待，用心服务好每一位客户，让每一位走进青州农商银行的客户感受到“青州农村商业银行是老百姓自己的银行”，这就是我们的初心和使命。

# 辛苦只为『三农』 倾心服务百姓

顾军先

顾军先，男，48周岁，青州农商银行农金员，从事农金员工作20余年。顾军先的父亲是一名农信老员工，为乡里乡亲服务多年。从小顾军先耳濡目染父亲为乡亲们存钱取钱，他认为父亲的平凡工作中蕴含着不平凡，认识到服务“三农”、服务乡亲是一份光荣的使命。高中毕业后，他走上了农金员的岗位，兢兢业业、无私奉献，截至2018年底，顾军先协理存款余额1.35亿元。

## 端正思想　用人品赢得信任

从事农金员工作以来，顾军先坚守“服务乡亲”这一理念，一丝一毫不敢懈怠。他始终坚信：只有赢得老百姓的信任才能做好这份工作。在办理业务过程中，顾军先从来不会代客户保管存折等凭证，也不会询问客户的密码，存款每次都是实时到账，合规的操作让客户们都十分安心，信任也就在这一笔一笔的业务中积累下来了。

20世纪90年代“双先”表彰会留念

顾军先服务的顾家村有一位困难户独自在家居住，生活不能自理，业务上对他并没有太多帮助。顾军先却不定期为他买些生活用品送过去，补贴老人生活。老人年纪大了，有时候糊涂，发放补贴的存折三番五次弄丢，在营业室中总是看到顾军先带着这位老人来办理挂失业务，接上再送回去，往返多次。村里老人提到顾军先就没有不夸赞的，都说这个小伙子人品好，信任就在这一句一句的肯定里沉淀了下来。

“合抱之木，生于毫末；九层之台，起于累土；千里之行，始于足下。”顾军先把老百姓对自己的信任一点一点积累起来。老百姓对他没有戒备心，真心诚意支持他，他也投桃报李，努力为老百姓做好存取款、转账等金融业务，从来没有出过差错。用他的话说，都是自家老少爷们，人家相信咱，咱就要对得起这份信任。

## 端正态度　用真情践行服务

顾军先把农金工作当成一辈子的事业，他明白只有更好地服务百姓才能将这份事业继续下去。他常说：“农商银行为我们农金员提供了这么好的优惠政策和薪金待遇，把我们农金员不当外人看待，我们还有什么理由不去多跑、多揽存款呢？”就这样，顾军先不仅将村民当成业务上的客户，还把他们当成生活上的好友，附近村民家中的重要场合总能看见他的身影，哪怕再没有时间，他也托人送去问候，积极联络感情。“客户的事，再小的事都是大事”，客户找上门来，或者一个电话，事无大小，路无远近，人无亲疏，他都是马上出人出车，帮客户解决问题。

前几年，电子机具和POS机还没有普及，顾军先的一个客户着急用钱，半夜11点多的一个电话，让顾军先离开了他刚刚睡暖的被窝，顶着寒风从家开车到宋池半截楼村帮助客户办理取款，但是客户余额足够的卡是一张邮政卡，当时邮政银行早已下班，他辗转多地终于在昌乐县帮客户取出了急用的钱，客户动容地说：“从此存款只存农商银行，代办员只认顾军先。”从此，这位客户不仅自己存款到农商银行，还积极劝说亲戚朋友在农商银行存款。

顾军先服务的辖区以蔬菜种植为主，主要揽存区域是一个大型的蔬菜交易市场，春白菜是当地特色农产品。每年3月份，到了蔬菜购销旺季，外地客商来本地收菜，老顾都是整天待在市场，盯在地头上。顾不上吃饭，就买包子、咸菜对付一下，顾不上午休，实在顶不住了就在车里打个盹儿，一蔬菜季下来，人都瘦了十几斤。但是看见老百姓现场把钱存了之后的安心笑容，顾军先也从心底里感到高兴。蔬菜收购有时会采用现金交易，菜农收到假钱的时候大部分只能认栽。有一天，顾军先恰巧经过正在交易的菜农，帮忙检查出了混杂在真钞里的一张假钞，帮助菜农避免了损失，从此以后只要涉及大额现金交易，菜农都要等到顾军先到场才进行钱货交接。时间长了，老顾成了每年收菜时老百姓第一个想到的人，也成了老百姓最信任的人。久而久之，外地客商来本地收菜最先找的人也是他。从他这里，收购商总

能得到第一手信息，知道谁家的菜啥时候卖，谁家的菜产得多。顾军先觉得，能为乡亲们省心省力地办理收款、结算，能为农商银行拉到存款，他再苦再累都值得。

20多年来，他始终坚持嘴勤、腿勤的工作风格，走街串巷，出门入户。现在他手机里、本子里记的常用的联系客户超过2000人，成为服务4000户家庭的模范农金员。顾军先就像燕子衔泥筑巢，接到客户电话就出去揽存跑业务，十万八万不嫌多，三千五千不嫌少，有时候一天的揽存现金有百万元之多。

## 与时俱进　用新手段应对同业竞争

随着乡村振兴战略的提出，金融机构转移目光，都盯上了农村这块大蛋糕，都想来分一杯羹。在竞争逐渐白热化的形势下，顾军先不忘学习新知识、新业务，努力提升自己的服务本领，不敢有丝毫放松。为了给客户提供更加优质便捷的服务，针对客户的资金划转需求，他主动向行总部申请开通网上银行、手机银行，安装POS机具，通过电子银行渠道为客户办理资金划转，为客户节省了手续费，得到了客户的好评。

不仅如此，顾军先为了更好地获取客户资源，充分利用“智e购”平台，把物美价廉的日用百货以低廉的价格提供给乡亲们，把他服务区内的农副产品送进城。2018年末，大白菜和花菜滞销，卖不出去就只能烂在地里，这可几乎是菜农一年的收入来源，顾军先看在眼里急在心里。就在他一筹莫展的时候，“智e购”商城“农副产品进城”活动在他眼前一晃。顺势而为，通过平台将白菜和花菜卖到城里去，不但解决了菜农蔬菜滞销的难题，还给农商银行客户提供了新鲜廉价的蔬菜，一举两得，何乐而不为？说干就干，他先联系了行总部提出了自己想通过“智e购”平台帮助菜农销售大白菜和花菜的想法，得到了行领导的赞许和大力支持。最终，在行总部统一部署下，全行通过“智e购”平台采购，累计收购白菜40000余棵，花菜30000余棵，共计40余万斤，既帮菜农挽回了部分损失，又通过平台以优惠价格向城区销售“爱心大白菜”的方式回馈农商银行用户，再一次树立了农商银行为民服务的品牌形象。

在顾军先服务的区域“有事找小顾，不管远近，只要打电话他绝对不会推脱”已经成了共识。一个人，一个包，一辆车，哪里有需要，顾军先就出现在哪里。当被问道:“拉到这么多协理存款你是怎么做到的呢？你有什么能共享的经验吗？”他微微一笑:“可能是我姓顾，所以大家都照顾我吧！”玩笑里透露着谦和，“不居功、不自傲，致力于提高服务水平，与时俱进学习业务”，这所有的一切不就是他收获信任、揽存过亿的关键吗？

# 冀茂义 敬业服务村民的『勤劳人』

冀茂义，男，64周岁，自1994年5月任青州农商银行农金员以来，坚持真心实意待储户，全心全意为储户服务，得到了本村及周边储户由衷的信赖。通过从事农金员工作，为老百姓提供心贴心的服务，赢得了群众的信任，揽储业务拓展得较好，2019年一季度农金员业务竞赛中揽储增长在全行农金员中名列前茅，储蓄额达到1.2亿元人民币，较年初增长1200万元，现服务对象达到1000余户。

## 勤奋敬业，干工作就得干出个样子来

农村储蓄工作是一项既利于国家社会又利于人民群众的崇高事业。从刚刚从事这项工作的第一天起，他内心就有一种信念和追求：农商银行选择了我，是对我的信任和重用，我选择了农商银行，决心为其献身，不负厚望，不辱使命，一定要尽最大努力干好。怀着满腔热情和强烈的事业心、责任感，始终坚持做到干一行、爱一行、专一行、精一行，干就干出个样子来。在从事储蓄业务的几十年中，他始终坚定自己的信念，坚持自己的执着追求，既然已经选择了，就要忠贞不渝地干到底。

冀茂义对工作有一种不示弱、不服输的拼劲。凡总部下达的指标、安排的任务都无条件地服从和完成，并力求超越完成；干工作向最好的同志看齐，并力求争当先进；对工作始终有热情、有激情，还有锲而不舍、不满足、奋发进取的不懈追求。刚担任农金员工作的初期，尽管是新手，储蓄余额不高，但是别人办到的他也要办到，并且一定要办好。凭借这种比、赶、超和不甘落后的动力，通过自己的钻研和努力，力争赶上同区其他同志。

## 广开渠道，最大限度地拓展储蓄领域

多年来，冀茂义在开展储蓄业务的过程中坚持以最大限度地增加储蓄额为目的，不分地域、不管是谁、不管多少，只要能有效聚集资金，扩大存款业务，就去想，就去干，千方百计把一切可以聚集的资金聚集，同时注意讲好信用，取信于民。做好储蓄工作，信用是基础、是关键。他始终坚持以信为本、以信誉兴业，把讲求信用作为基本的职业道德，在群众中树立良好形象。在这方面，他的出发点和落脚点是：群众有钱找我存，是对我的信任和支持；群众用钱找我提，同样要理解和支持，将心比心。想储户之所想，急储户之所急。即使是手头备用金不足，也要千方百计调资金，解决储户用钱之需。久而久之，他在群众中产生了良好的信誉，群众手里一有钱就想到他。

热心服务，甘当群众的公务员。在冀茂义看来，拉储蓄就得凭热心、诚心和爱心，真心实意为群众，俯下身子服务，才能赢得千家万户的心。他一有时间就与村民拉家常、谈业务，主动上门，现场办公业务。

广开渠道，全方位开拓储源。在确保本村资金应存尽存的基础上千方百计招引存款，全方位拓展储蓄空间。充分利用亲戚、朋友、熟人等各种关系，开展拉储、揽储工作，尽可能地通过牵线搭桥把外行资金储存到农商银行的账户上。路遥知马力，日久见人心，有真情、态度好、讲信用，储户都愿意和他打交道，有钱也愿意找他来存。

## 注重学习，不断提高自身业务素质

良好的业务素质是干好工作的基础和保障。多年来，冀茂义把坚持不懈加强业务学习作为提高自己的工作能力和自身素质的关键措施来抓，坚持在学中干、干中学，学干结合，共同促进，并注重学以致用，以理论知识指导工作实践，在实践中提高能力；既注重学习业务知识，又注重学习政治理论，加强思想道德修养，以正确的政治方向保障干好业务工作。他正是凭着刻苦努力、坚持不懈地学习，才使自己的业务一步步熟练起来，成为同行中的业务能手。

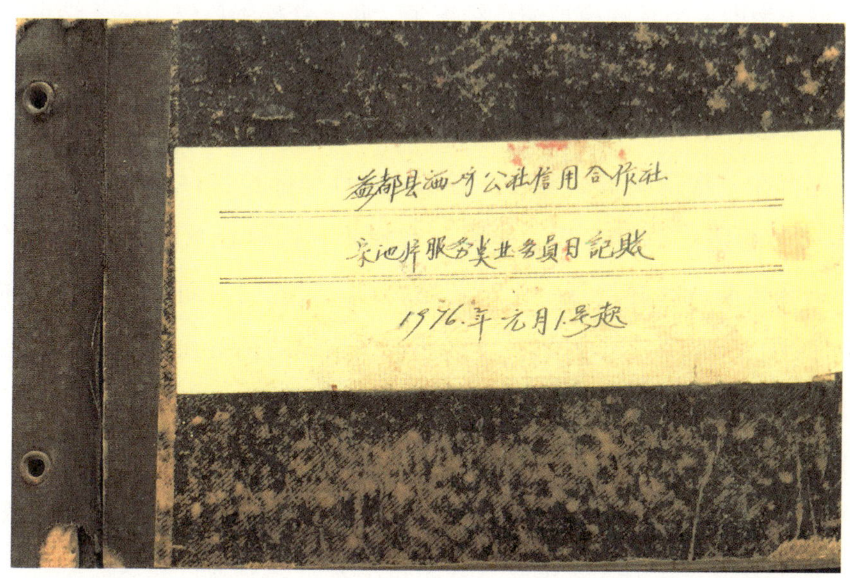


20世纪70年代的业务员日记账

# 记ABC系统演练的日子

李存志

2018年9月15日21时30分，也许此生我都会铭记这个时间，山东农商银行系统为期一个月的模拟演练结束了，我不禁松了口气，终于结束了，是的，终于结束了。对于演练我感慨颇多，回首过去的一个月，我只想用五个字来形容："痛并快乐着。"

记得在一次视频培训会后，省联社会计部部长告诉大家新系统将会在2018年的国庆节后上线。作为一名晚辈，我对新系统上线充满了期待，但我更明白这必将是一次艰苦的旅程。时光匆匆而过，恍惚之间就来到了2018年的下半年，第一次接到上线培训的预备通知后我就知道，真正考验我们农商人的战斗即将打响。这确实是一场鏖战，7月27日一场大雨过后，全体内勤人员就开始了为期半个月的系统上线培训。培训很艰苦，山高路远，蚊虫叮咬，有时也会遇到大雨滂沱，白天上班，晚上学习，压力很大，但大家都咬着牙坚持下来了，只为打赢这场ABC上线之战。8月17日我们支行的模拟演练正式开始，全新的操作画面呈现在面

前，新的业务代码和操作流程需要大家去学习。刚开始，ABC系统在我们2万多人的农商银行演练大军面前像一个羞涩的小姑娘，表现得有些卡顿，一时间朋友圈内吐槽颇多。我记起了演练之前部长的讲话，ABC系统是我行300多名员工用了三年的时间研发出来的新系统，时间紧，任务重，所以面对新系统，我们不能有一丝一毫松懈。于是我不断给我们的员工打气，要给予我们的研发技术人员充分的信任，要相信明天会更好。经历了30个日日夜夜，ABC系统在我们的演练过程中变得越来越流畅，各位员工对ABC系统也逐渐由生疏到熟悉。

多少个夜深人静的夜晚，周边的商户早已打烊，路上的行人早已归家，只有我们银行办公楼仍然灯火通明，人员一个也不少，年纪大的老刘、新员工郭玲以及年轻的小赵和小孙，大家都在噼噼啪啪地敲打着键盘，认真演练各种新业务，偶尔停下来也是为了交流疑难问题。在ABC系统面前，大家都是小学生，都在孜孜不倦地学习探索。骐骥一跃，不能十步；驽马十驾，功在不舍。我们农商人正是凭借着这种锲而不舍的精神，对ABC系统的了解真正做到了内化于心，外化于行。多少次演练结束后的夜晚，宽阔的大马路上只有自己在开车疾驰，仿佛自己就是这条大路的主人。45度，仰望星空，月明星稀，乌鹊南飞，我不禁发出“寄蜉蝣于天地，渺沧海之一粟”的感慨。每次回到家中，父母妻儿早已入睡，朝七晚十的

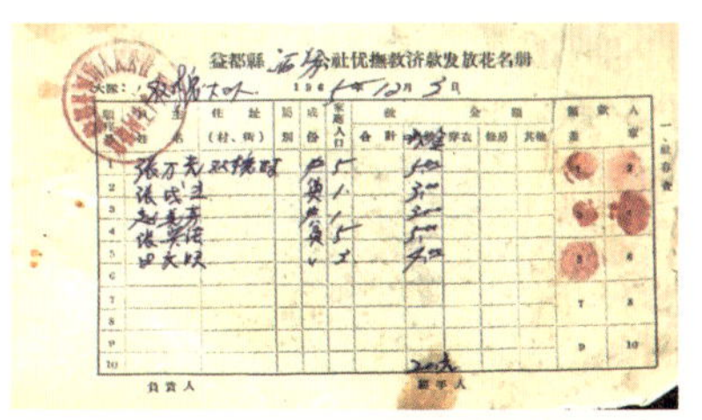

益都縣公社优抚救济款发放花名册

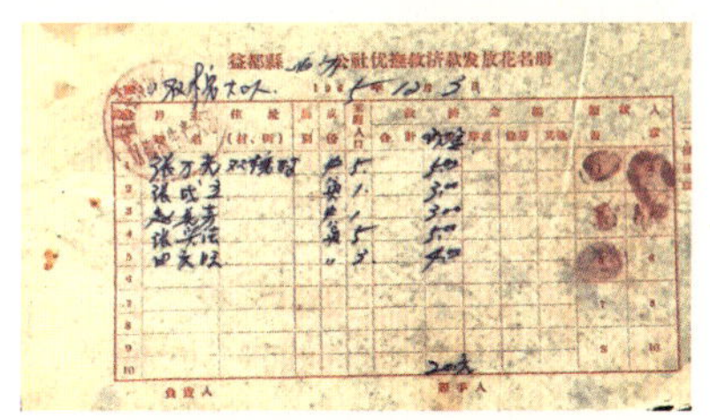

益都縣公社优抚救济款发放花名册

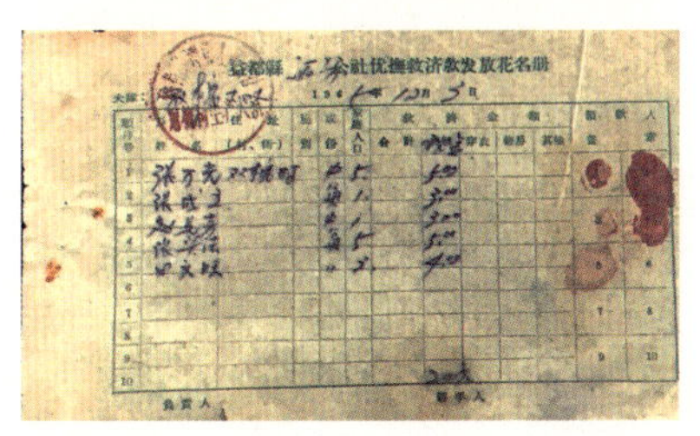

益都縣公社优抚救济款发放花名册

20世纪60年代的救济款花名册

生活让我倍感疲惫，但是坐下来想想这项牵涉几万人的伟大工程，顿时热血澎湃，满血复活。

30天的模拟演练已圆满结束，但是路漫漫其修远兮，吾将上下而求索，新系统上线的伟大工程尚未结束，还有更多工作需要我们去做、更多的业务需要我们去学习，“革命”尚未成功，未来仍需努力。

# 风雨兼程，我们共筑农商梦

王 政

66年披荆斩棘，66年风雨同舟，66年改革变迁，66年默默坚守。

66岁的你，几代农商人的努力，成就了现在的璀璨。

——题记

在青州农商银行，有这样一群人：

他们是敢为人先、坚持坚守的排头兵，为了农商事业兢兢业业，身体力行，用行动诠释着极致追求；

他们是勇于担当、恪尽职守的领头羊，用自己的执着在平凡的岗位上谱写“守土有责，守土负责”的篇章；

他们是扎根基层、服务“三农”的耕耘者，心怀“服务三农，诚信八方”的信念，初心不忘，一直在路上。

20世纪70年代客户赠送的牌匾

## 传递温暖，亲情无上

“谁言金钱冷如铁，农商温情沐人心。三尺柜台传暖意，一张笑脸迎春风。”三米开外，一位大爷手中拿着刚从机器里取出的热乎小票，焦急地寻找着对应窗口，窗内柜员连忙按下“叫号”键，举手招迎。大爷面带难色，不好意思地将一个布包拎到柜台上。原来这位大爷将钱币埋在了茅草堆下，却不慎将其烧毁，这可是他辛勤耕作攒下的养老钱。大爷焦灼地拍着脑袋，心疼地诉说着一切。我行工作人员看了看袋中被烧的纸币，热情答应给予兑换，一边安抚大爷的情绪，一边进行整理兑换安排。打开布包，一股难闻的烧焦气味扑面而来，经过烈火烧灼的一沓沓百元面值残币，四周焦黑，炭化严重，极易粉碎。为使残币不受二次损坏，减少客户损失，我行员工集中精力，每次接触钱币都万分小心。一张张破币被小心翼翼地剥离摊开，并严格按照残缺、污损人民币办法的标准进行鉴别、清点、复核。

经过一个多小时的努力，终于为大爷兑换了火烧残缺污损人民币13000元。大爷看在眼里，喜在心头，脸上洋溢着抑制不住的笑容，激动地对我行的服务态度连连称赞。特殊残损币兑换工作处理起来耗时耗力，又脏又累，但我行工作人员始终牢记使命，认真对待每笔兑换业务，赢得了客户的高度认可，更向社会展示出我行优质服务的品牌形象。三尺柜台，小小窗口，却能与客户心心相印，亲情碰撞。窗外，是忙碌的步伐，不同的面庞；而在窗内，是温馨的话语，热热的心肠。

## 责任立业，合规至上

“专业服务无止境，慎思慎行树新风。细节决定成或败，合规经营农商兴。”营业室内，一位客户持30万元的现金支票前来办理取款业务，我核对完各项填写要素，在进行折角验印时，发现预留印鉴与实际不符，而客户声称急着用钱，大家也都是熟人，一定要我“灵活”处理。说实话，从情理上讲，这家公司与我行业务频繁，又是大客户，似乎应该网开一面，行个方便；但是理智告诉我，作为一名金融工作者，要忠于职守，遵守制度，要为客户负责，更要清楚违规的后果。我婉言拒绝，却遭到客户的指责。客户埋怨我业务不精，气冲冲地出去找行内的领导。没过多久，我还在尽力调整郁闷情绪的时候，客户却突然站在窗口前，霎时间我预感暴风雨就要来临。而出乎意料的是，客户竟不好意思地对我笑了，原来是更换印鉴后，新会计错拿了旧的印鉴。真相大白，尽管我暂时受到了委屈，但坚守合规操作却维护了金融规章制度的威严和我行的信誉，更赢得了客户的信任与尊重。每天我们都会遇到形形色色的客户，有大额现金支取不带身份证却强行要求我们办理业务的，有不愿填写业务凭证却非要我们代为填写的，有不想签名却说自己不会写字的，我们没有办法左右客户的思想，但我们必须做到守职尽责，合规操作，不厌其烦地向客户解释清楚。每一天，我们把一张张支票、一摞摞单据编制成一册册厚厚的凭证，伴随着键盘的敲击声将密密麻麻的数据变成一份份报表清单，谱写出一首属于农商人的交响乐，而我们只有绷紧合规之弦，才能奏响幸福之音。

## 服务“三农”，以客为上

“情系百姓惠农商，心手相携奔小康。以客为上送服务，农商银行责任扛。”犹记一场大暴雨过后，农户土地被淹，大棚受损严重。青州农商银行立即部署应急预案，启动应急救灾工作，组织员工第一时间深入受灾区，慰问受灾群众。我行员工高效进行统计灾情工作，建立受灾户档案，做好信贷需求台账，开通了受灾户贷款“绿色通道”，深入农户，送货上门，积极协助农户生产自救，恢复农业生产，帮助农户渡过难关。在田间地头，有我们农商行人的身影；在厂矿企业，有我们农商行人的身影；村头路口，是我们的“移动办公室”；村委大院，是我们的“固定宣讲地”。服务“三农”，是我们不变的信念；让农村更美更强，是我们的美好愿望；支持乡村振兴战略，是我们义不容辞的责任。“为农坚守，行稳致远”，扎根基层，不畏困苦，不怕迷茫，勇于挑战。这是农商银行人的傲骨，也是农商银行人宝贵的精神财富。

# 最美的色彩

陈 伟

红色是太阳和血液的深沉……

绿色是草原和森林的繁茂……

蓝色是天空和海洋的辽阔……

万物皆有其色彩，五彩斑斓的颜色是生命的符号。我忍不住思考，如果用颜色来描绘农商银行从青涩的初生到茁壮的现在，到底用什么颜色最为合适？一种颜色不足以代表她的生命力！她有如火般热情的红，有如盛夏草木繁茂般的绿，更有如海洋容纳百川辽阔无尽的蓝……

**红色是信仰和态度**。在每个网点醒目的地方都贴着社会主义核心价值观，每次看到那句“人民有信仰，国家才有力量”就觉得很感动。责任、奉献是我们每名农商银行员工的信仰和态度。最初的农信人靠一个挎包、一辆自行车勤勤恳恳工作，尽心尽力为百姓服务，在农信发展成农商银行的路上无悔地奉献青春。走过风雨几十载，在当代农商银行平

专版

今日青州

热烈庆祝

山东青州农村商业银行股份有限公司

盛大开业

乘着改革的东风阔步前行

衷心感谢社会各界的关爱与支持

庆祝青州农商银行开业专刊

凡的岗位上，依然有兢兢业业的同事不平凡地付出，为了保证客户正常使用存取款机，在无数个已经入眠的深夜回到单位修理故障的机器，节假日放弃和亲友团聚的机会只为提供更好的金融服务……一颗责任和坚守的红心是我们每名农商银行员工的信仰！

**绿色是根基和坚守**。农商银行始终坚持以“三农”为核心的发展目标，致力于为农村提供更好的金融服务。而我们有今天的成绩也离不开万千农民兄弟的支持和帮助。每年我们农商银行都会组成收瓜突击队，到西瓜种植乡镇帮助瓜农完成丰收。乡镇网点更是加班加点为瓜农提供快捷便利的金融服务。绿色是希望和丰收的象征，我们始终坚守在农村这片土地上，不忘初心，砥砺前行！

**蓝色是改变和创新**。这是最好的时代，也是瞬息万变的时代，我们积极创新，紧跟科技步伐。我们独创主题银行开拓银行发展的新模式，通过摄影、骑行等丰富多彩的形式走近日常大众。我们不仅可以提供专业的金融服务，更可以通过兴趣拉近人们之间的距离。我们开创自己的网上商城，用更优质、低廉的价格回馈客户。我们不断探索贷款新模式，让贷款变得安全高效。蓝色是大海的颜色，海纳百川，有容乃大。我们每名农商银行人都在探索前行，改变和创新没有止境！

最美的颜色里包含的都是我们对农商银行的热爱。我们感谢工作中那些焦头烂额的时刻，让我们发现不平凡的小事也藏着快乐。信仰和态度、根基和坚守、改变和创新融进当下的时刻，我想我会和所有农商银行的兄弟姐妹们一样，在平凡岗位上保持一颗红心，坚守在这片绿色的土地上，创新向前。

# 精心念好『服务经』

孙洪志

每个人的青春都是一本书，一本充满期待、充满梦想、充满希望的彩色画卷。2018年对于我们青州农商银行来说是不平凡的一年，也是有象征意义的一年，因为这一年青州农商银行系统正式升级，每一个人的辛勤付出更是为农商银行的转型保驾护航。而我学到了很多、收获了很多，也感悟了很多。

为了使员工们更好地熟悉新系统的业务，青州农商银行开展了系统上线培训。员工们放弃自己的业余时间参加培训，学习新的操作系统，领导们放弃自己的节假日，与员工们一起投身于学习中，共同打好转型升级的第一仗。

会计部宫经理不仅陪同员工一起学习，并且联系店铺为员工们在课余时间提供水果、点心，让员工们能在漫长的学习中感受到行总部的关怀。在炎炎烈日下，宫经理亲自为员工切割水果，分发点心，汗水浸透了衣衫，但微笑始终挂在嘴边。每每员工上前给宫经理递送水果时，宫经理总

是摇摇手，说道：“你们学习很辛苦，你们先吃，这边还有很多，我一会再吃……”简短而朴素的话语中却不经意流露出领导对员工的无限关怀，让员工心里倍感温暖。小事情反映了大温暖，领导们的带头作用犹如指路的明灯照亮了农商银行转型之路，让员工砥砺前行。

结束了为期16天的系统培训，转型之路进入第二个阶段——新系统演练。赵坡支行新进员工刘健，家住潍坊，他利用晚上休息时间投身到新系统演练当中，每当吃完晚饭他总是第一个到达工作岗位，打开操作规范课件进行系统演练，每当遇到不懂的问题更是仔细钻研，直到学会了、熟练了为止。而每天演练结束后，他也是走得最晚的一个，每当邀约一起走的时候，他总是笑着说：“我刚进农商银行不久，更是应该好好学习，把不懂的业务学会，才能在新系统上线后熟练操作……”而下班后回宿舍也常常能够看到他抱着业务规范在学习。休假日问他回家不，他笑着说道，新系统快要上线了，还是在单位多学习下，多准备准备，以免到时手忙脚乱。农商银行也正是因为有无数像刘健这样负责任的员工才能够不断前行，他们的孜孜不倦更是农商银行不断前进的动力。

2018年10月6日正逢国庆节假日，也是青州农商银行新系统正式上线的日子，全体员工放弃自己的休假日，投身到青州农商银行的转型升级之路上，无数个日日夜夜和无尽的付出确保了转型升级圆满成功。

一路艰辛，一路收获。转型之路既需要激情，也需要笃定。

有人说，青春是一团火。我们在工作中也要有炽热燃烧的激情，始终保持一颗进取的心，勇于创新，善于变革，做建设创新型银行的先行者和探路人。在让激情涌流的同时，我们还要戒浮躁、笃行之。曾国藩说：天下之至拙，能胜天下之至巧。养成务实、踏实的工作作风，拥有吃苦耐劳、永不懈怠、坚韧不拔的精神，才能适应形势和发展的需要。

尽责当下，准备未来是对我们员工提出的要求，更是把个人梦、农商梦和中国梦紧密联系在一起的纽带。新常态下我们只有具备责任意识、主动意识、使命意识和“挎包精神”，才能在平凡的岗位上创造出一流的业绩。

雄关漫道真如铁，而今迈步从头越。新常态、新起点、新征程、新希望，我们将厚积薄发，执着前行，一起在农商银行这个大舞台上追逐梦想，描绘更加精彩的画卷。

20世纪80年代信用社基层网点外景

# 宝贝营里的『大堂』小故事

王雨晴

“1号窗口呼叫大堂经理！”“3号窗口呼叫大堂经理！”……“来啦！”伴随着营业大厅里的叫号声响起，我一天的工作就开始了。是的，我是青州农商银行一名普普通通的大堂经理，来到农商银行工作已经一整年了。虽然一年的时间很短，但是时光荏苒，这里的路很长。回首初入职场这一年来的光景，有开心也有难过、有泪水也有汗水、有坎坷也有收获。农信有情，一路的风雨承载着我奋斗的历程。

我至今仍清楚记得，那是大堂经理岗前培训的最后一天。2018年1月初，宝丽支行胡国华行长带着我来到了宝丽支行，从此我便在宝丽支行宝贝营儿童主题银行扎下了根。宝丽支行是以儿童为主题的特色主题银行，通过搭建平台为广大儿童提供优质教育资源。我很庆幸我来到了宝贝营并成为它的一员，在这里发生过许许多多令我感动又欣慰的小故事。

## 宝贝营里最小的朋友

记得有一次DIY制作寿司活动中，有一位小女孩名字叫莉莉，3周岁的样子。当时她特别害羞，不想与其他小朋友共同完成活动。我便在一旁不断鼓励她，并手把手地交给她一些小技巧，经过一番努力，最终腼腆的莉莉同其他小伙伴们一起完成了既好看又美味的寿司，我和莉莉妈妈都对她竖起了大拇指。当她吃到自己亲手做的寿司之后，快乐得像一朵可爱的花朵，并开心地与小伙伴们分享了自己的成果，很快就和大家成为好朋友。

第二天上班的时候，我像往常一样在给客户办理业务，只听见身后传来一个清脆的声音："晴晴姐姐……"我回头一看，是莉莉。莉莉拉着她妈妈的手向我走了过来，莉莉妈妈对我说："昨天莉莉非常高兴，今天吵着闹着非要找你玩儿，要跟你做朋友……"我俯身看着莉莉水灵灵的大眼睛，是那样的真诚和信任，一股暖意瞬间涌上心头。那一刻我明白了宝丽支行党支部为什么定义为"未来星"党支部，更加真实地感受到了何为"以党建为引领带动业务发展，谋新做实小主题，撬动发展大跨步"。主题银行转型路，便是给像莉莉这样的小朋友们童年最美的礼物。就这样，我在宝贝营里交了一位最小的朋友。

## 难忘核心银行系统上线

2018年10月6日核心银行系统顺利上线。我们从填写各种单据中解脱出来，但是关于手机银行却出现了大批量的客户来咨询，而银行中第一个面对咨询客户的就是大堂经理。记得有一次，一个女性客户的手机银行用手机令牌转不了账，让我帮她转，刚开始她的态度特别急躁："你们系统升级，手机银行都不能用了，登都登不上去。"我耐心地跟客户沟通并且解释清楚，询问客户以前是用的WAP手机银行还是客户端，问清楚之后告诉客户直接用银行卡号登录即可，并帮助客户成功转账。当时客户就态度好转了很多，离开时连连道谢。新系统上线期间，我时常提醒自己：作为一名大堂经理，要尽最大的努力让自己的价值得到体现，要从全局的角度看问题，需要更多地从综合效率而不是单纯地从柜面效率考虑。

我清晰地记得核心银行系统上线期间，行里的每个人都好像有使不完的劲儿，每天大家下班回家时街道上除了几辆夜行的车辆外，行人已经寥寥无几，散步休闲的人们也已归家。本是周末休息，但是同事们都放弃自己的休息时间，准时在单位待命。会计主管更是每天最晚走，紧张地核对着各种数据。从员工的加班加点到员工家属的体谅与支持，我深切地感受到大家把责任和担当放在了心坎里。每个人都坚持守在自己的岗位上不离半步，耐心地向前来办理业务的每一位客户认真解释。新系统上线成功了，农商银行全体人员依然奋力拼搏，奋斗不止……

2018年标杆村下乡走访，每周三、周五风雨无阻。我们一行人两两一组，从刚下班天还亮的时候走访到天黑……行长看我们特别辛苦，每次都是自掏腰包让厨房的大叔给我们做各种各样好吃的，而他自己总是有事忙得连饭都吃不上。我有好几次给他打电话：“胡行长，大叔做好饭了，你快回来吃饭吧。”他却让我们先吃别等他，他还要忙会儿。

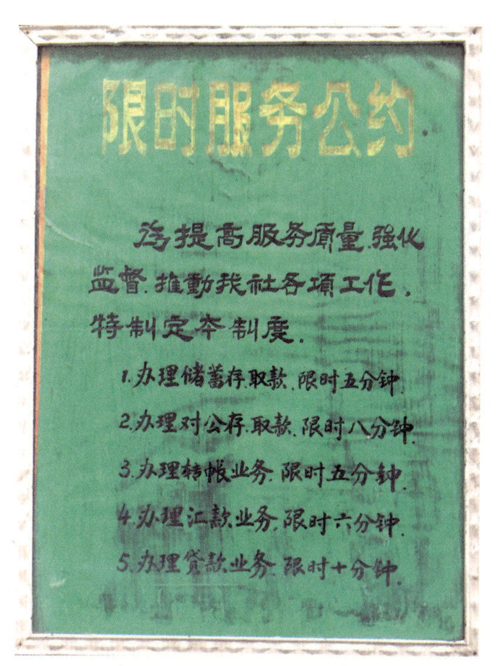

20世纪80年代服务公约

诸如此类的事情太多，自从

我来到宝丽支行，就被这里温暖的氛围所打动，特别是宝丽支行在2017年度荣获第七届农信银杯最美服务窗口，同时又斩获中国银行业协会三星级服务网点，更增强了我的自豪感和主人翁意识，让我更加充满信心和斗志。我想，以前农商银行的改革和发展我没能赶上，但是现在的我真真切切地感受到农商银行全体员工的热情和坚定，而作为新生代的青年员工，更要像一点点的星火一样，合在一起必成燎原之势，助力农商银行转型发展全面腾飞。

# 于明娟 屡挫屡战的服务『女强人』

随着互联网金融和科技创新的发展，传统的银行经营模式正在接受严峻的挑战，要想抓住客户、抢占市场，不能坐、等、靠，必须进行主动营销。作为一名会计主管助理，我深谙形势，积极加入全员营销的队伍中。

## 首战，碰壁

一开始参与营销，我进行地毯式推进营销，凡是进入营业大厅的客户，咨询完办理的业务类型、取号后，必定向其先发传单，保证每人一份我们银行的存款有礼传单和最新理财产品折页，可是效果甚微。一般在业务办理完毕后，柜台上都是遗落的宣传单，能够真正咨询我行活动和最新理财的客户，少之又少。我们还利用周边大集、花卉市场广造声势，全员穿上红马甲去发放传单，宣传我行产品。有的客户接到手里一看，就丢弃在地上；客气点的客户就说“谢谢，用不着”，“没钱，以后吧”，慕名而来的客户几乎没有。

屡次碰壁使我非常沮丧，“生活不只眼前的苟且，还有诗和远方”，几年的柜台内工作让自己除了办业务什么也不会，每天重复着敲打键盘和点钞的机械工作，与机器人无异。作为一线员工，最先与客户进行接触，不是应该最容易与客户进行沟通、最容易获得客户的信任、最容易营销成功吗？我不断反思，查看了一些营销类的书籍，发现自己的营销策略有问题，广撒网式的营销，犹如大海捞针一般，效果甚微，要想营销成功，必须站在客户角度、了解客户需求、进行精准营销。

## 再战，效果初现

每周我拿出一到两天的时间，同大堂经理一起在大厅营销。凡是进入我行的客户，都是我们的忠实客户、潜在客户，我们必须让他们有宾至如归的感觉。一进门我就咨询他们要办理的业务类型，根据不同业务种类进行分流。凡是表现出存款意向的客户，我就向其详细介绍最新存款有礼活动和最新理财产品信息，并对其资产状况做一个详细的规划。比如迟家庄客户宫某经营多肉植物，风险承受能力属于偏低型，孩子上初中，资产50万元。在我的建议下，他将20万元存为定期三年的存款，保守收益并领取葡萄酒一箱；用20万元购买3个月的理财产品，进行风险性投资，以获取高收益；将10万

20世纪70年代的传票橱

元存为七天通知存款，用于临时性资金周转。客户宫某表示以前就知道把钱放在卡里，随时周转用，没想到这么一打理能获取一部分收益，下次有钱了还找我帮忙规划。有的客户对我行存款有礼活动感兴趣，称自己在其他银行有存款即将到期，我就留下联系方式，之后再联系客户。客户存款到期时，我自己出车陪客户去邮局取款，然后存入我行。客户拿到礼品高兴地说："小姑娘，你这服务太好了，你们银行网点多，服务又好，以后哪都不去，就存你们青州农商银行了。"

故事每天都在发生，动人的一幕幕不断上演，这就是我营销中发生的小故事。我相信只要我们找准方向、精准营销，营销之路会越走越宽，越走越远。

# 服务『三农』先锋员 年近花甲志犹在

## 李建华

李建华，男，汉族，中共党员，现任青州市东夏镇井家村党支部书记，1989年成为信用社的代办员。30年来，他兢兢业业，勤勤恳恳，风雨无阻，无怨无悔地奔波在为民服务的道路上，用金融活水润泽脚下的土地，帮扶身边的百姓。

### 奔波三十余载，服务“三农”初心早已约定

没有豪言壮语的铺垫、没有雄心壮志的修饰，30年来，他只有竭尽全力帮助老百姓的朴素心情和永远在路上的实在行动。30年春华秋实，30年栉风沐雨，属于农金员的使命和承诺早已深深扎根在心里，流淌在血脉中，这是信念的层层沉淀，是奉献的次次实干，更是农信人为民服务甘之如饴的真实写照。对他而言，这一切源于多年前一次义无反顾的选择。时光回溯，1989年的李建华正处于风华正茂、想干事创业的大好年华，作为一名年轻的村党支部书记，他迫切地想改变面朝黄土背朝天、看天吃

饭、靠天吃饭的困苦环境，而如何带领全村老百姓增收致富、奔小康、过上幸福安康的生活，成为当时萦绕在他心头挥之不去，也是必须要解决的难题。李建华凭借着想干事、干实事的决心，不怕困难的韧劲和“位卑未敢忘忧国”的担当，先从了解老百姓最真实的需求出发。从那以后，不管农忙农闲、雨雪风霜，村民们总能在家家户户、田间地头看到李建华的身影。他随身携带一个笔记本，及时记录农户需要解决的问题和遇到的困难，有时候记得多、记得杂、记得急，他就利用晚上的时间再逐字逐句地读、一条一条地抄，按照轻重缓急分好类，能协调解决的立马就做，用李建华自己的话说：“在工作方面，我就是个急脾气，就算老百姓能等，我也等不了。”不能快速解决的困难，就召开村委会，请镇上的领导来，把村里的大专生、大学生请来，各抒己见，群策群力，各方借鉴。那时候年轻的李建华不想认输，更不能认输，总将“只要思想不滑坡，方法总比困难多”挂在嘴边，表面上的轻松愉快与背后的暗自着急形成鲜明的对比。只是这些情绪，他极少对人提起。

在一次又一次走访和讨论中，一个实实在在的问题摆在了面前——丰收年的闲置资金尚不知如何处置，更别提树立“钱生钱”的理财意识了；而有资金需求，想创业做生意的人，苦于筹措资金，没有本钱，东借西凑。如何让老百姓手中的辛苦钱更安全，获得更大收益，破解融资难、融资贵，彻底改变农村金融滞后的被动局面，成为现阶段必须要跨越和征服的高山。李建华作为一名年轻的优秀共产党员，为民请命、为民担当的澎湃之心被彻底地激发出来，主动请缨，毅然加入信用社代办员队伍中去。这不是历史被动的选择，而是秉承为民服务的主动担当，与农商的宗旨一脉相承、使命共担，为身边老百姓谋取幸福的初心早存、承诺早定，只是凭借代办员的这层身份、这份责任，更好地与“三农”紧密地联系在一起。

## 用激情燃烧的岁月践行“万事民为先”的使命

面对这段激情燃烧的岁月和优异的业绩，他只是笑笑，说自己现在要做的还有很多，以后还要做更多。泛黄的挎包、真诚的笑容成为30多年来李建华服务乡里的“标配”。倚靠村党支部书记的身份和苦干实干打下的良好口碑，他在开展业务时多了一层“天然便利”，但要想切实做好金融服务、取得优秀的业绩，背后总有多做一点、多走一步的努力和付出。为获取第一手资料，走街串巷、深入田间地头是少不了的，在有需要时，帮忙装粮食、掘姜井也是常态。为了不流失每一分存款，他主动上门揽存，再将存单、凭证送回去，这么多年来，从未出现一笔错账、差账。到了买种子、买化肥的季节，他一家一户上门询问需不需要资金支持，再详细讲解办理贷款的手续、流程，彻底打破农户深藏内心的贷款难、贷款贵的畏惧，给农户算好“生产账”“利息账”“长远账”，彻底消除老百姓对银行的“陌生感”和背负贷款的压力和羞涩。日拱一卒，功不唐捐。涓流所积，终成沧海。他扎扎实实做好每一笔业务，踏踏实实干好每一件小事，日久终见人心，现在村里的金融难题、存款、贷款等都来找这位“书记农金员”，知心人是他的标

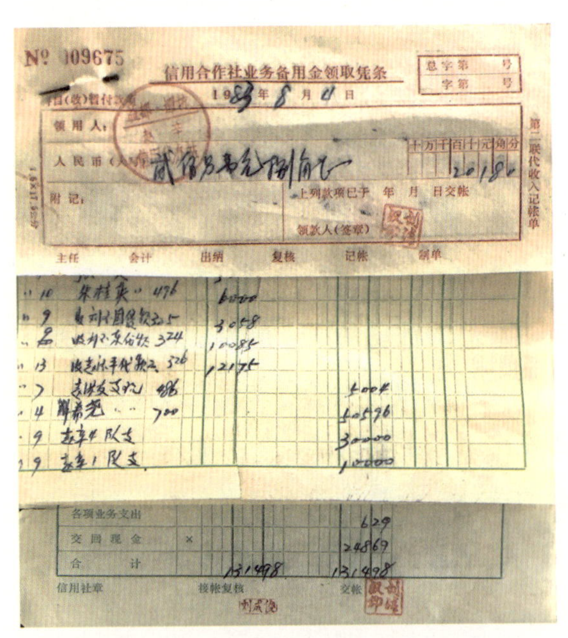
№ 109675

信用合作社业务备用金领取凭条

1983年8月11日

总字第　号
字第　号

领用人：

人民币（大写）：

十万千百十元角分

附记：

上列款项已于　年　月　日交帐

领款人（签章）

主任　会计　出纳　复核　记帐　制单

第二联代收入记帐单

各项业务支出　629

交回现金　×　24869

合计　131498　131498

信用社章　接帐复核　交帐

20世纪80年代的信用站报账凭证

志。不管刮风下雨、严寒酷暑，还是过年过节，只要有金融需求，万事民为先的真性情为他赢得了最真实的赞美。与时俱进、善于学习也是他的一大特色，只要是行里下发的涉及农金员的考核办法、政策文件，他都一份份地打印出来，装订成册，仔细认真地阅读，研究怎样更好地开展业务，怎样更好地做好服务，遇到不懂的规章条例、考核办法，主动向客户经理请教，不仅看懂还要学通。开展的所有业务营销和普惠金融活动，他都走在前面，干在实处，在“双增工程”、信息采集、标杆村建设方面，积极配合活动开展，所在的村庄进展迅速，取得了不俗的成绩。在他的人生字典里似乎没有“认输”这个词，他总是用“年轻人”形容自己。2016年“智e购”商城上线后，李建华从心底里认可这个电商平台，50多岁的年纪面对新鲜事物，无论在接受能力还是精力上，自然是比不上年轻的时候，但是李建华不服输的韧劲一点也没有减弱，了解、背诵平台操作手册，一遍一遍实际操作。只要是前来办理业务的客户，就及时营销宣传，“这是咱老百姓自己的电商平台，不仅能购买日常用品，还能将咱们的农产品销往全省”，他总是面带笑容地说起让它引以为豪的“智e购”商城。在“扎根三农，服务百姓”的路上，李建华永远以耕耘人的姿态不断向前。

## 年近花甲志犹在，洪水面前摆渡人

2018年，受台风“温比亚”影响，青州市多个乡镇遭受洪涝灾害，李建华所在的井家村受灾严重，村民房屋墙体出现裂痕，姜田姜苗尽数被冲，姜井塌陷储存的姜在一夜间毁于一旦。面对突如其来的天灾，年近花甲的李建华选择了冷静和无畏，此时的他清楚地知道不能慌、不能乱，他就是村民的主心骨，身后还有700余名老百姓在等着、看着、盼着。于是，他连夜组织村民开展生产自救，组织村里年轻力壮的青年成立“救灾工作小组”，转移老人、孩子，抢救公共财产，联系当地政府部门和所属支行，向社会各界寻求帮助，并挨家挨户走访安抚村民，配合大尹支行工作人员建立统计台账，详细登记灾民姓名、财产受损情况、信贷资金需求等基本信息。洪水无情，人间有爱。在灾后家园重建期间，他总揽全局，协调各方面，奔波在支行网点和灾户之间，及时了解农商银行支持灾后重建的信贷政策、信贷产品，最快地将有效信息传递给灾民，舍小家、顾大家。那时李建华的心里除了尽最大能力地帮扶灾民这一信念，已装不下其他任何事情。信用贷、家庭贷、创业贴息贷款等信贷产品牢牢记在心里，贷款产品的特点、办理时需要的条件更是张口就来，主动为灾民把脉信贷需求、提供所需的信贷支持方案。特别是青州农商银行与省农业担保公司签订了担保贷款业务合作协议，推出利率低、有贴息补助的“鲁担惠农贷”后，他立马在宣传栏里张贴公告、发放宣传折页、利用村委广播，加大宣传力度，指导灾民申报办理灾后重建贷款。现在的井家村早已步入生活生产的正轨中，但李建华还是习惯到田间地头去走走、站站，去看看这灾后重生的家园，沉默不语，若有所思，眼神坚定。

## 破解聚客密码，原是真情服务

“扎根三农，服务百姓”是农商行人不能忘却的初心和必须承担的使命。现在金融市场竞争空前激烈，而农村市场更成为各家金融机构的必争之地。面对如此形势，作为村书记的李建华，那股不服输的劲头又激发出来了。他紧紧围绕青州农商银行的工作部署，不仅各项指标要迅速完成，还要超额完成；各类活动不仅要安排好，更要执行好、落实好，同守护受灾家园一样，自己的客户、市场不仅不能丢，还要更牢固，营销拓展的范围还要更广。何来如此的底气和硬气，原来是拥有营销的秘诀，那就是主动出击搞营销，真情服务换真心。

新时代新思想，新标准新要求。2019年，青州农商银行承担潍坊市联社“智e购”市场化运营试点工作以来，严格执行各项新制度、新办法，办理营业执照，积极开展线下主题活动，充分发挥商城的聚客活力。李建华将自己在商城购买的质优价廉的商品免费赠送给前来办理业务的新老客户，引导客户使用“智e购”，不断巩固老客户、拓展新客户，提升平台知名度。按照“走出去寻发展”的思路，李建华又将目光聚集到西瓜旺季的收入揽存上，自己掏钱购买矿泉水、方便面等营销礼品，带上POS机，拿上宣传折页，在西瓜集中上市期间，每天天不亮就驱车赶赴贸易市场，重点营销西瓜大户、瓜经纪、地磅承包商等“关键人”，提供便捷优质的金融服务，推动存款高速高质量增长。同时，李建华还擅长“精打细算”，没事就往其他银行网点跑，仔细了解最近推出的金融产品、存贷款利率、赠送的礼品等有效信息，便于寻找突破口，提供差异化的金融服务。他常备一张“明白纸”，上面详细列出农商银行与其他银行在存贷款方面的利差，简单明了，让客户一看就明白。

李建华，是一名普普通通的中年男人，是一名肩负重任的农金员，更是一名跟群众一体同心的共产党员。时序更替，岁月前行。任凭时光渐渐染白了头发，却无法更改心中“万事民为先”的信念，任凭时代如何变迁，无数像李建华一样朴实无华、默默奉献的农信人，前方只有服务百姓的必赴使命，身后是让他们踏实的土地和百姓。

爱行如家，是职业操守，是从业责任，更是光荣使命。

农商银行的兴衰荣辱与员工的安居乐业、家庭幸福休戚相关。农商银行的发展离不开我们，我们也离不开农商银行。只有农商银行不断发展，我们才有施展才华的舞台，才有发展的机遇。

作为农商银行的员工，我们要以主人翁的姿态投入到工作中去，踏踏实实做工作，兢兢业业创业绩，时刻不忘农商银行是我们的家。为了把这个家建设得更美好，我们应该充分发挥自己的才能，将农商银行做大做强。同时，我们每一个人都能共享农商行的发展成果，这才是真正的爱行如家。

有了爱行如家的思想，我们才会发自内心地全心全意维护单位利益。我们要弘扬、传播正能量的主流声音，用积极的思想去影响人、鼓励人，凝聚一种向上的力量，形成正能量的强大气场。特别是农商银行在“爬坡过坎”时，我们要紧紧抱团，同舟共济，攻坚克难，励精图治，万众一心，共推农商银行这艘大船劈波斩浪，扬帆远航。

# 一段暖心的往事

张婷婷

时光如白驹过隙，转眼间，参加农信工作已有二十几个年头了。

刚参加工作那会儿，是在王府信用社，自然是从柜员干起。那时候条件没有现在好，中午值班大多是从家里带点菜、带点饭，灶台上一热即可。所谓的菜，也不过是白菜、豆角、西红柿一类的家常菜。可对于刚参加工作的我来说，能和同事拉着家常、说着单位以及业务上的新动态，本身就是件很开心的事，再简单的饭菜咀嚼起来也是有滋有味。

记得有一天中午值班，我和同事一起到小厨房做饭。我负责洗菜顺菜，同事负责烹饪，各司其职，配合倒也默契。那天做的是西红柿鸡蛋汤，点火、热油、炝锅、加西红柿，一切都井然有序。可不想就在这时，由于连接灶台和煤气罐的塑料管年久老化脱落，火苗蹿了出来，迅速沿着塑料管烧到了煤气罐口！而当时小厨房的另一侧是烧柴油的锅炉！一瞬间，我整个人完全吓傻了，大脑一片空白，呆站在原地，同事也吓得不知所措。好一会儿，同事才反应过来："快去叫人！"几乎同时，我俩拔腿冲

向营业室，争分夺秒间，第一次觉得几十米的路是那样漫长。拳头如雷点般砸向营业室门："快开门！快开门！"我的心跳加速，感觉快要窒息。虽然知道打开防盗门还要有既定的安全流程，可那一刻，我只祈求营业室内的同志违规一次，立刻开门！火还在烧，还在蔓延，多等一秒就多一分危险啊！"着火了，快点开门啊！！"我们大声地呼喊着。

就在这时，听见身后"咣当"一声！只见有人用灭火器砸碎了小厨房的玻璃，冲进了厨房，用灭火器将火扑灭……我们呆立在那里，目瞪口呆。直到他走出来，气喘吁吁地说："没事了！没事了！火灭了，煤气罐也关了！"惊魂未定的我和同事这才看清灭火的是王建华（时任王府信用社司机）。火灭了，危险排除了。而他的胳膊在流血，是砸玻璃时划伤的；手上起了大水泡，是关煤气罐时烫伤的。"不要紧，不要紧，没事就好。"这是他救火后说得最多的一句话。

以后的岁月里，我们继续在各自的工作和生活轨道上忙碌着。时隔多年，每每想起这件事，我依旧为自己遇事处置不及时而懊恼，更为没能正式地向王建华表示感谢而感到愧疚。往事随风，而他也从未再提及……

20世纪80年代的业务印章

农信的人很平凡，但和他们在一起，你会不时地感到温暖；农信的路很长，但和农信人一起走，你永远不会感到疲倦！

# 传递农商新能量
## 『以顾客为中心』

邓彦威

小窗口，有着大作为；小故事，有着大能量。青州农商银行庙子支行始终坚持“以客户为中心”的服务理念，进一步提升服务意识，不断提高服务效率，全方位掌握客户金融服务需求，延伸服务时间和空间，在继承优良传统中创新，在开拓求实中前进。

### 故事一：微笑服务　合规至上

“我这个钱怎么可能是假的？！”一句怒吼让营业厅内瞬间安静，引来许多客户驻足围观。原来，前台柜员段文宁在为一名客户办理存款业务时，发现一张可疑币。经过两台点钞机反复核验、双人复合辨别，确定了这就是一张伪造的百元假币，工作人员依照程序收缴假币，履职告知客户义务。客户当即沉下脸来，要求将假币交给他查看并更换一张。根据经验，假币一旦离开柜面便再难收回的实例屡见不鲜，甚至会引起不必要的纷争。出于对可能发生冲突的担忧，在假币收缴过程中，无论客户的情绪如何强烈，他始终

微笑、真诚面对客户，详细向客户讲解规定和处理办法，凭着真诚的态度打动了客户，最终客户同意按流程上缴假币。通过临危不乱、不急不躁的真诚服务态度，该支行不仅及时防控了假币流入市场带来的隐性危害，同时也以专业素养平息了客户的愤怒、赢得客户的尊重和信任。

## 故事二：真诚服务　耐心至上

某日中午，一个步履蹒跚的大娘拖着几个沉重的编织袋来到营业部柜台。由于客户上了年纪、耳朵也有些背了，隔着一层玻璃，沟通起来非常吃力。见此情景，值班柜员便从营业室内走到大厅与她沟通，经耐心询问后得知，大娘背的袋子里装的是附近泰和寺的香火钱，想要存入银行。现场打开这几个编织袋，一股霉味儿扑鼻而来，满眼尽是零零碎碎、霉迹斑斑的散钱。考虑到工作量大、耗时较长，支行行长李剑带领其他并不值班的员工放弃午休时间，一起清点散钱。整个下午，几大袋散钱才悉数清点入库。客户离去时，感激与夸赞不绝于口。后来得知这位相貌平平的大娘正是泰和寺德高望重的无悔大师。那个下午虽然辛苦，但员工们没有丝毫抱怨。客户至上、真诚服务，让客户在服务中感受幸福和满足，这是青州农商银行全行上下长久以来坚持的柜面服务理念。作为“服务地方，支农支小”的前沿阵地，庙子支行坚持想客户所想、急客户所急，以心换心同客户建立情感纽带，致力打造服务客户的“爱心窗口”。

## 故事三：贴心服务　关怀至上

一件件小事，一句句关怀，都诠释着庙子支行“以客户为中心”的服务理念。一位老人家因病腿脚不便卧床在家，忘了存折密码，而家人急需这笔钱为老人做后续治疗。支行行长李剑和委派会计了解这一情况后，到老人家里现场核实，备妥业务申请授权书，委托其子女代为办理。但来到支行办理挂失业务时，老人的儿子忘了带身份证，李剑行长又亲自陪客户回家取身份证。此笔业务虽耗时耗力，但得到了客户的充分认可和好评。“谢谢了，谢谢你们……”虽然字句简单、寥寥数语，但唯有淳朴的语言最真诚，最能打动人心。服务是一种美德，是一种快乐，作为立足地方、服务“三农”的中小银行，庙子支行持续做好“三农”服务，以客户需求为中心随需而变、因您而变。

### 故事四：无悔服务　诚信至上

“咦，怎么柜台的递单槽里多出一张100元的人民币？”值班柜员朱继洲不经意间在柜台槽口处发现人民币。由于午间客流量较少，钱又被挡板挡住所以很难发现。该支行全体柜员立刻盘库，发现尾箱余额跟账面金额相同，没有出现差错，据此判断该张纸币为客户遗留落下的。于是，该支行员工通过查看监控、翻阅传票等途径，终于找到失主，最后通过电话联系让他过来把遗失的钱领回。失主是该支行的老客户，不停地说着感谢的话语，我们也感到很欣慰。虽然这100元对客户来说不算很多，但在该行员工眼中客户的一分一厘都很重要。小事见诚信、见品德，同时也是该行对“以客户为中心”的服务理念的体现。

### 故事五：暖心服务　敬业至上

在日常的工作中，我们也经常遇到这样的场景：有些客户在办理业务后，将自己的随身物品像钥匙、身份证、银行卡、手套等遗落在柜台，甚至有人落下项链、手机等贵重物品。最近有一个落下手机的客户，真是给我们出了一道难题。这名客户落下手机后，工作人员通过调阅监控看出失主的主要面貌和体形特征，并通过翻阅传票查找该名客户，但客户的银行卡是外地卡，无法查询基本信息，客户手机处于关机状态且设有开机

毛主席语录

抓革命，促生产，促工作，促战备。

益都县信用合作社

存款折

帐号

户名

信用社公章

（凭印鉴支取）

20世纪60～70年代的存款折

密码。通过询问当地派出所和各村村主任后，了解到该名客户可能是外地人，找寻比较麻烦。原以为失主必会前来寻找遗落下的手机，支行柜员等了两天，失主还是没有前来找寻。想必失主十分焦急，该支行人员机缘巧合了解到最近恰好有一批外地人来本地打工。经过仔细筛选、排查终将目标缩小到一处施工工地上，于是找到该工地承包人，通过问询和比对照片终于找到失主并将手机归还，失主止不住地感谢和称赞："谢谢你们啊！真是素质高啊……"阳光总会拨开乌云照亮大地，人的心灵也是如此，作为一名银行工作人员，能让客户称我们新时代的农商银行人是金色的天使，一切付出都是值得的。

# 爱的守护者

王振盛

这些故事，由2018年8月28日晚上的一条朋友圈引出。

“敬爱的王行长，从演练的第一天开始天天晚上陪着我们，今晚因有事不能陪我们演练，让自己的老公下班后来陪我们。等晚上9点多姐妹们结完账关上灯准备走的时候，她老公在我们单位门口的台阶上坐着，等到我们下班后，护送我们离开。责于心，任于行，王行长用自己的实际行动诠释了一位支行行长的高度责任心和对员工的无私关怀，着实让人佩服！”

发朋友圈的是云河支行会计主管李玉娟，“王行长”则是支行行长王爱华。让我们来还原一下当时的场景。已经持续陪着内勤人员演练了10天的女行长王爱华，28号晚上由于其他工作安排不能留守。按照行里的规定，行长有事不能留守的，可以安排一名男性客户经理值守。可是这位善良的

女行长却觉得："他们（客户经理）白天干了一天活儿了，都挺累的，就想让他们回去歇着了。"于是她拨通了自己丈夫的电话，让爱人来陪伴、护送这些加班到深夜的女柜员。她没有考虑到自己的丈夫也同样已经忙碌了一天。王爱华的丈夫王振盛远在临淄区工作，二话没说应了下来，赶20千米的路程过来。晚上9点多了，肃穆的魁星楼下，灯火通明的云河支行营业室里陆续关了一盏又一盏灯，姑娘们准备离开了。迈出营业大厅的那一刻，她们才发现王大哥就静静蹲在檐下的台阶上，当她们在里面忙碌的时候，他竟一直这样在外面默默守护着他们。于是便有了以上朋友圈里的发声。而评论区里我们看到了很多的赞赏："真乃行长楷模！""致敬！你们行长好棒啊！棒棒棒！""这是用生命当行长。"这些赞赏者也都是青州农商银行的员工，不论职务，不论岗位……

核心系统上线模拟演练，王爱华作为支行行长严格按照行总部要求，晚间演练期间陪伴内勤人员，但很遗憾28号晚上她实在来不了，于

潍坊教育学院大金融班学员合影

是，她选择让同样忙碌了一天的家人来守着。我们是不是应该算她一天不少，是不是应该算她全勤呢？而王爱华的老公王振盛早已成为行里的常客，云河支行的家人们亲切地称呼他王大哥。

8月17日晚，是模拟演练的第一个晚上，时逢中国传统节日——七夕节，因牛郎织女的美丽传说使之成为当下象征爱情的节日，更产生了“中国情人节”的文化含义。一个以爱情为主题、以女人为主角的节日，所有参加模拟演练的内勤人员将在营业室里共同度过。王爱华又拨通了王大哥的电话：“给这些姑娘们买点好吃的捎来，我们要一起过节。”于是七夕那天晚上，云河支行的姑娘们有了“口福”，远近闻名270元一只的北山清炖鸡，盛在一个方方正正的纸箱子里，横跨县城，被有情之人带给了有情之人……“好香！好贵！”王大哥只用四个字回答：“全力支持！”多么暖人的一句话……是啊，因为全力支持，才有了经常给云河支行的员工们送鸡、做鲅鱼、烙油饼以及夜间的那些守护，更有了下面的故事。

王爱华的家在临淄，在青州工作的她暂时租住着亲戚闲置的房子，距离云河支行并不近。此次全省农商银行核心银行系统转型升级重大工程，关系着农商银行各个领域，对今后的业务发展有着至关重要的作用，意味着所有人都必须高度重视，全力以赴投入到各项准备工作中！30天的模拟演练，30天的守护，王爱华的老公为了全力支持爱人的工作，果断租住了云河支行附近的旅馆。就这样在全省农商银行核心银行系统上线期间，王爱华成为“住旅馆的行长”，每天最早一个来，每天最后一个离开。“她每天晚上接近10点才回住处，早上6点多就出门了，这一个月太累了，我们反正也是租房子，就想给她图个方便，要不然根本歇息不好。”这是一位行长家属默默的支持，温暖又充满力量！也让我们不禁想到全省农商银行模拟演练期间，还有多少像王爱华的家人一样在默默支持、默默奉献、默默守护？

妈妈们还在单位守护着新系统，爸爸们真的辛苦了，接送孩子、各种家务事，都义不容辞地承担了下来……爸爸还在单位加班守护升级，明亮的灯光下，妈妈守护着孩子，再把作业检查一遍……而那些农商银行双职工的家庭，爸爸妈妈都要深夜回来，爷爷奶奶早已把小孩子暖进了被窝……全省农商银行历时22个月之久、自主研发的核心业务系统，终于在2018年的秋天与大家见面了！7月，8月，9月，10月……在此期间，我们全体员工牺牲了大量的休息和休假时间，有多少农商银行人守护着核心系统，便有成倍的人在守护着农商银行人！与西方家庭崇尚个体自由不同，自古以来中国的"家"便是一种具有幸福感和归属感的"共同体"，家庭成员的思想意识、价值观、知识水平、行为方式等主观因素以及家庭物质环境共同构成家庭文化。正是广大员工家属营造出了良好的家庭环境，正是有了那一句句铿锵有力的"全力支持"，正是这一次又一次的理解和奉献，才使得全体农商银行人能以认真负责、踏实有为的干劲儿开展核心业务系统转型工作。

《人民日报》2018 年 8 月 7 日 1 版刊发了《习近平对王继才同志先进事迹作出重要指示强调 要大力倡导爱国奉献精神 使之成为新时代奋斗者的价值追求》。习近平对王继才同志先进事迹作出重要指示强调："王继才同志守岛卫国 32 年，用无怨无悔的坚守和付出，在平凡的岗位上书写了不平凡的人生华章。我们要大力倡导这种爱国奉献精神，使之成为新时代奋斗者的价值追求。"一样的是守护！一样的是爱的奉献！一家、两家、三五家……成百上千的农商银行小家庭守护着核心银行系统的上线工作，被守护的人在平凡岗位上践行着责任与担当！认真负责、无私奉献，用坚守诠释着何为新时代的奋斗者！

你听，别处，守护的故事正在继续发生着……

# 平凡农信路

王延军

岁月不居，时节如流。转眼间参加工作已经14年，时间见证着平凡农信人永不停歇的脚步。遥想自己从一名初出校园的青涩学生，到现在已经成为一名农信“老兵”，感受过从繁华校园到偏远小镇后的巨大落差，也经历过同学跳槽后对自己前景的彷徨不安，但让我收获最大的无疑是伴随着农商银行的发展自己的点滴成长。这种成长不仅仅是业务，更是一种态度，是自己如何直面工作的一种“态度”。

那是2006年的8月，我刚刚从基层社调到坊子区联社业务部的第二个月。寻常的一天，我作为联社二次考察人员，到基层信用社考察一笔大额贷款。考察结束后，同行的主任跟我说：“小王，走！和我顺路去催收一笔不良贷款。”随后，我随主任来到了一家小铸造厂，老板热情地出来迎接我们。我心想，接下来的场景应该是主任和颜悦色地同老板客套一番“厂里的生产情况怎么样啊”，说一些诸如此类的言语吧。哪知主任的表现却大大出乎我的意料，他冲着厂里的老板“破口大骂”起来：“我就问你一

句话：还有没有良心啊？啊？！……”我的天啊，场面激烈。而让我更为不解的是，那个老板竟然像个犯了错误的学生一样杵在原地，任凭主任训着，脸上难掩愧疚之色，连连道歉并承诺半年之内一定还清。返程的路上，主任见我一脸“惊魂未定”的样子，笑着问我：“哈哈，不理解吧？”我说：“非常不理解，您为什么那么骂人家？他竟还不还口，光赔不是说好话。”主任大声地说：“道理简单，我占理！这笔贷款是他找我办的，但是我没吃他一顿饭，没占他一分钱的好处，现在他还不上了，我就有底气来说他，问他要得理直气壮！如果当时我吃了他的，拿了他的，我肯定也没有底气来这收不良贷款。”这段经历对我来说记忆深刻，特别是后来又见过、听过很多因为“吃拿卡要”造成不良、上访，乃至被开除、锒铛入狱的事情。在以后的职业生涯里，我也常常用刚刚入职的这则 “催收小故事”提醒自己：摒弃私心，立身正气，干什么都有底气。

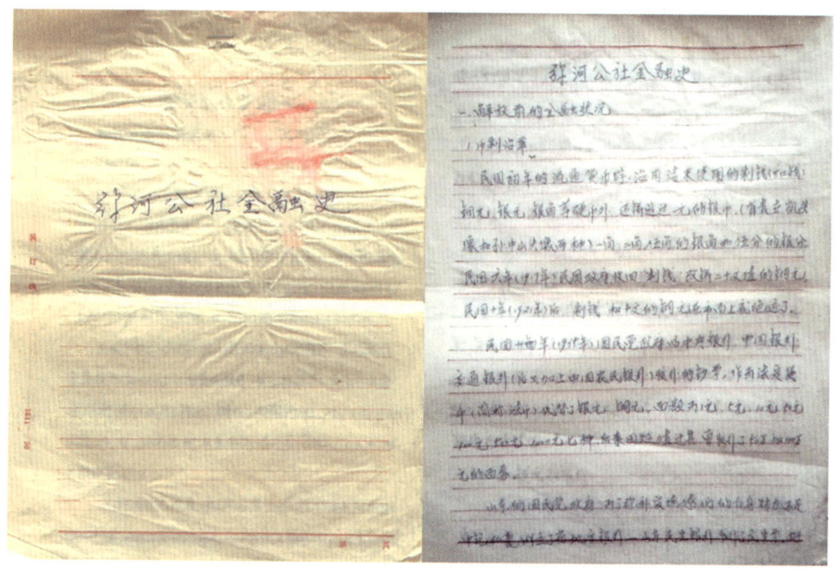

弥河公社金融史

弥河公社金融史

一、解放前的金融状况

1.币制沿革

20世纪80年代弥河公社金融史（组图）

第二个小故事发生在2018年的7月份。我很荣幸地作为青州农商银行“党员先锋队”的一员，参加谭坊支行的收瓜揽储活动。小分队跟随谭坊支行的一名客户经理到村里的收瓜点营销，路上刚好碰到一名村民，迎面看到客户经理的第一句话就是：“幸亏今年你给我放的贷款，今年茄子价格好，我挣了个好钱，你等一会儿，我去给你摘茄子去！”说罢就骑着电动车朝大棚的方向去了。同行的经理说：“今年这伙计运气好，用了咱的贷款，茄子多种了不少，赶上了最好的行情。”这一幕给我印象很深，也许是管理不良贷款接触的负面信息太多，看多了老赖不还钱的嘴脸，偶遇这样一个小场景，一阵暖意盈上心头。我想金融扶贫还真不是一句口号，老百姓的眼睛是雪亮的，农民的感情也是最真挚最淳朴的，只要我们真心为百姓服务， 金杯银杯都不如老百姓的口碑。

回首雄关漫道真如铁，感悟人间正道是沧桑。两则小故事，一则是催收不良贷款，一则是农民质朴的感激。画风不尽相同，但却蕴藏着共同之处：大爱为民，大公无私。放贷时没有私心，收贷时方能理直气壮；一心一意为民服务，老百姓赚了钱，心里就感激我们。我是一名平凡的农信人，回顾14年的农信生涯，没有可歌可泣的讲述、没有惊天地泣鬼神的壮举。我只是很感激遇到的每一位充满正能量的领导和同事，他们身体力行地诠释着：“吃农信这碗饭，就不能干吃里爬外的事”，如此简单的职业道德，渗透在日常的工作时光里，也流淌在一则则平凡的农信故事里，涓涓细流汇成江河，最终汇聚成了我们农信事业发展壮大的时代浪潮！长风破浪会有时，在奔流不息的历史长河中，在2019年仍将不舍昼夜，一往无前！唯愿新的一年，每一位平凡的农商银行人都能在时光中前进，在奋斗中图强，刻画出不忘初心、服务“三农”的质朴篇章！

# 王民光 择一职 专一事 尽一生

“1996年6月，我踏进了城区信用社的大门。从那天开始，便觉得自己有了强烈的归属感，当时就暗下决心，这一辈子就在这里好好干。我没有多大本事，就只能认真工作。”这是笔者与现任高唐青隆村镇银行副行长王民光聊到“农信情怀”时，他说过让人记忆犹新的一句话。认真工作不难，难的是认真工作一辈子。今年已经迈入不惑之年的王行长更习惯大家叫他“老王”。他说，最初来农商银行的时候大家都叫他“小王”，但是叫着叫着就变成“老王”了，那么从“小王”到“老王”的这23年里，他是怎样用行动诠释“一辈子好好干”的呢？

## 23年脚踏实地走好每一步

1996年的“小王”，18岁。从山东省会计干部中等专业学校会计专业毕业后，王民光即刻加入到了青州市城区信用社的柜员队伍，这一干就是4年。4年的时间里，“小王”把柜员的各项技能练了个滚瓜烂熟。1999年12月，

"小王"被调到城区信用社做信贷内勤，这一晃又是9年。当时的城区信用社是全市农联社信贷业务量最多的一家分支机构，仅有一个信贷内勤。"小王"不仅负责所有信贷业务的审查及提报贷审会的审批，还负责信贷资产五级分类、信贷档案的保管及借阅。这期间，为了让自己的业务水平有更大的提升，时刻严格要求自己的王民光用8年的时间，选择进修了经济管理专业和会计学专业。2008年10月至2010年10月，王民光先后被调到业务管理部、风险管理部负责全辖五级分类和贷款质量评级。60多个网点啊，把白天所有的时间都算上都不够他用的，加班加点已然成为常态。这时候的"小王"已经结婚了，也有了孩子，变成了大家口里的"老王"。那一年，孩子3岁，寒冬腊月，漫天飞雪，高烧40度的孩子急需送医院。那个时候家里还没有汽

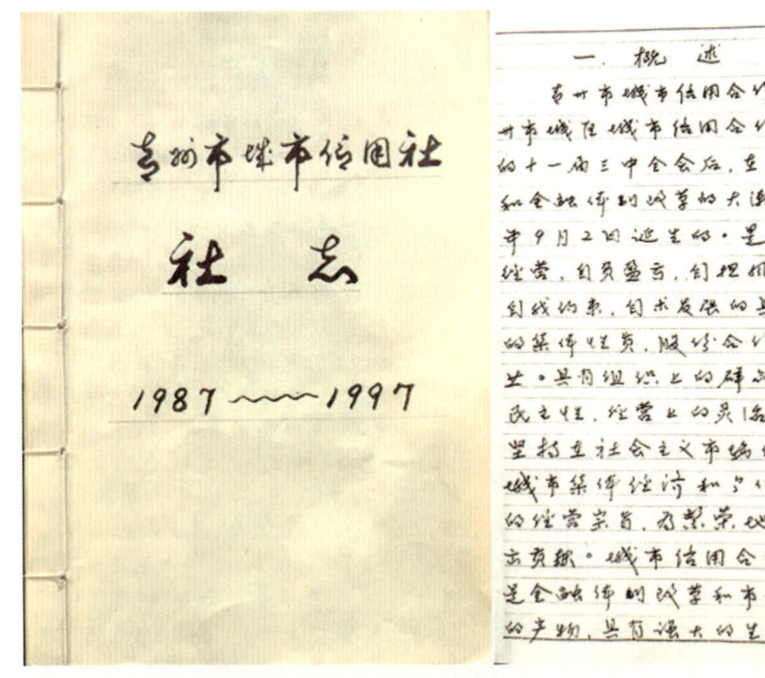

亳州市城市信用社

社志

1987——1997

一、概述

亳州市城市信用合作社（原名为亳州市城关城市信用合作社）是在党的十一届三中全会后，在国家经济体制和金融体制改革的大潮中，于1987年9月2日诞生的。是一个实施自主经营，自负盈亏，自担风险，自求平衡，自我约束，自求发展的具有法人地位的集体性质，股份合作制的金融企业。具有组织上的群众性，管理上的民主性，经营上的灵活性的特点，坚持在社会主义市场经济中主要为城市集体经济和个体经济服务的经营宗旨，为繁荣地方经济做贡献。城市信用合作社的诞生，是金融体制改革和市场经济发展的产物，具有强大的生命力。

第 1 页

20世纪80～90年代的城市信用社社志

车，孩子妈妈一个人没法送孩子去医院。但是当晚王民光负责的报表及报告必须上报完毕，权衡之下他还是选择把工作收尾后再离岗。幸运的是当时楼上的邻居下班回家，碰上了背着孩子下楼的妻子，热心帮忙送到了医院，进行了及时治疗。在医院里“老王”的邻居给他打电话不免责备一番，“老王”的心里更不是滋味。但是他说，虽然对家人愧疚，但是不后悔当时的决定，如果当时他走了自己心里也会放不下。“对谁放不下？”“对单位……”你看，这就是我们默默耕耘在平凡岗位上的农商银行人，他们不会讲什么豪言壮语，也没有谁要强迫他们在那一刻务必留下来，他们只是遵从着自己的内心，守住了一份责任，诠释了一种奉献。

## 勇做优化营商环境的“金融主力军”

2016年1月5日，对于王民光来讲，是一个不寻常的日子。就在这一天，他收到了调去高唐青隆村镇银行的通知，作为青州农商银行的外派高管，负责高唐青隆村镇银行的风险管理工作。临近2018年岁尾，王民光的高唐之行就要满3年了。在高唐的3年，他依旧坚守着认真工作的初心，积极协助董事长工作，参照发起行的信贷产品开发适合高唐当地的贷款产品。截至2018年11月末，在“老王”和大家伙的共同努力下，高唐青隆村镇银行共研发了“金惠农”“金惠薪”“金惠商”三大系列共30余种贷款产品，更好地满足了高唐当地群众的金融需求。

2018年8月，山东省委省政府提出了“提升信贷服务优化营商环境”的号召。作为“贴近群众，服务三农”的银行，高唐青隆村镇银行如何为优化营商环境提供更好的服务支持，成为王民光的一块心病。虽然，目前该行已经实行了对小微企业“无缝链接”的贷款方式，但是在企业偿还贷款和新贷款的发放之间依然存在时间差。根据聊城银监局下发的《聊城银行业提升信贷服务优化营商环境指导方案》要求：有临时存在资金困难的小微企业，可以主动提出申请，按新发放贷款的要求开展贷款调查和评审。符合相关条件和标准的，审核合格后可以办理续贷。也就是说，辖区银行可开展“无还本续贷”业务。于是，王民光第一时间向主发起行提出申请：优化信贷管理系统，增加“无还本续贷”菜单业务。主发起行收到申请后高度重视，积极协调软件公司，以最快的速度反复测试优化信贷管理系统，增设了“无还本续贷”菜单功能。高唐青隆村镇银行也成为青州农商银行11家村镇银行中首家办理该项业务的单位。该项业务的开通得到了小微企业客户的大力赞赏，同时也得到了当地监管部门的一致肯定，在有效提升高唐青隆村镇银行的竞争实力的同时，切实优化了营商环境。

“择一职，专一事，尽一生”这是多少人刚刚踏入社会时的梦想。从此种意义上来讲，王民光是幸福的。他守着一颗“用一辈子去好好工作”的初心，日积月累，于平凡之中用实际行动去诠释着如何做好一名平凡的农商银行人。

# 难忘除夕夜的一盘饺子

刘伟滨

时光荏苒，回首加入农商银行的20多年，有开心有难过，有坎坷有收获，有领导的教诲和同事的关心，有攻坚克难之后的喜悦和欣慰，也有惆怅彷徨之后的不悔与坚定，但更多的还是农商银行一家亲的温暖以及代代相传的“挎包精神”给我的感动。

1995年的春节，是让我至今难忘的一个春节。刚刚参加工作的我，在南张楼分社从事出纳工作。那时候分社还是有大库的，晚上需要驻行值班。除夕之夜正好轮到我值班，和我一起值班的还有时任李马分社的负责人周玉堂。20岁，头一回在外过年，心中盈满激动却也难免忐忑，心想：“既然轮到我值班，就要牢记规章制度和领导安排，认真值守。”

看春晚、吃团圆饭，阖家欢乐、其乐融融应该是大年夜的主基调。清晰地记得那天解款之后，乡野间此起彼伏地响起了零星的鞭炮声。整个营业场所，在万家灯火的笼罩里变得异常安静，那是我从来没有觉察到的一种寂静无声。百无聊赖的青葱少年决定先回宿舍睡一会儿。一个人躺在宿舍的床上，心想家里爹妈也正在包饺子吧，想着往年和兄弟姐妹们一起踩着咯吱咯吱的雪去村里拜年的场景，想着想着也就睡着了……可是刚睡不久，就被窗外此起彼伏、越演越烈的鞭炮声吵醒了。

被浓浓的年味儿叫醒，再也无法入眠，索性起床。20岁的小伙儿竟心事难平地在房间里踱步。心想："好歹是过年，一个人也该有点仪式感，我该干点什么好呢？"那时候领导对员工也很是关怀，值班厨房里面都配备了肉、菜、面等慰问品。包饺子喽！收拾白菜、剁肉、调馅……得心应手，一个多小时就收拾好了。不曾想，到了和面的环节却真的有些犯难了，是真不会啊！眼巴巴地看着收拾好的肉馅和怎么也捯饬不出来的面团，一种无助和孤独静悄悄地侵蚀着我的内心……当那种难以名状的委屈正要扩散时，只听见一句："小刘，还没吃饭呢吧，想吃饺子不？你嫂子刚包的饺子，先包了这一盖子就让我抓紧给你送来了……"周玉堂主任的声

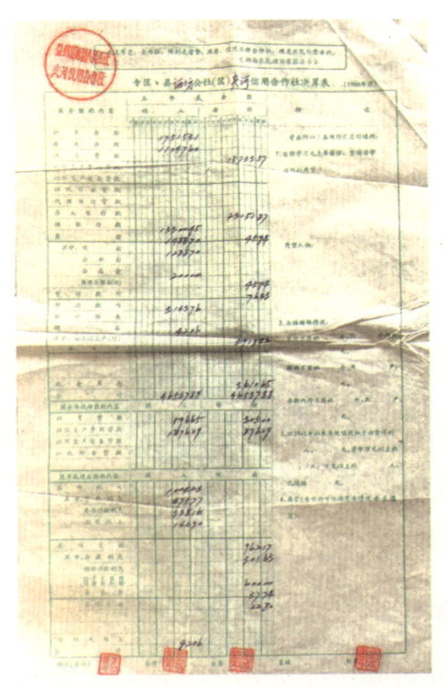

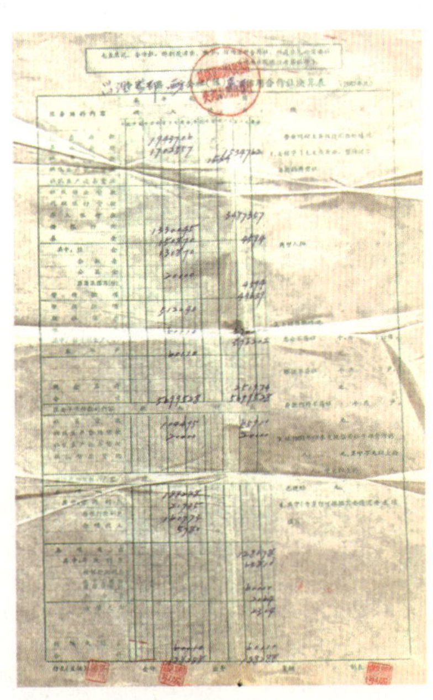

20世纪60年代的信用社决算表

音远远地传过来，把我从黯然神伤的情绪里及时拉回来。我快步迎过去，见他边说边停好三轮车，从车后斗儿小心翼翼地端了一盖子水饺下来……没有早一步也没有晚一步，眼泪“唰”的便下来了，鼻子竟酸到说不出一句“谢谢”。那一刻，我真真切切感觉到农商银行一家亲的温暖，无比感动！抬眼见，看到院里挂着红灯笼真好看啊……

到现在，我依旧特别喜欢一句话：“感谢每一盏亮着的灯，没有丢下任何孤寂的人。”“挎包精神”的代代传承、领导的鼓励、同事的帮助……感谢农商银行给予我的一切！我知道，只要我身在农商银行一天，我就有家，有亲人，有兄弟姐妹陪我一起面对种种困难和考验。感谢农商银行这盏明灯，在我人生的道路上，不断指引我向前驶进。我也会在以后的工作和生活中当好“挎包精神”的传承人，尽己之力，让更多的人体会到农商银行这个大家庭的温暖。

# 我眼中的『流浪者』

张海霞

复新的魁星楼肃穆又灵动，为青州古十景之一“南楼夜雨”古迹驻地。魁星楼下一株苍老柳树挺拔依旧，以青州农商银行云河支行为背景，粗壮的树干盘曲婀娜，摇曳着轻盈的枝条，像极了一幅动态画卷，见证着以她为中心方圆百米内的“一线”故事。

皮肤黝黑、眼眶高耸，眉眼间欢愉常在，举止淡定从容，这名身材矮小健壮的流浪汉是云河支行的“常客”。云河支行屋檐下有个两级台阶的高台，是被他几年来视为“家”的地方。我每天早上7 : 10左右到行里，他已经出去了，晚上加班到7点多时，会偶尔碰见他挑着所有的家当回“行”。行里的ATM室整洁又暖和，他也从不进去，想是怕弄脏了吧，在高台上铺开那床破旧到不堪入目的毯子，瘦矮的身子蜷缩进去就知足地睡下了。

2017年以来，省联社组织开展“金纽带”春天行动，我行一线员工迅速贯彻落实，大力发扬“挎包精神”，三人成组、五人成行，走村串户、进社区、入商家，全面展开营销工作。那日我正准备出门营销，巧了，竟见他没有出去，乐呵呵地坐在柳树下同人闲聊着什么，冬日里的阳光透过柳枝的间隙洒下来，斑驳的光影在他那干涩的脸上欢快地晃动着，丝毫察觉不到流浪者应有的不安和躁动。他猛地一扭头，见我们手中拿着宣传单，立马小跑过来，“抢”似的从我手里夺了过去。这是要随我们一同去发传单呢，我心中暗自生疑。他觉得自己在这一带落脚多年，熟悉情况，能帮我们干这个活儿，于是大步走在了我们队伍的前面，昂头挺胸之势难掩其心中的自信与自豪。

“老马，老马，马老板！你有钱，去农商银行存，进门福相送，存款礼当先”，话音儿还没落，宣传折页已经塞给了隔壁茶楼老板。“了不得！你这亲自出马啊？还是给农商银行当义工？哈哈哈！”理发店王老板快言

20世纪50～70年代的办公凳子

快语地应他。“什么好事儿啊？给我看看”，药店孙大娘也拿了一张过去，认真地看起了宣传单。“张老头……”“王总工……”周边的街坊邻居都招架不住这个流浪汉的盛情，纷纷驻足，接过宣传单，详细了解起我行的活动，不一会儿工夫，竟围了一圈，咿咿呀呀、熙熙攘攘的足有几十号人。我们一行人就这样在大家伙的兴趣基础上，顺势而为就“存款有礼”活动给大家介绍开来。半天走下来，我们也都觉得乏了，他倒是一派轻松的样子，想是常年在外流浪，习惯了日行“千”里，只是见他额头上渗出了细珠似的汗珠，他又腼腆地急忙擦了去。留他一起去吃饭，好说歹说，他执拗地不去。

云河支行自成立以来，换过几次负责人，在这里工作过的员工也都认识这位流浪汉，不知道他从哪年就“客居”在此屋檐下，也不知道他为何成为一名行迹天涯的流浪者，只知道我们行里人从来没有人赶过他，也没有人嫌弃他。一直以来我们这个大家庭坚定“立足三农，服务百姓”经营信念，对他的包容和接纳成为一种不约而同的行为。就这样，支行里人员调动了一批批，他却从未离开过，他一无所有，“依”社为家，归来，宿下。

笔及此处，又有些许时日不见他了，不知足踏何方、云游何处去了。他身上“日行千里，博闻强识”的韧劲儿倒是值得我们一线营销人员学习借鉴；他对邻里街坊“亲、诚、惠、融”的态度，也不失为我们广拓客户的一种方法；他热情帮忙、主动营销的行为，正是农信系统“人人都是营销员，人人都是农信人”的真实写照。想他这一生行万里路，必是有故事的。等你再来，我席地而坐，“南楼夜雨”下听你娓娓道来……故事里，一定有农信人“关爱弱势群体，践行社会责任”的篇章，春有百花秋有月，夏有凉风冬有雪，它伴着岁月传承下来。

# 孙佃昆 扎根农村服务百姓

孙佃昆，男，46岁，2007年加入农金员队伍，自担任青州农商银行农金员以来，始终满怀信心、饱含热情地对待储户，兢兢业业、认认真真地为客户服务，赢得了本村及附近储户的心。日常的农金员工作中，他为老百姓提供贴心的服务，既赢得了群众的信任与拥护，又扩大了自己的影响力，截至2018年12月底揽存余额已达1.2亿元。

## 脚踏实地，用心去做好每一笔业务

作为一名农金员，在日常工作中，孙佃昆时刻严格要求自己，以身作则，牢固树立了爱岗敬业、奋发向上、积极进取的思想观念。他遵守法律、合规合法经营。他心中坚定的是：自己既然选择了这项事业，就不负众望，不辱使命，一定尽最大努力干好。多年来他始终坚持全心全意服务于客户的原则，风里来，雨里去，每天穿梭在村民的大棚里、田地间，只要客户有需求，一个电话他就到，第一时间帮客户解决存取款业务。他始

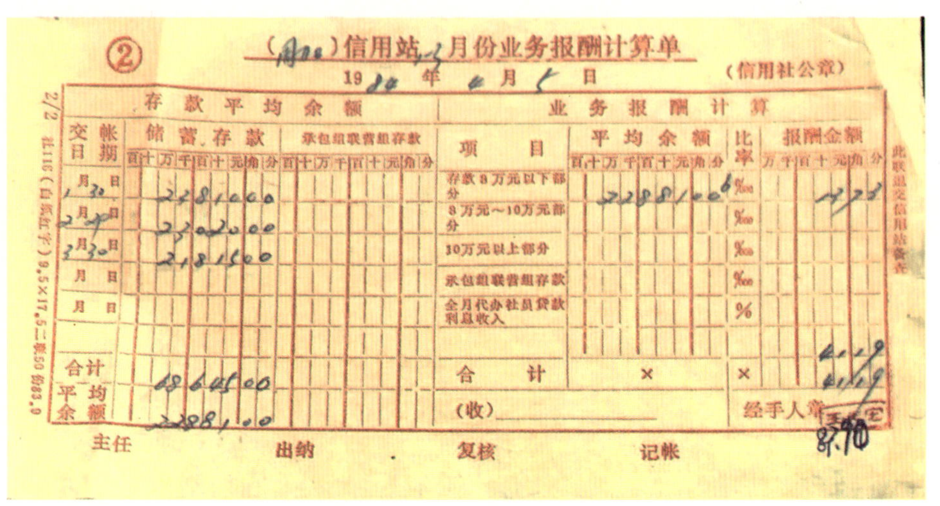

② （　　）信用站　月份业务报酬计算单

19　年　月　日　　（信用社公章）

| 存款平均余额 | | | 业务报酬计算 | | | |
|---|---|---|---|---|---|---|
| 交帐日期 | 储蓄存款（百十万千百十元角分） | 承包组联营组存款（百十万千百十元角分） | 项目 | 平均余额（百十万千百十元角分） | 比率 | 报酬金额（万千百十元角分） |
| 月　日 | | | 存款8万元以下部分 | | ‰ | |
| 月　日 | | | 8万元～10万元部分 | | ‰ | |
| 月　日 | | | 10万元以上部分 | | ‰ | |
| 月　日 | | | 承包组联营组存款 | | ‰ | |
| 月　日 | | | 全月代办社员贷款利息收入 | | % | |
| 合计 | | | 合　计 | × | × | |
| 平均余额 | | | （收） | | 经手人章 | |

主任　　出纳　　复核　　记帐

此联退交信用站备查

2/2　社116（白纸红字）9.5×17.5二联50份83.9

20世纪80年代的信用站报酬计算表

终将客户的事当成自己的事做，事无大小，人无亲疏，他都提供热情、周到又及时的服务。从原先不认识、不熟悉到能放心地将自己的“血汗钱”交给他代办，他用自己的诚心、热心一点点、一步步去换取客户的信任。辛勤的付出，也许未必马上能获得回报，但只要坚持、只要用心，就一定会有改变。南门立木，为取信于民。做好储蓄工作，亦是如此。多年来，他始终坚持以守信为本，把讲求信用作为基本的职业道德，在群众中树立了良好的形象。截止到2018年12月底，孙佃昆的揽存余额达1.2亿元。他说:“这些存款的拓展离不开大家对我的支持和信赖，我非常感谢农商银行给了我这样一份工作，感谢老百姓对我的认可，这给我和我的家人带来了翻天覆地的变化。自从做农金员以来，不但我的能力得到了极大的提高，而且视野也逐渐开阔起来。”

### 注重学习，不断提高自身业务素质

走进孙佃昆家的金融服务点，映入眼帘的是一排排丰厚的存款奖品、

信息齐全的公示牌以及保险柜、点钞机、复印机等设施，齐全得宛如一家小银行。他对业务的娴熟、工作的热爱是人们能够直接感受到的。

在农村市场竞争逐渐白热化的形势下，孙佃昆不断提升自己，从不懈怠。谈起业务，各家银行的存款利率、竞争优势、服务政策，他都摸得一清二楚；说起民情，小到村里农民的收成、庄稼的长势，大到国家经济政策、宏观调控，各种人、事、物，他都头头是道。一方面，在服务质量上下功夫，为客户提供优质便捷的上门服务，稳定原有储源、吸引新客户；另一方面，他经常去其他银行金融网点了解他们的金融产品，寻找突破点。如针对某银行的礼品竞争，经过精心核算，甚至亲自存储体验后，他发现该银行存钱虽然送礼品，但在取款方面受限制，于是他加大对我行方便、快捷的取款服务进行宣传，同时给客户更丰厚的礼品，让客户宣传客户，带动其他客户到我行存款。孙佃昆有自己的客户群，每天都在微信群积极向客户推介农商银行网上银行、手机银行、“智E购”“V付”、快贷等金融产品，推出了一系列存款有奖活动，深受客户的欢迎。孙佃昆经常说，做好工作离不开“三勤”——脑勤、嘴勤、腿勤。脑勤就是要做到善于思考、勤于学习、广开思路、拓展业务；嘴勤就是要多向老百姓宣传存款的好处、积极动员他们的存款热情；腿勤就是要树立服务意识，多跑几趟腿儿，多为客户出份力。

孙佃昆是闲不住的，他在做好存款、推荐贷款业务的基础上，还代收代缴水电费、社保费、电视电话费等业务，平时也积极学习新的金融知识，了解国家的相关政策，为农商银行的业务发展、服务拓展、形象塑造、品质推广等积极做出自己的贡献，为农商银行各项活动的完成添上浓墨重彩的一笔。面对今后的工作，孙佃昆信心百倍。他说：“农商银行给我这么好的机会、这么高的待遇，不论面对什么样的困难，我都要克服，在上级行党委的正确领导下，团结一心、努力奋斗，让工作更上一层楼、业绩再创辉煌，努力为青州农商银行的发展贡献力量。”

## 乐于助人，服务百姓的初心不动摇

不忘初心，砥砺前行。孙佃昆自身具有吃苦耐劳、细心又有耐心的品质，他本着“热情、礼貌、快捷”的服务理念，吸引了越来越多办业务的老百姓。他对每一位乡亲的询问都能耐心解释、有问必答、贴心服务，现在只要农商银行有政策调整，特别是涉及利率调整的政策，他必定会挨家挨户地告诉储户。孙佃昆能够为老百姓提供24小时服务，备用金充足，只要客户有取款需求，打电话说一声，钱就会提前准备好。长期的工作实践中，孙佃昆深刻体会到：要想做一名合格的农金员，就要时刻做到“三讲”：讲诚信、讲情感、讲道德。讲诚信就是要做到遵从客户的意愿，以储户的最大满意度为追求；讲情感就是要用自己的真心、诚心换取客户的信赖，让储户放心地将血汗钱交给自己，用实际行动来赢得储户的支持；讲道德就是要树立崇高的品格，遵纪守法，争做榜样，赢得大家的信任。有时候遇到有急事的客户，孙佃昆往往都是先借给他们钱拿去救急，回头再结算，储户对此既感激又放心。偶尔还有半夜敲门的储户，他也能够做到耐心，因为他知道但凡是这个时间来敲门的都是有急事的。他用自己最大的努力给乡亲们足够的心理安全感。五六月份，正是庄稼人最忙的时候，孙佃昆为了更有效率地服务瓜农，他时常奔走在田间地头，帮助瓜农们摘瓜卖瓜；也挨家挨户进行走访，为百姓发放啤酒、矿泉水等用品，经常忙碌得连吃饭的时间都没有，有时中午饭到晚上10点钟才能吃，结算钱款忙到深夜更是常事。孙佃昆的行动为揽存打下了基础，又增进了与百姓之间的感情，得到了老百姓的一致认可和好评。久而久之，他成了村里的“金融百事通”——一般小问题，找孙佃昆肯定能解决。朴实的孙佃昆说：“一分钱的托付，都是百姓对我的信任。你心里装着他们，他们就想着你。老百姓对我好、信任我，我就更应该加倍对他们好，不能辜负他们对我的信赖。”他用自己的坚

守和付出彰显了一名农商银行农金员的崇高品格。

2018年8月18日～20日，受台风“温比亚”影响，郑母遭遇了大暴雨袭击。孙佃昆在险情发生时，冒着危险，不惧险阻，积极投身到抗洪抢险救灾工作中，帮助受困群众。在面对灾情时，他发挥自身经营超市的优势，无偿送水、送泡面，帮助老百姓解决吃饭饮水等实际问题，力所能及地为群众送温暖、献爱心、解危难，弘扬了抗险救灾的正能量。村民从中更是体会到了孙佃昆的勇于担当、用心与热心。

## 广开渠道，尽力开拓储蓄领域

多年来，在开展储蓄业务的过程中，孙佃昆坚持以最大限度增加储蓄额度为目标，不分地域、不管是谁、不论多少，只要能够聚集资金，扩大业务，他就积极去干，争取把一切可以聚集的资金聚拢上来。在确保本村资金应存尽存的基础上，眼光更加长远，不拘一格，充分利用朋友、亲戚以及来他家超市购物的人，向他们宣传推荐农商银行的各种产品，争取将他们的资金揽存到自己的账户上。同时他注重与周边村庄村民的联系，积极与他们交谈，凭借真心实意的感情、熟练的本领来拓展业务，获得了他们的理解和支持。一个找孙佃昆办业务的外村老人说：“我就找你存钱，别人我不找，找你我放心。”可见，孙佃昆是在用自己的真情为百姓真心真意地办业务。代办，代的是诚信，办的是民心。他用责任和刚毅坚守这份承诺。

寒来暑往，四季更迭，十几年如一日，孙佃昆作为一名青州农商银行的农金员，用自己的实际行动为周围村庄的村民提供着方便快捷的金融服务，将村民们看似烦琐却又与生活紧密相连的金融业务处理得井井有条。相信未来，孙佃昆仍然会不忘初心，牢记使命，本着全心全意服务老百姓的初衷，为青州农商银行的发展贡献出自己的力量，为青州农商银行的明天增光添彩！

# 幸福是奋斗出来的

杜学军

能在农商银行工作，对我来讲，是一种幸福。我于1991年参加农信工作，刚参加工作时，每月的工资是60元，以一名临时工的身份，一干就是18年，直到2009年参加了省里的统考。在农商银行这个大家庭里，十几年如一日走到今天，我经历过行社合署办公、行社分门办公、农村信用社改制、农商银行发起设立村镇银行以及青隆村镇银行的后续管理经营；从最早的出纳、储蓄员、会计员、综合柜员、客户经理、外勤专管员到村镇银行外派高管……今天，作为“农金精神”的践行者，我想用20多年的工作经历讲述咱们农商行人自己的岁月故事。

## 18年“临时工”的无悔坚守

20世纪90年代初，系统升级换代，要求脱离手工业务，全面电脑记账。记得那是1996年，正赶上一个片区的信用代办站报账，从开账到轧账，中午边吃边干，最多的一天结账业务流水到了680多笔。作为一名长

期坚守一线的综合柜员，当时的客户送给我一个荣誉称号——“中老年客户的偶像”，特别是行动不便的老年客户，到了邵庄信用社，就愿意找柏泉村的“小杜”，因为无论多么复杂的问题，到柜台上找到“小杜”，我都能做到耐下性子来想客户之所想，急客户之所急，为眼前的老百姓解决问题。在立足本职工作岗位的基础上，学业务、练技能，我也有幸从1993年到2006年连续13年被所在单位评为内勤工作先进个人。

2006年，我转岗成为一名客户经理。当时的老客户经理退休，我接过了不良贷款80余笔，余额600多万元。面对外勤业务经验少的被动情况，我开始上门核对每一笔贷款，及时做好续贷和诉讼保全。那一年我带着自己的初心攻坚克难，那一年也是我职业生涯中终生难忘的一年。好在功夫不负有心人，一年后，所有的不良贷款都得到了妥善处置，我尽了自己最大的努力，最大程度上维护了集体的利益。

## 离家6年的炙热考验

俗话说：“在家千日好，出门一时难。”2013年8月7日对于我来说，也是一个终生难忘的日子。接到人力资源部的通知，要求我作为青隆村镇银行筹建组的一员赶赴河北省沧州市东光县筹建东光青隆村镇银行。通知即命令，我没有迟疑和犹豫。第二天，我第一次驾车上高速，第一次离开青州工作，驱车300多千米，赶赴河北省沧州市东光县。作为分管业务和综合管理的副行长，全新的环境，陌生的面孔，一切都是新鲜的；员工的培训，办公场所的装修和验收，开业前的筹备等工作都是陌生的……所有的艰辛和坎坷，都是为了坚守自己的初心，都是为了不辜负组织的重托。终于，2013年11月26日，东光青隆村镇银行正式开业了。在负责业务拓展的同时，2014年10月份，我有幸完成了东光青隆村镇银行龙王里和大单两家支行的选址、装修等开业准备工作。

储蓄利率表

| 种类 | 存期 | 月利率‰ | 年利率% | 千元到期息(元) |
|---|---|---|---|---|
| 活期 | | 0.60 | 0.72 | |
| 整存整取 | 三 月 | 1.425 | 1.71 | 4.275 |
| | 半 年 | 1.575 | 1.89 | 9.45 |
| | 一 年 | 1.650 | 1.98 | 19.80 |
| | 二 年 | 1.875 | 2.25 | 45.00 |
| | 三 年 | 2.100 | 2.52 | 75.60 |
| | 五 年 | 2.325 | 2.79 | 139.50 |
| | 八 年 | | | |
| 零存整取 | 一 年 | 1.425 | 1.71 | 每月存十元 |
| | 三 年 | 1.575 | 1.89 | |
| | 五 年 | 1.650 | 1.98 | |
| 定活两便 | 按整存整取同档次利率打六折计息 | | | |

青州市农村信用社联社

20世纪八九十年代的利率表

2014年11月，由于工作需要，我再次作为筹建组的主要成员，被调到聊城市东阿县筹建村镇银行。股东没有、高管没有、员工没有，只是选定了一个办公场所，一切从零开始！村镇银行作为新兴的农村金融机构，募集股金本应是十分容易的事情，根据以往的经验，很多优质企业都想入股。可是到了东阿当地，却发现情况大不一样，由于当地银行的竞争和排斥，前期筛选的二十几家优质企业全部不同意入股。某银行意见十分明确：只要在该行贷款的一律不得入股村镇银行，否则结清全部贷款。而此时，同期筹建的高唐、莘县两家村镇银行筹建工作进展顺利。而东阿青隆村镇银行的筹建工作被动地回到初始状态，股金募集从零开始。我们只能在东阿经济开发区的几十家企业挨家挨户跑，可是结果不尽人意，所有的回答都是不愿入股。后来，我们甚至动员了济南、茌平、淄博有意向的企业。然后，直接与某银行表明态度：“村镇银行的设立是国家政策要求，是大势所趋，即使我们不来，肯定也会有其他的村镇银行来东阿安家落户。”天知道我们碰了多少壁，吃了多少闭门羹……我们必须成功！经过不懈努力：7家当地企业、1家济南企业和1家淄博企业入股2940万元，青州农商银行入股3060万元，6000万元股金全部到位！试营业当天发放贷款12笔3040万元；存款开户112户3300万元。2015年

9月28日，东阿青隆村镇银行顺利开业！鞭炮齐鸣，锣鼓喧天里，我穿戴整齐，佩戴了党徽和工牌，把目光投向了家乡的方向——青州市。那是青隆村镇银行主发起行的所在地——青州市驼山中路3188号的青州农商银行，是我们的根据地。那一刻，我的心回了家。精诚所至，金石为开，开业当年年底，东阿青隆村镇银行存贷款余额均达到了1.1亿元。

## 感恩生活，热爱工作，奋斗在路上

每一次的成长和成功，都离不开不懈的努力，离不开农商银行这个大家庭给予的指引与鼓励。每一次的浴火重生，让我更加坚信：“无论遇到多么难的事情，只要迎难而上，勇担当、勤作为，总会有解决难题的办法。”我想，组织既然派我来，就是让我来解决问题的。一个人最重要的素质是责任心，青州农商银行将这么重要的工作交给我，我一定全身心地投入进去。当我把遇到有挑战的事情努力完成了，我就觉得特别高兴，特别踏实，我以工作中取得的成绩为乐。

在工作中我始终怀着一颗知恩、感恩的心，始终保持着昂扬的精神风貌和饱满的工作热情，全心全意投入到工作中。事业上的全身心投入，离不开家庭的支持。这几年在家的时间少了，家中上有老下有小，虽然很少有时间照顾家里，但是我时刻提醒自己做一名孝顺的儿子、合格的丈夫、优秀的父亲。家庭是幸福的源泉，要成就一番事业，离不开家庭的支持，家庭是大后方，后方安定幸福，家庭成员方能放手去拼搏、去奋斗。家庭永远是我坚实的后盾。所有的成功，更离不开农商银行大家庭这个平台，没有平台的支持，什么目标也无法实现，职业理想更是无稽之谈。“不积跬步，无以至千里。不积小流，无以成江河”，一分耕耘一分收获，幸福是奋斗出来的，奋斗永远在路上。

# 未曾忘记的初心

潘明祥

转眼间，我来到青州农商银行人力资源部从事专职党务工作已经一年零两个月了。

在人生的长河中，一年很短，但它所蕴含的内容却一点也不少。对大自然来说，有春夏秋冬的交替，有风霜雨雪的洗礼；而我们这些银行人又何尝没有体味酸甜苦辣个中滋味呢?

想想自己刚刚从事党务工作之初，面对纷至沓来的工作任务，就像自己当年初次踏进农商银行的大门时一样，有模糊的印象，也有无所适从的迷茫；有陌生的感觉，更有想走近它、熟悉它的冲动。除了自己可能没有谁能够更加清楚地知道，这一年多来我到底干了些什么。因为党务工作更多的都是一些抽象的、看不见摸不着的东西，甚至琐碎得让自己、也让期初一时没有找到感觉的人不胜其烦，它不会像各项业务指标一样可以量化，冲刺一把，用数字就能表达出来。但是我却分明从中看到了这一年来的变化，也体验到了这些变化带给我的欣慰和喜悦。

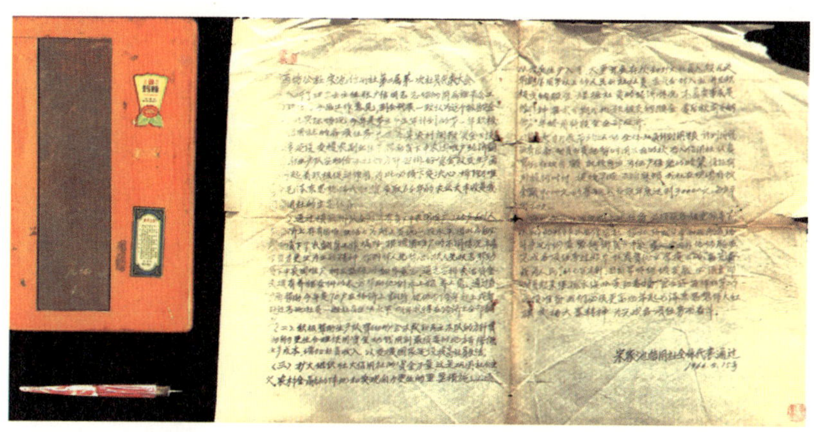

20世纪50～80年代的刻板刻笔及刻印材料

每当我看到广大党员在“两学一做”学习教育中发生的巨大变化，他们的党务知识从近乎“零基础”到对党的知识能够耳熟能详的时候，我感觉我的付出是值得的；

每当我接到基层党支部的党务工作人员打来的咨询电话时，我真切地感受到他们情真意切、孜孜以求的工作热情；

每当我看到基层党支部创出自己的党建品牌，亮出自己的支部特色，党建引领业务发展再上新台阶的时候，我所有的疲惫都会一扫而光；

每当我听到领导和同事们对我的工作许以肯定的声音的时候，我走下去的信心和决心就会更加坚定！老牛自知夕阳晚，不待扬鞭自奋蹄，一股内生的动力常常在激励着我。

1992年12月11日，这是我入党的日子，是我的“政治生日”。回想当年自己在参加工作的第二个年头，向敬爱的党组织递交了入党申请书，自己在入党志愿书上郑重地写道：拥护党的领导，加入党的组织，已成为我长期以来的政治信仰和坚定不移的追求……立志成为党的人，要为党的事业奋斗终生。

这也就是我加入中国共产党的初心吧。

时值端午节，又想起了屈原的一句诗——亦余心之所善兮，虽九死其尤未悔！是的，29年的奋斗路，已经让我把自己一生的信念都融入了农商银行的事业中。我坚信，在行党委的领导下，我们青州农商银行必定能够在党的建设引领下，在鲜红党旗的召唤下，上下一心、豪情满怀地走出一条转型发展的辉煌之路。

今天，我很欣慰，因为，我未曾忘记自己的初心。

# 又到一年供暖时

王爱华

那年，我刚刚任职青州农商银行恒元支行行长，本来心细的我却忘了一个重要环节。我清晰地记得那是2013年11月15日，正值供暖的日子，我摸了摸所有的暖气片，竟都是凉的！和街坊邻居一打听才知道，所有的沿街房根本没有暖气管道！当时我就懊恼不已，责怪自己没有早一点去落实这个问题，但是无济于事了："今年是用不上了，明年务必把接通暖气管道作为一项重点工作来抓！"

春华秋实又一年，很快便到了2014年的8月，我立即着手张罗供暖事宜。首先把预算报送行总部，得到了行总部领导的大力支持。接下来的工作，却不是那么顺利了，可谓费尽周折：找物业公司、业主委员会、开发商、建筑商、热电公司以及热电公司的上级集团公司……每个单位再要找不同的部门负责人。这个找人的具体过程不像现在的"一次办好"，毋庸置疑地遇到了四处碰壁和推诿扯皮。我是一个不轻易服输的人，但现在回想起来，那确实是我至今办得最艰难的一件事了。拿着印满了8个鲜红印章的请示报告，我激动极了，心想这下可好了，终于可以动工了。

然而，最让我头疼的事却刚刚开始，挖管道要经过36户业主的门前，他们有的在楼前种了菜园，有的用水泥围了小花坛，有的还在门前焊上了单扛……各种各样的障碍，完全超出了我的想象。硬着头皮、耐下性子，我开始挨家挨户地上门做工作，根据每户的实际情况给他们带上不同的礼物。好话说尽，并视不同情况对其中的个别户主进行了经济赔偿，但是却有两户业主啥原因也没有就是不同意，也不当面和你谈。这个事前前后后又过了一个月，邻居以及员工看到我的被动和为难，不禁劝道：“王行长，算了吧，别生这个气了，反正你又在这里待不了几年，操这个心干吗？”可我当时便想：“这房子是我们行里买下来的，恒元

20世纪60年代政治学习班学员合影

支行这个网点要在这里待很多年，我们要给客户和员工提供更好的环境啊，这件事再难也不能放弃！”功夫不负有心人，终于在好心人的劝说和帮助下，36户业主全部通过！

接下来就是挖管道了。天啊！不是挖断光缆就是挖断电线，上门吵闹的业主此起彼伏……我天天赔礼道歉……“千淘万漉虽辛苦，吹尽狂沙始到金”，终究跑完了所有的部门，终于安抚下了所有的业主，能想到的想不到的困难也都一点点克服了，工程也恰恰赶在送暖气前完工，我才长长地舒了一口气。那真是一个庞杂和烦琐的工程，虽然消耗了很多精力，但我的心中盈满了感动：有舍就有得，从此以后所有的客户和员工都享受到温暖了……2014年，那是我对未来的冬天许下的温暖！站在2018年的冬天，回首往事，那是我留给岁月的温暖！

2016年的冬天，我又来到现在的云河支行。看到营业室的柜员轮流背靠在暖气片上，才知道营业室内就一片暖气片，温度低到办业务都拿不出手。我看在眼里急在心里，但也只能等到供暖停止后才找人加装了暖气片。好几个朋友都说：“你怎么和暖气结缘了，到哪个网点也和暖气较劲儿。”还真是，我就和暖气“杠”上了，就在2018年10月份，青州卷烟厂又通知改管道，这次房东找的施工队简直又给我出了个大难题！都送暖一星期多了，整个网点的暖气片竟有一半是凉的，这暖气真成了我的心病。星期天关门就担心会不会漏水，暖气是否都热了，每天上班第一件事就是去摸每一片暖气，然后打电话找施工人员。结果并不尽如人意，修好上面的，下面的凉了，修好里面的，外面的凉了，这样持续了6天，工人都不接我电话了！哭笑不得、欲哭无泪啊……眼看着天越来越冷，员工穿着大棉袄，前来办理的客户也在抱怨太冷，毕竟空调的温度是和暖气没法比的。没办法，楼上楼下跑着试、屋里屋外跑着问，到邻居商铺去问、去学人家的办法，一天跑几十趟也毫不夸张……终于功夫不负有心人，终于整个云河支行都笼罩在了一片暖意之中！

经过这几次大工程，同事们都笑着说："王行长是个修暖气的高手，以后再坏了都不用花钱找外援了……"又到一年供暖时，我心想："暖气不仅暖身体更暖人心，不可不重视。"

古青大地寒意浓，街上行人颤寒声。

农商有暖喜迎客，数九寒冬热融融。

# 刘金旺 老百姓对美好生活的向往 就是我们农商行人奋斗的目标

“同志啊，我家里计划着弄个蔬菜大棚，我能贷款吗？”2018年寒冬腊月的一天傍晚，青州市高柳镇闻家村的老徐见青州农商银行的“红马甲”们正在自己村里进行“普惠金融”宣传，便驻足询问高柳支行信贷人员刘金旺、李凯旗。

经过双方深入交流，刘金旺一行了解到老徐近几年一直靠打零工为生，妻子种着几亩薄田，家庭收入微薄，考虑到家里两个孩子的生活费、学费等家庭开支较大，仅靠这点收入是无法贴补家用的，看见同村村民的大棚种植西葫芦“挣了些钱”，甚是眼馋。老徐点上一根旱烟，深深地吸了一口，眼神里流露出对“美好生活的向往”。他情绪低落地说：“在村里我们家就属于低等收入水平，早些年我和老伴考虑得不长远，那时候建个蔬菜大棚成本很低，现在的人工费、水泥柱、钢管……想想都觉得挺后悔的。”

不忘初心，牢记使命，扎根“三农”，服务百姓。“红马甲”们

20世纪50～70年代的马灯

听了老徐的一番心里话，知道了老徐的“决心”，恰与青州农商银行人的“不忘初心”无缝吻合。高柳支行行长刘金旺感触颇大，从老徐那恳切的眼神中深感“普惠金融”和“乡村振兴”的伟大时代意义，便向老徐讲解了农民自主创业贴息贷款的办理流程及青州农商银行现代金融服务的绿色、快捷、阳光理念。老徐听了以后，甚是感动。高柳支行信贷人员第一时间为老徐办理农民自主创业贴息贷款10万元，为圆老徐的自主创业梦雪中送炭。有了原始资金，老徐和家人一起迅速动工开始了蔬菜大鹏的筹建工作。现在，老徐的蔬菜大棚里已经结满了西葫芦和辣椒。青州农商银行“红马甲”们再见老徐时，他正和老伴用摩托三轮车载了满满3筐西葫芦赶往菜市场，脸上不再是迷茫和愁云不展，而是满满的忙碌和收获的喜悦。

正如同习近平总书记提出的，“人民对美好生活的向往就是我们的奋斗目标”。像老徐这样，想提高生活水平的家庭在当地还有很多，没有深入一线的调查研究，根本就不了解当前广大老百姓的心声和诉求。为此，结合当地实际情况，高柳支行党支部组织相关人员进行了专门的调查，并及时召开了支部党员会议。会上，支部书记刘金旺要求党支部充分发挥战斗堡垒作用，每一名党员就是一面旗帜，全体党员要发挥好先锋模范带头作用，以点带面，带领全体员工切实服务好当地的老百姓，并积极协同地方

政府部门助力“乡村振兴”战略的实施，同时大力宣传青州农村商业银行“普惠金融”知识，让当地老百姓更加充分地了解金融知识并能够转化为农村经济发展的助推器，以此来提高当地广大农民的家庭收入水平。截至2019年一季度，青州农商银行高柳支行仅发放农民自主创业贴息贷款就达110户，金额1400万元，强有力地支持了当地农村经济的快速转型发展，助推“乡村振兴”战略全面实施。

# 我眼中的『国子』

孔祥仁

“国子”是一个人的名字，我从来没有见过他，但经常会记起他，在我心里，他就像我的一位老朋友。

几年前，妻子有好长时间没有工作，厌烦了在家里赋闲的日子，不顾我的反对，自告奋勇地约了几个姐妹去打工，最后在一个建筑公司找了一份打零工的工作。一段时间下来，妻子面孔晒黑了不少，可是精神比当初闲在家里的时候好了很多。晚上回家，我也多了一份事做，那便是听妻子滔滔不绝地讲工地上的琐碎见闻。这些事情，虽然妻子讲得起劲，但我并不是全然感兴趣，为了哄妻子开心，只好一边做自己的事，不忘随声附和那么一两句：“啊，挺好的。”在妻子的口述中，提到不少工地上各种人的名字，有打工的，也有工头、老板，让我印象最深的是一个叫“国子”的小伙子。

从妻子的讲述中我知道国子是临朐县人，家在离县城很远的山区农村，家境不算好，刚结婚不久，小两口儿一块出来打工，吃住都在工地上，一个多月才回一趟老家。他有一辆半旧的摩托车，国子亲切地称它是

“我的驴儿”，回老家的时候，国子就用这辆摩托车载着他漂亮的新娘子，还有简单的行囊，风尘仆仆地奔回去。

国子是工地上的电工，虽然没有多高的文化，但是学事儿快，为人聪明，电脑、电器等都在行，又对同事们热情，所以大家都喜欢他，每个人都是他的好朋友。妻子笑着说：“我们最喜欢听国子在工地上讲——让开，看我的！”工地上每当大家遇到什么难事儿，或是重力气活儿，都会听到国子讲这句话。在国子看来，没有他解决不了的难事儿。大家觉得同他一起干活，就多了一份开心，多了一份安全感，心里更有了主心骨。

虽然不曾谋面，但是国子的形象在我脑海中愈发清晰，我想他应该有着结实的臂膀、红黑的脸膛、浓密的胡子茬、机灵的眼睛，还有安全帽下孩子般腼腆朴实的笑容，工地上随处可以看见他忙碌的身影。就是这样平凡得不能再平凡的一个小伙子，让我生出许多感慨。无疑，国子是农村涌入城市无数个打工者中的普通一员，他的工作和生活甚至让我们许多所谓的“白领”们不屑一顾，但他们在工作中流露出了比我们更多的对生活的热情，拥有着比我们更多的平凡的快乐以及积极的心态。他们正用自己的汗水，抒写属于自己的奋斗篇章；他们怀揣着对工作的满腔热情，努力向着人生目标迈

20世纪80年代的业务印章（组图）

进；他们更像一丛丛生命力极强的野花，在阳光下美丽地绽开。

国子就是用这样一种热情、一种上进，鼓舞着我。我们在工作中，同样会面临许许多多的压力，紧张、失望等坏情绪会不时袭扰我们，但这些正是我们生活的一部分，我们不能回避，只有脚踏实地，把握现在，以积极向上的心态去对待工作和生活，才会有丰硕的收获。也许我们目前的工作并不起眼，但只要我们认认真真去做，一点一滴积累，就一定会取得成绩。有这样一句话：你对生活微笑，那么生活也会对你微笑。何不像国子那样带着热情、微笑着去工作，面对困难和挑战，满怀信心和担当地笑道：“让开，看我的！”

# 写给儿子的信

季秋苓

你把故事讲给我听，我总结给你一句成语。

你说妈妈是世界上最漂亮的妈妈！我说那是“子不嫌母丑，狗不嫌家贫”。

你说想跟妈妈体验上班，我带你晚上一起加班。我加班，你写作业，完工一起回家吃饭！

你说想去旅游，我带你跨过山和大海，感受春暖花开！

我爱拍照，你当我的模特，也学会了拍照。

我爱做饭，你总说这是你吃过最好的饭。

我需要你帮忙，你嘟囔着：“自己的事情自己做，妈妈的事情帮着做！”开心地跟在我后面。

生活让我们学会了付出、感恩，教给我们如何寻找快乐！我总说你是家里最忙的人，忙着学习、学特长、表演、考级、比赛。我们也经历着“不写作业母慈子孝，一写作业鸡飞狗跳”，但你依旧喜欢问我各种问题，问到我无言以对！背不过的诗句你总是让我用白话讲给你听。我们走过这座城市的大街小巷，只为借着月光与灯光，体验人生百味。在古街的青石路上，找寻“重重叠叠上瑶台，几度呼童扫不开”的浪漫情怀；借早上的晨辉，感受“日照香炉生紫烟”的朦胧美好；借着马术表演，让你感受一代英雄的侠骨柔情！

岁月催人老，可我心依旧年轻。早上6点陪你沿南阳河畔晨跑，你说喜欢骑自行车，要陪我去想去的地方。我喜欢别人问我到底是妈妈还是姐姐，因为不回答才最有意思！头上的白发是岁月的痕迹，可我想让岁月没有痕迹，当我不畏岁月蹉跎，岁月能奈我何？

你的童年是我青春的见证！成长路上我们是母子，也是朋友。

“女子本弱，为母则强”只因——“大道至简，大爱无边……”

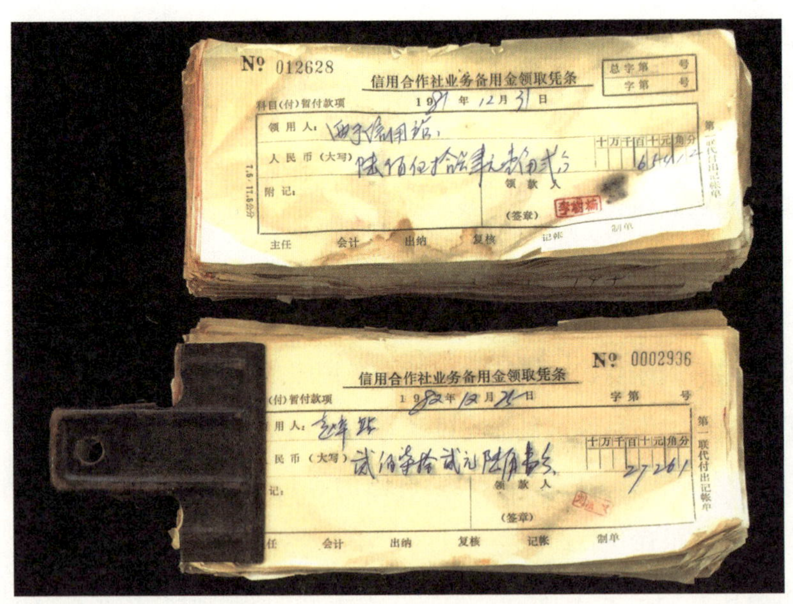


20世纪80年代的备用金领取凭条

# 胸怀『三农』大地 携手播种未来

房凯

“请A1号客户到1号窗口……”伴随着每天清晨大厅里的第一声叫号声响起，青州农商银行各支行便开始了一天的营业工作。如此日复一日，年复一年，每天的工作重复度很高，但每天发生的农信故事却是鲜活的。我们与往来的客户素不相识，但是在点滴的交往中，竟与客户建立起了胜似亲人般的感情。以王坟支行为例，从20世纪50年代开始，王坟支行便深深地扎根于青州市西南部的山涧脊背，成为联系王坟镇101个行政村最好的金融纽带、农村金融主力军，而方圆229.6平方千米的老百姓，也成为当地农商银行成长、发展、壮大的一线见证者。

## 一场雪中忆一场雨

今天，漫天飞舞的雪花寄语祥瑞，我伫立雪中，忆起那场百年不遇的暴雨……2018年8月19日，青州古城遭遇了百年不遇的暴雨，顷刻间山洪呼啸！堤坝毁了，庄稼淹了，桥梁冲了，房子倒了，河水横流，村成泽国！王坟镇损失严重！不少村民的身份证、银行卡、存折和存单在洪水中遗失。洪水过后，当地老百姓们扎堆式地来到网点补办凭证，但是很多人已经记不清丢失的是哪张存单或者存折了，柜员们只能先查出客户名下的账户，再与客户进行确认，确认无误后再逐一进行挂失补发。最初大家还担心自己的钱找不回来了，直到我们将崭新的存单和存折递到客户手中时，他们才真正松了一口气。看到客户露出满意的笑容，那一刻，我更加深刻地理解了“扎根三农，服务百姓”的含义。再后来，也有幸运的客户在水中找回了自己的部分现金，但是纸币早已黏在一起、面目全非了。记忆犹新的是一位客户带着15000元的“泥水”现金来到柜台前，非常不好意思地对我们说：“我实在数不清了，你们帮忙给数数吧，有多少算多少吧，哎……”临柜同事丝毫没有犹豫，连水带泥地接过客户递进来的纸币。钱上的泥水弄脏了她的工作服，平时特别爱干净的她没有抱怨、没有退缩，用抽纸一点点将纸币的泥擦拭干净，再认真地辨别每一张纸币的真伪。其他同事忙完手头的工作，也纷纷来帮忙，终于耗时1个小时大家才将现金点清，数目比客户预想的还多出1000多元。当客户向我们真挚地说出“辛苦了”三个字时，大家的疲惫瞬间烟消云散。

## 傍晚斜阳撒温情

这天傍晚，已经过了营业时间，大家进入结账状态，准备查库。这时候一位年轻人火急火燎地赶了进来，焦急的情绪让他手忙脚乱、语无伦次：“请问下班了吗，家里有急事着急用钱！麻烦您……打扰您这一次……”他的声音中透着无比的焦虑，这时候临柜柜员纷纷向他喊道：“来我这里吧！”“快来我这里吧，别着急，还没下班！”大家赶紧收过他的存折，打开自己的库箱，以最快的速度为他取出现金。柜员们的和颜悦色、高效服务让年轻人的情绪很快稳定下来。他嘴里不停地说着“谢谢”，直到走

出大厅门口，他还在一步一回头地向我们招手致谢。那个傍晚的斜阳里透着温暖……

## 相随相伴共成长

2018年10月6日，全省新一代核心银行系统正式上线。而在上线的前几天，由于暂停对外办理业务，许多客户的业务不能办理，大家只能耐心地向客户解释。让我们感动的是，客户不仅没有抱怨，还体谅我们加班的辛苦。新系统上线后，部分短信通的客户由于手机号码没有通过验证不能收到短信，一次在为一位客户验证完手机号后，同事建议他存取款来试验能否收到短信，让人意想不到的是，客户爽朗一笑："在你们这存了十多年钱了，我无条件信任你们！"这句话让我们充满了感激和鼓舞。

王大哥是我们王坟支行的协理员，在附近的村里很有威望，他十几年如一日地为村民提供金融服务，也是我们大家的老朋友。新系统上线后他

庆祝中华人民共和国成立50周年歌咏比赛

第一次来报账，按往常习惯填好了单据。当我们告诉他已经不用填单据的时候，他笑着说："那可省了我不少麻烦，以后报账就更方便了，这新系统真先进！"等业务办完，新的A5单据打印出来，王大哥习惯性地接过去核对，边看边赞不绝口："几张单据合并成一张，工作效率提高了，金额、利息显示在一张单据上，一目了然，凭证无纸化节约了纸张，更环保，这是响应了习总书记的绿水青山就是金山银山啊！"其实，王大哥的话也是我们的心里话。

青州农商银行是联系农民最好的金融纽带。胸怀"三农"大地，它来源于农民，根植于"三农"，这样一个土生土长、历尽沧桑、极具中国特色的金融群体，始终扎根农村，立足"三农"，陪伴在每一位客户的身边。而我们身边的每一位客户也都见证了农商银行的成长壮大，我们一路相随，携手播种未来！记得曾有一句让人十分暖心的话：愿你三冬暖，愿你春不寒，愿你天黑有灯、下雨有伞，愿你独闯的日子里不觉孤单，愿你一路上有农商相伴！

# 生在农信　长在农信

张旭波

时光荏苒，岁月从指缝中悄然逝去。转眼间，我已在农信度过了七载春秋。回忆往昔，自2013年以来，我先后从事了综合柜员、信贷内勤、客户经理的工作，直到公司金融事业一部客户经理。当经历成为背景，我已在这片农信的土地上收获、成长，告别了曾经的稚嫩、羞涩，收获了勇敢与坚强。农信给予我的、教会我的，远远超出了我所付出的。我在这里成长，在这里工作，也在这里学会了感恩。

## 耳濡目染“解”责任

我的父母都是农信人，我从小生活在农信大家庭中。记得那是1997年，父亲因工作调动，全家也随之搬迁到朱良信用社家属院。那会儿父母总是频繁开会，不记得有多少个夜晚，自己写完作业后就在家中默默等待父母回来。那是小学三年级的一天，晚上9点多钟，父母都还没有回家，饥肠辘辘的我感到了无助和孤独。无奈之下，我照着平日里父母的样子，做了人生中的第一顿饭——蒸大米。连同那半生不熟的米粒一起咽下的还有迷惑和不解：为什么我的爸爸妈妈总是这样忙呢？2002年，我上小学六年级，全家再次搬迁到王府信用社家属院，由于父母上下班距离较远，每天都是早出晚归，很多时候一天都见不上父亲一面，所以自己很小便学会了独立，自己吃饭，自己上学，一直持续到高中毕业。

大学毕业后，我像父亲一样加入了农信这个大家庭，才算是真正理解了父亲：正是对工作的那份执着与责任，才让他疏于对家庭的照顾，舍小家、顾大家。父亲身上那种对工作的热情、责任心，深深地感染了我，成为我学习、尊敬的榜样。如列夫·托尔斯泰所说："一个人若没有热情，他将一事无成，而热情的基点正是责任心。"我想自己作为一名信贷人员，更要有爱岗、惜岗意识，立足本职岗位，脚踏实地地做好工作，这样才能真正做到敬业。

## 剥茧抽丝"知"学习

学习是每个人成长进步的阶梯，学习更是青年人的首要任务、精神追求。

在2015年潍坊市银行业业务技能比赛中，原参赛团队在经过近两个月的集中训练之后，突然接到上级部门通知——"参赛人员中必须有一名青年员工"。全行从10多个青年员工中层层选拔，我有幸获得参赛机会。初到训练场地，沙沙的点钞声和嗒嗒的键盘敲击声，让我感到前所未有的焦虑。由于没有参与集中训练，所以整个备赛的过程，我更加注重多层次、全方位地学习，经常向业务技能熟练的前辈进行请教，下班后更是利用一切可以利用的时间开展技能学习。每天的训练从早上8点到晚上9点半，一地的捆钞条都是每天与时间赛跑的证据。还记得时任人力资源部的王总不止一次安慰我："不要有太大的压力，你年轻，又是第一次参加比赛，这次

山东省农行系统
全省“双红”表彰大会
出席证

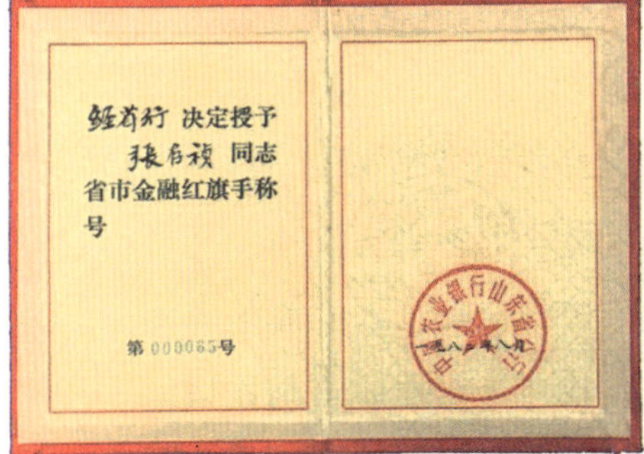


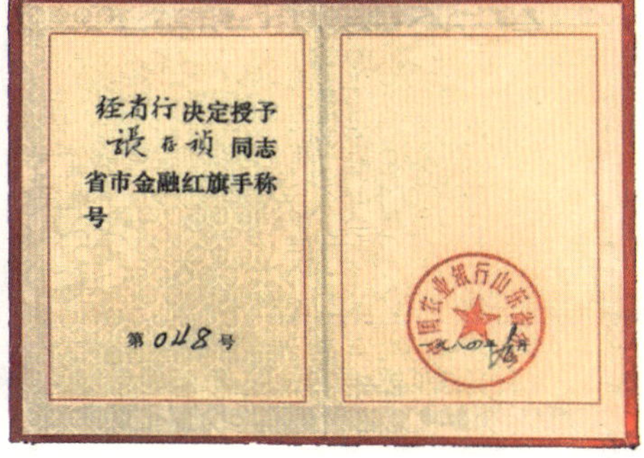


20世纪80年代的省级金融红旗手证书

去比赛，主要是感受下比赛氛围，为明年的比赛做准备，保持一颗平常心最重要。”最终通过坚持不懈地学习、训练，功夫不负苦心人，我在技能比赛中取得了优异的成绩。

通过技能比赛我明白了要干一行、爱一行、钻一行，加强业务的学习、技能的训练，掌握金融发展新趋势、新方法、新手段，努力成为适应创新发展的行家里手。

在日常的工作中，我同样懂得了加强宏观政策学习的重要性。作为一名信贷人员更应了解国际国内经济金融发展形势，掌握金融法律法规，增强大局把握能力。明辨是非，学会思考，善于分析，正确抉择，不断校正自己的思想和行为，做到见贤思齐，见不贤而内自省。学会融会贯通，善于把自己的所学、所思转化为指导实践、提高工作水平的能力，让学习成为指引人生方向、推动事业发展的动力。我们只有通过不断学习，才能不断提升自身素养，只有做到不断地积累沉淀，才能厚积薄发。

## 循序渐进“懂”感恩

儿时的自己常常听父母说道：“信用社是咱们全家的衣食父母。”是的，除了得到应得的劳动报酬以外，我想我更要感谢企业的栽培，感谢青州农商银行伴我成长的兄弟姐妹们，让我走到今天，能够在渴望已久的岗位上得到锻炼和成长，执着并热爱着它，我想说这是无比充实和幸福的。

2017年9月的一天，我在信贷内勤岗位上忙碌地整理贷款资料，突然接到人事调动通知——到公司一部担任客户经理。惊喜的同时，也隐约感到了压力。面对陌生的工作岗位，自己要一切从零学起，业务流程、与客户沟通等工作无一不考验着我。但在重重考验与磨砺之下，却有幸结识了一群乐于助人的领导与同事，特别是任大哥和许行长更是不吝赐教。每当

我遇到业务上的困难与瓶颈，他们总是耐心给我讲解解决办法，教会我与企业、客户沟通的技巧。在一点一滴的学习中，我也逐渐熟悉了业务，工作也步入正轨。俗话说“一饭之恩，当永世不忘”，心怀感恩，领导和同事对我的帮助，我一刻都不能忘，唯有与大家携手为农信的发展奉献出自己的力量。

七年时光，转瞬即逝，很庆幸我又回到了农信这个大家庭，就好似我不曾离开。回家的感觉，真好，我又有机会直接报效家园，把平日里学习到的经验知识、工作方法更好地运用到为农村金融服务中去，用真心和汗水回报这个温暖的大家庭。身为家庭的一员，我就是主人翁，身为家庭的一员，我必须和这个家荣辱与共！春华秋实，岁月如歌。在家庭的呵护下、在家人的陪伴下，我们每一个农信人都在成长。不谈感谢，不说感恩，因为千言万语也不足以表达我们对家的热爱。此时此刻，只想给家一个深深的祝福，一个不用言语表达、不用音乐烘托、不因时光流逝而消散的祝福！这个祝福珍藏记忆，定格农信往日的辉煌！这个祝福充满深情，感谢全体家人的一路同行！这个祝福充满期待，守望农信明日的荣光！

# 一丝不苟为客户

江玉涵

从咿呀学语到老年迟暮，每个人都会在时光的流逝中慢慢度过一生。而在这个旅途中，亲情、爱情、家庭、事业无疑是构成我们人生的重要元素。我是多么幸运啊，在美好的青春时期，走进了青州农商银行，与我相随一生的事业相遇。又想，在有限的时光里，做值得骄傲的事情，等我们终有一日老去时，忆往昔，仍可以热泪盈眶，是一件幸福的事情。同样，在我们身边，又有那么多为农商银行事业贡献自己青春的人……

我们大王支行的大堂引导员名叫江玉涵，我们都习惯叫她小江。近日，小江刚休完产假回来，宝宝不足7个月，由于单位离家太远，她中午是没有时间回去给孩子喂奶的，只能是把喂奶时间延迟到下午下班。这天下午下班时间到了，小江刚要起身离开，只见一位老大娘颤颤巍巍地走进营业厅。大娘不会使用叫号机，估计按密码写字都很困难。小江见状立马放下手里的包，把大娘扶进来，给大娘叫了号，然后详细询问大娘要办理什么业务。待了解到大娘要转存存单时，她又留下来帮助大娘按密码、填写单据、按手印……

没一会儿她的电话响了，只听见孩子在电话那头哇哇大哭，她草草地安慰了几句便挂了电话。可是那一刻，我在营业室里隔着一层玻璃，明显看到了小江作为一名年轻妈妈脸上流露出来的不安。直到大娘办完业务，把大娘送出营业室的大门，看着大娘离开了，小江才匆匆地回家。

说到银行，安全意识是每个人都必不可少的，从业两年的小江也不例外。记得有一次，行里连续来了三四组大额转账的人，每组都有五人左右，警惕性极高的小江即刻绷紧了弦儿。她认真地询问客户转账用途是什么，但客户并没有正面回应她，她就又问随行的其他人，同样没有得到正面的答复。在责任心的驱动下，小江质问了他们是哪个村儿的，随后便给那个村的协理员打电话询问大额转账的原因，最后得知是村里人在买卖房产。了解了原因，小江才算放了心，一步步为客户拿单据、倒水，尽心地服务。

发生在小江身上的一幕幕，是我在工作中所见的最寻常不过的小事，而这样的小事，正在我们身边不断地发生着。

这就是我们身边的农信人，这就是我们农信人的美好故事。

20世纪90年代歌咏大赛场景

# 农商银行 我们的家

李柏万

想写点自己与农商银行的故事，却提笔忘字，陷入沉思……二十几年前，镇上唯一一座三层的建筑——农村信用社的营业大楼，肃穆、庄重，让人心生向往。1995年的夏天，我幸运地走进了它。从此，我的人生便与“农信之家”结下了宿命般的“归属之缘”。现如今，这个“家”早已发生了全方位、历史性的变化，日益发展壮大为服务“三农”的农村金融主力军。伴随和见证彼此的成长，我也由懵懂少年迈入了不惑，心中盈满了感慨、感动和感激。当我隆重地开启记忆之门，点点滴滴的往事汇成星辰大海，有些过往随着年龄渐长，已经变得模糊不清，也有清晰的人和事历历在目、历久弥新，在灿若星辰的宇宙洪荒里发出最耀眼的光亮。我尊崇和追随着自己的初心，仿佛成为一个逆生长的孩子，顺着那耀眼的光亮回到了从前的时光……

## 雪中送炭——没齿难忘的恩情

王坟镇西股村是生我养我的小山村，它景色秀美，但土地却并不肥沃。家中祖祖辈辈务农，清贫的底色似是早已奠定。1995年，我参加工作，临时工，每月领160元工资。“山环水抱必有气”，每天蹬着“大金鹿”自行车上下班，驰骋在简单的快乐里。那会儿，像单位领导一样骑一辆摩托车是我的第一个小目标。行里的老大哥、老大姐见我工作勤快，又照顾我家里经济困难，在工作、生活上对我都格外关怀。再后来，行里把一辆停用的摩托车以几百元的价格转卖给我。我清晰地记得，当时花了67元钱对它进行了精心维修，它成为我人生中第一辆“坐骑”。虽然不好看，但毕竟不用每天费力脚蹬自行车往返那20多里山地了，我对单位领导的照顾特别感激。更清晰地记得每到年底，我总是幸运地被列在“困难职工”的名单里。每临近年关，我都会把几百元的困难补助交给母亲。那一刻，耕耘在山涧土地上的母亲，总是双手把钱接过去，充满了仪式感。她的脸上流露出的感恩之情，成为寒冬腊月里我最初最暖的记忆，信用社这个“家”没齿难忘的恩情深深烙印在我的心里。

## 元旦印记——农信发展的见证

刚参加工作的那些年月，没有电脑。年终决算很重要的一项工作便是核打手工“底根”（用复印纸手写存单，其中留存用来核对账务的一联）。营业室用来取暖的都是火炉，火炉上永远有一壶沸腾的热水，到中午就变成了一锅炖白菜。有同事在做饭，其他人都在用算盘打着满抽屉的底根，一打就是几天。就这样，我们像一家人过日子一样“跨年”，这是最初的元旦印记。再后来，我成了大社的会计，虽然有了电脑打印存单，但是年底业务状况表、损益表、各种计提、利润分配等都是手工活儿，A3

纸的报表手工统计制作完，再一个数一个数抄在表格里，一册册装订起来元月一号上报，所以元旦前一晚基本是不睡觉的。到现在，所有的基层支行，都配齐了现代化的办公设备，报表通过系统自动生成，过元旦就成了一个支行大家庭的“年会”了。每逢元旦，大家都聚在一起包饺子、做美食、话家常，一家人其乐融融地分享着一年的收获和喜悦！不断更新的元旦“跨年”方式，见证了农商银行几十年的飞速发展变迁，而像我这一代的农商银行人，共同经历了农商银行从弱小散乱到众志成城、齐头并进的辉煌发展历程！

## 练习业务——苦中有乐的成长

代代相传、进门有师父，是农商银行66年发展史上贯穿始终的优良传统。初入职场，白纸一张。经验比较丰富的老同事便手把手教我们点钞、打算盘、敲键盘，年轻的新生代更是满怀敬畏地学习。苦练技能是我们每个员工应当具备的基本素养，回想自己比较乐意练的是珠算。刚参加工作那几年，我主动请缨“承包”了所有的午间值班，特别是夏季值班时间长，我充分利用这段时间练珠算加减乘除。虽然练珠算是个苦差事，单调乏味，但在当时一个老同事的教导帮助下，也是苦中有乐、小有成绩，在当时青州市组织的业务技术比赛中曾多次获奖，先后取得过翻打百笔传票第三名、第四名等，获得手工计算贷款利息第一名等成绩。随着科技的发展，这些比赛项目都取消了，但是每每忆起当时在农信这个“家”里和同事们一起学业务、练技术，心里还是暖暖的。正是在那些最初的职场岁月里，敬爱的同事们教会了我怎么学习、怎么做业务，教会了我潜心努力、返璞归真，更教会了我欲成事先做人的道理！

## 只要努力——“家”里就有你的舞台

随着工作时间的增长，在农商银行这个大家庭中我也在不断成长。我的抽屉里多了一份份属于自己的“红色收藏”：优秀柜员、先进个人、业务技术比赛获奖……几十本沉甸甸的证书，是我一路走来最珍贵的藏品，它们也在无声地提醒我：在农商银行这个温暖的大家庭里，只要努力就有舞台……

十几年前，从外地调来青州一位陈姓副行长，分管内控会计业务。他了解到我的业务情况后，破例让在基层工作的我参加了潍坊市联社组织的年底业务评价和大检查（以往都是从行总部抽调）。在外地检查期间，行里竞聘会计主管，陈行长让当时的办公室主任转告我报名参加竞聘，办公室主任电话里也一再劝我：“这是领导对你的赏识，务必珍惜！”或许是我太过卑微又太倔强，认为自己还是一名临时工、没有管理经验、不够资格，最终我没有报名。后来通过支行领导知道，当时那位老领导对我没报名深感惋惜……这是第一次与管理岗位失之交臂。

信用合作发展书籍

当我在基层信用社轮转了所有的内勤岗位之后，又先后从事了资产管理岗、个人和公司客户经理等所有外勤岗位后，我参加了人生中的第一次竞聘。现场脱稿演讲竞聘、现场公布分数，几十个报名的人中共有六个名额入围。清楚地记得演讲竞聘后的那个下午，我和同事一同赶赴村里召开商户信用联盟会议。休会期间，一位平时关系要好的同事悄悄问我："上午竞聘得怎么样，找关系了没？"我如实地回答他："没找关系，不过演讲得分现场公布，我是第五名呢！"这位同事听后看了看我，只说了一句："有百分之五的希望！"我的心顿时凉了一半，心想：同事没好意思说没有一点希望是给我留面子了。但是，就在我们在村里还没有忙完的时候，手机响了，看到竞聘结果公示的同事打来的："柏万，你通过了！第五名！"经过行党委的最终评议和公正判决，我以总得分第五名入围公示了……心中充满了激动和感慨，就这样我走上了中层副职的岗位。

带着对农商银行这个大家庭的无限感恩，走上管理岗位后，我兢兢业业、刻苦工作着，一天、两天，一个月、两个月……

半年后，有一次参加为期两天的全行管理人员学习会。第一天会议结束，傍晚时大家都在会场外散步，这时人事部总经理点了我们六个人的名字说召开紧急会议。当时我心里就"咯噔"一下，心跳加速：人事科召集开会要干吗呢？在迷惑中，领导宣读了对一行六人的人事调整决定："经行党委研究决定……李柏万同志在**支行主持工作……"当时都不敢相信自己的耳朵，这是真的吗？！就这样，"稀里糊涂"的我走上了中层正职的岗位。

几次亲身经历，深深烙在了脑海中。我感受到的不再只是农商银行这个"家"的温暖，而是更多的感动：即便是像我这样干了十几年临时工的"草根"，也可以在这里获得机会，因为在农信这个"家"里只要你努力，就有你的舞台！

## 生死救援——“家庭成员”的默契

那是在我担任支行行长后，一个寒冷的早晨，像往常一样我和同事们一起晨训，这时发现一个客户经理没来参加。因为同事们之间彼此关系都非常融洽，各自家庭情况都很了解，知道这位客户经理血压很高，有过脑出血经历，这段时间家人出差，家里没人照顾。我的心里立刻掠过一丝担忧，但晨训结束后，我必须马上开车赶往几十千米外的行总部参加会议，会议期间还需关闭手机。散会后，我即刻开机给另一位客户经理李太堂打电话，得知这位客户经理还没去单位，顿时有种不祥的预感！我提高了分贝叮嘱李太堂：“你立即去他家！如果车在，家里大门关着，你就撞开门进去看看！抓紧时间！”没几分钟，李太堂便风驰电掣般赶过去，给我打回电话时焦急万分：他撞开门后看到这位客户经理躺在床边的水泥地上，口吐白沫，浑身冰凉……马上，李太堂拨打了急救电话并喊来邻居帮忙。我一边往回赶一边联系了当地医院院长，紧急派出一位医生前往查看。时任会计主管曹传友也立即准备好了一万元现金准备就医用，其他同事也在第一时间赶往现场参加救援……经过及时抢救，我们的这位“家人”终于脱离了生命危险，在成功地做了脑出血手术后，身体开始慢慢恢复。危急关头，每位同事默契配合、积极贡献力量，这是农商银行这个大“家”平时温馨、和谐、友善的“家”文化的体现和缩影，正是这种“家”文化影响了一代又一代农商银行人，薪火相传，生生不息！

## 感恩农商银行——这个养育我的“家”

回首自己参加工作以来，从临时工起，每天骑着“大金鹿”自行车赶20多里山地上下班，到以后买了当时自己想都不敢想的城里的房子，再后来还买了汽车……这一切的一切都是得益于农商银行这个“家”！20多年来农商银行就如同我的衣食父母，毫无保留地养育着我这个来自大山深处的孩子。

在第一个支行主持工作后，我与所有同事们一道努力打拼，与员工一起划分卫生区，一起打扫卫生，一起下乡宣传，一起外出收贷款……因为我们都把农商银行当成了家，我们过着“一家人的日子”。上天也给了我丰厚的回报，主持工作三年间所在支行每年都是考核前几名，我也被评为潍坊市级优秀支行行长。因岗位轮换，三年后我被调到县城周边一个支行，我继续发扬着艰苦奋斗的工作作风，到年底这个一直排名落后的支行也进入了前十名。转过年底，我便被派到了青隆村镇银行工作。陌生的同事、陌生的地域环境给了我很大挑战。如今已在村镇银行工作几年，期间的经历让自己看到了自身存在的很多缺点和不足，面对困难和挑战自己还有很多要学习的东西。但我始终相信，有青州农商银行这个“家”作为主发起行，它是那般强大，在背后默默支持、关怀、帮助着我们，无论是发起行还是青隆村镇银行，我们都有坚定的信心，我们一定会迎来更加辉煌灿烂的明天！

有一份工作就要懂得感恩。在农商银行这个温暖大“家”中工作，更要学会感恩！感恩是一种心态，感恩是一份豁达！我会永远怀着一颗感恩的心，在温暖的农商银行这个大“家”里，用感恩去为人、用感恩去做事，因为是这个“家”给予了我、教会了我、成全了我……

# 一条农信路 三代农信情

郝志平

时光荏苒，岁月如梭，转眼间农信走过了66载的发展历程。66年风云变幻，66年感恩同行。我出生在一个农信之家，我的爷爷、我的父亲还有我都是农信人。我们一家三代人像是接力赛一样用亲身经历见证了农信社从无到有、从小到大、从弱到强的发展史。

信用社发展初期，条件艰苦。从我记事起，爷爷便总背着一个粗布背包，骑着叮当响的自行车走街串户，顶风冒雪，走东村、串西屯。入股、存款、放贷、收息，金额大多都是几元几角。几十年如一日，爷爷的足迹踏遍了千家万户，汗水洒遍了每村每庄，他用实际行动践行着一个老农信员工的职责。爷爷也常常教育我："这是当年农信人的'大挎包时代'。"也正是特殊艰苦的环境下，铸就了农信人勤劳、朴实、正直、善良且甘于默默奉献的敬业精神，这是激励几代人艰苦奋斗的精神财富。

受爷爷的影响，耳濡目染的父亲接过了"接力棒"，与农信社结下了不解之缘，成为我们家第二代农信人。也正是在那个时代，我也伴随着信用社一起成长。童年的记忆中，逢年过节，父亲不是在值班守库，就是在年终决算，几乎很少陪在家人身边。年少时的我很不理解，总是跟在父亲身后追问，“爸，你为什么总是有那么多工作？为什么你不能像别人的爸爸一样陪在孩子身边？”父亲总是笑着拍拍我的头，语重心长地说：“孩子，银行工作马虎不得，必须做到分毫不差啊。”从爷爷到父亲，农信人的责任与担当，渗透着我的童年。他们对工作认真负责的态度，也在潜移默化中感染着我，影响着我的人生观和价值观。当我慢慢长大，身高高过了柜台，我也被柜台里精神饱满的叔叔阿姨们深深地感染着，幼小的心灵充满着对这份工作的羡慕和向往，我暗自发誓，长大后我也要来这个地方工作。

终于在2009年12月的一天，我有幸也成为青州农村信用社的一员，正式成为我们家第三代农信人。出生于农信世家的我，因为从小受爷爷和父亲的影响，对“农业、农村、农民”有着深刻的理解。2009～2018年，在这9年间，我牢记父辈的教诲。父亲曾跟我讲过，农信有“三铁”（铁钱、铁账、铁算盘），一说起来感觉很自豪，于是我从最基层的柜员做起，每天点钞、算盘、小键盘是必修课，把基本功练好，在全行第三届业务技术比赛中，获得青年组单指单张、挑错两项第一名。我对自己经手的每一笔业务都反复核对，做到分毫不差。后来我走上了信贷岗位，管辖6个村庄和宜佳商贸城、泓德物流园，截止到2018年11月底，管理贷款户数310户，贷款余额1.05亿元。在老一辈农信人“挎包精神”的影响下，在我行开展双增工程的有利契机下，我牢固树立农村商业银行“不忘初心，牢记使命，扎根三农、服务百姓”的理念，充分发挥“背包下乡”的传统作风，通过开展“进村入户”普惠金融活动，全面走访传统农户、外出务工人员、新型农村经营主体，广泛建立档案，全面掌握客户需求，综合营销金融产品，努力改进金融服务，为镇域经济发展提供强有力的金融支撑，

20世纪60年代桃园公社金融干部合影

同时认真地对待自己所经手的每一笔业务，以确保我行信贷资金不受损失。试想人生能有几个9年，回首往事，我不会忘记这9年的基层积累，也正是这9年成就了当下的我。任岁月流逝，不管是欢乐还是悲伤，不管是成功还是失败，我都将用自己的实际行动，满怀“农信情怀”，传承“挎包精神”。

三代人，走的是一条路。虽然每代人的境遇不同，但共同的是对农信事业的特殊情缘。昔日破旧的桌椅早已不复存在，曾经简陋的办公室如今也已是宽敞明亮……但是亘古不变、历久弥新的是农信精神的世代传承！

# 解析冀德芳的揽存经

王敏

“孙总，生日快乐！一点心意请笑纳……”烛光交辉映甜蜜，鲜花绚丽送芬芳，冬日里诚挚的祝福，让整个生日现场弥漫着温馨和暖意。这是朱良支行东朱良村农金员冀德芳正在参加存款大户生日现场的一个场景。送鲜花、送蛋糕……这样送祝福的场景她每年都要参加很多次，这不仅加深了与客户之间的感情，也大大提高了客户的回头率和关注度。“我有一个笔记本，专门记录存款大户的联系方式、住址、生日等内容……”周到、热情的服务赢得了广大客户的赞许。冀德芳自2010年任青州农商银行农金员以来，稳打稳扎，截至2018年11月存款余额已经达到9513万元，其中仅2018年前两个月就新增存款1400多万元，实现了首季开门红，为全年工作打下了坚实的基础。2018年，冀德芳“协理存款余额”“协理存款年度增长”两项考核指标排名稳居全行前十名，连续三年被评为青州农商银行“五星级农金员”。

## 维护老客户“精心用心”

在日常工作中，心细的她对每一名客户的每一笔存款都做了详细的记录，并做好为储户保密的工作。存款到期前一个月会带上小礼物去客户家做好存款续存工作，并根据客户的存款余额总量把客户大体划分为贵宾客户、优良客户、一般客户三类。对贵宾客户重点走访，使存量客户的到期续存率始终保持较高比例。

## 获取新客户“从心开始”

邻居张大娘常年身体不好，儿子在外地工作不能经常回家。平日里张大娘由老伴照料，最近老伴也因突发脑梗生病住院无法照顾张大娘。冀德芳得知这一消息后主动请缨，来到大娘家做饭、打扫卫生，并且把张大娘换下的衣服带回家，洗完再给送回去，抚慰孤独寂寞、缓解垂垂老矣，直到两位老人的生活恢复到往日的平静。张大娘的儿子非常感激，带了礼物到冀德芳家里，并拿出红包感谢，都被她婉言拒绝了。于是，前来谢恩的人主动到朱良支行开了账户，给冀德芳完任务、帮她做宣传，发动亲朋好友找她办业务。

## 坚持优服务“尽心悉心”

服务无止境，为方便客户她主动做好上门收款服务。镇区内有一家汽配门市部，冀德芳了解到老板业务繁忙没时间去银行存款，她便白天固定时间去门市部上门收款，帮客户将当天收入及时存入我行。为方便客户收付款，又陪同客户到支行开立了网银、手机银行、“V付”等一系列产品，让客户体验到农商银行快捷的结算方式，受到了客户的赞誉。还有一次，一位客户急需进货但钱还没凑够，正着急凑钱，这时冀德芳正好来收款，便帮助其在农商宝上发放贷款，客户连连称赞农商银行，解决了客户的燃眉之急。客户说：“现在的农商银行已经不是我心目中十年前的样子了，太方便了，真正能为老百姓服务，以后所有的业务都到农商行办。”仅几个月的时间该客户在我行定期存款已超过100万元。

一幢沿街的三层楼，一声客气的问候，一张微笑的脸庞，忙碌的身影穿梭于千家万户，平凡而简单中贯穿着对客户心贴心的服务，饱含着她对农金员工作的无限热爱。当又问起明年的存款目标时，心直口快的她说：“越多越好，争取存款余额尽快过亿吧！”

2000年信用社员工合影

感恩铸就自身进步，感恩助力企业成长。

感恩需要的不是豪言壮语，不是信誓旦旦地表态，而是实实在在的行动和充满爱的心。我们感谢父母的生养之恩，感谢朋友的帮助之恩，感谢老师的教导之恩，感谢领导的知遇之恩，感谢企业的培养之恩……感恩让你看到的不仅是生活的美好，更是积极向上的人生态度。

同样，企业也需要感恩，感谢员工的贡献、感谢社会的支持、感谢同行的帮助、感谢竞争者的促进……感恩让企业能够始终保持着创新的动力和正确的方向。

仔细想想，生活本身就是一个感恩的过程，我们每一个人都应该有一颗感恩之心，无论是在你成功完成项目时、和同事们快乐地交谈时、获得升职和加薪时，还是出现失误时……人只有懂得感恩才能发现生活的色彩，也只有在懂得感恩的群体中才能体会工作的快乐。

处处感恩，于是，处处美丽。

开拓不止，路也无尽。感恩之心为开拓者注满前行的力量。身后是脚印，前方是太阳。不必徘徊顾盼，只管用力前行！

# 传承时代精神　激扬青春梦想

张鹏飞

苏格拉底曾经说过，世界上最幸福的事情，莫过于为自己的梦想而奋斗。梦想是什么？梦想是陡峭的山峰，需要经过一路的攀登，才能看到最壮美的风景；梦想是艳丽的红缎，需要经过一路的奔跑，才能收获冲刺的喜悦；梦想是远航的目的地，需要经过一路的风雨，才能到达成功的彼岸。每一个人都拥有自己的梦想，有的梦想已经实现，有的梦想仍需要我们努力地追求。但在追逐梦想的过程中，那辛勤努力的汗水、孜孜不倦的精神、持之以恒的付出，却永不停息。

农商银行，是一方培育梦想、浇灌梦想、成就梦想、激扬梦想的沃土，她为每一位员工提供了展示才干、实现抱负的舞台，在这美丽的地方，我们即使只是一颗螺丝钉、一株小草，也会感到无比的光荣和骄傲。

我非常喜欢这样一句话："成功需要动力，缺少动力的成功是短暂的；动力需要精神，精神的动力是永恒的！"是啊，唯有永不枯竭的精神力量，才可以支持我们走得更远，才可以让平凡的生命焕发出别样的精彩！

精神如此重要，那么，这种精神到底是什么呢？我认为，这种精神就是爱！诗人艾青说："为什么我的眼里常含热泪，因为我对这片土地爱得深沉。"确实，因为对农商银行的爱，我们孜孜进取、上下求索；因为对农商银行的爱，我们不断丰富自己、完善自己、超越自己；因为对农商银行的爱，我们关注农业、农村、农民，而这些也让我们倍感温暖。

在乡镇网点工作的同事都知道，每到月末，总有一群老人成群结队地涌向柜台，他们有的支取新农保，有的支取粮食补助。老人们对金融知识不了解，每次来取钱，密码反反复复都按不对，他们中的很多人都不认识字，拿到我们递过去的凭证，看半天都不知道要做什么。刚开始的时候，我的心情还是有些烦躁的，每天花大量的时间和精力来重复解释同样的问题。然而当看到老人用他们那已经干枯的双手，颤颤巍巍地拿到钱后高兴的样子，听

20世纪90年代青州农信联社开业庆典场景

20世纪70年代的存折

到老人们夸我们农商银行做了件大好事时，我突然有一种前所未有的成就感，工作中的一点疲惫感也瞬间烟消云散了。这时候我在想，我们的梦想又何尝不是从此时做起呢！？

其实，这样的事情有很多，不过是在平凡生活中，一个普通农商银行人做得最平常的事。当淳朴善良的农民享受到我们提供的优质金融服务，当数以千计的客户露出满意的笑容，我们就是为实现“百年农商梦”做出了贡献！虽然报纸上没有每一位员工的名字，镁光灯下没有每一位员工的身影，但是我们依然自豪，因为我与同事将青春融入了农商银行事业，我们的梦想在此悄然绽放，绽放在了每位客户微笑的嘴角和眉梢！

我们喜欢编织多姿的梦幻，让生活披上绚丽的彩霞，用热情去驱逐阴霾，用双手去开创未来。沐浴着新时代的阳光雨露，奔驰在建设小康社会的大道上，我们播种青春的理想。现在，我们国家比历史上任何时期都更接近实现中华民族伟大复兴的梦想，我们农商银行也比历史上任何时期都更接近创建一流金融机构的目标。我们也将用这双平凡的手，以党的十九大精神为指引，为农商银行的辉煌加薪助燃，为实现个人梦想而奋力拼搏！志存高远，脚踏实地，勤勉尽责，扎实工作，为实现创建一流的金融机构而努力奋斗！

# 张海霞
# 小中有大·大爱无疆

## 人中·感爱

前些日子因为一篇《独处的顿悟》与一家24小时书店结缘。

以文会友，也因此结识了一位同样爱好文字并颇有才情的女子——暮央。但是在书店后期组织的“红袖添香夜读书”活动中，作为同期出现的两位，我却先于她被荣幸地邀为开讲人。究其原因，想来也只不过是职业身份的缘故吧，她是一个自由职业者，而活动方择优考虑了我金融工作者的身份。这是在得到薪水报酬之外，我所热爱的农商银行给予我的一种社会角色，于是活动开场便感激地亮明了自己的职业身份：“各位老友新朋晚上好，我是来自青州农商银行的张海霞，映文化复古的思潮……”当我自信从容地说出这句话时，便感知到这是企业所给我的一种无价的财富。想必各位出门在外也会常常被问：“你从事哪方面工作？在哪里上班？”诸如此类的问题，是政府、学校、金融还是个体？无论答案是什么，在对方的脑海中这是一种被定格的社会角色。而我作为农商银行中最普通、最基层的一名职工已然感受到集体赐予我的爱的力量，使我在这大千世界中行走时被尊重，更不用说农商银行为我们提供了一个决定未来发展的平台和实现个人成才梦想的平台了。我们都应该心存感激，感激企业与我们个体的共融。当你时刻提醒自己的社会角色时，那么热爱工作便不再是一种说教，它会是再自然不过的事情，从而会更加认真工作，在工作中不断地提高业绩，同时收获快乐，一举数得，何乐而不为？

这是一个小场景，我是一个小人物，小中有大，大爱无疆。

## 余生·馈爱

休假结束，从个人生活回到集体工作中。那是再平常不过的一个下午。

会计主管在装订月份档案，我在旁边学习如何更好地“穿针引线”。一张纸有12个孔，他习惯每5个孔打一个结，在即将完成一本的装订后，突然他发现有一个结是隔了4个孔打的结。他决定立刻拆掉去重新做这件事情。言传身教中的他幽默地补充道：“我有强迫症，其实你订几个孔都可以。”此话深深地将我触动，是的，他说得很有道理，4个孔和5个孔打结除了视觉上有细微的不整齐外不影响任何装订效果，更何况线上面还要另加骑缝的封条。难道是他真的有强迫症吗？当然不是。他只是对工作严苛要求，对工作不求“过得去”而求“过得硬”，对工作细节追求极致的完美。这只是他在热爱工作的意识驱动下尽职尽责的一个小场景，工作没有做到极致，会自觉地主动返工，细到再细，精到再精，好到再好，直到完美。我想他一定是同我一样感受到了农商银行对于他的爱，他不过是在回馈这份爱，并将这个回馈的过程展现得如此淋漓尽致。

全球畅销书作家朗达·拜恩说：“吸引力法则就是爱的法则。”是的，我已经深深地感受到主管对工作的这种爱……

同你们多数人一样，我自认为走出象牙塔的时间不长不短，不过是经过了人生的几个春夏秋冬之轮回。几年时光带走的有憧憬也有迷茫，今天我依然满怀着青春的气息，怀揣着沉甸甸的梦想和信念提笔写下这些文字。首先，我感谢农商银行给予我机会，让我能在渴望已久的岗位上得到锻炼和成长。我执着并热爱着它，内心是如此的坦荡与激昂，这种难以名状的兴奋与紧张也充实在每一个工作的小细节中。就我所在的支行来讲，以“零钱多”闻名于业界，当我时刻饱含馈爱之心时，便深刻地认识到这些零钱的意义。它们是一种凝结，它们是集市上卖干果的老大爷给批发商的货款，它们是小摊上卖花生的年轻夫妇五毛钱一块钱收来的货款，它们是交运公司的叔叔阿姨每月领的工资……这些零钱浸透了劳动者的汗水，更让我领悟到“血汗钱”三个字的意思，来之不易。所以这些劳动者更加可爱，更应该得到呵护，得到爱。当我体悟到小钱之中存在的大爱并满怀馈爱之心去完成清点时，我收获的是一份坦荡，客户收获的是一份尊重，集体收获的是一份口碑，而国家收获的是一份民安。

人生本就是一场修行。《论语·尧曰第十二》中“子曰：君子无众寡，无大小，无敢慢，斯不亦泰而不骄乎？”意思是：君子无论多少，无论大小，都不敢怠慢，无论我们从事什么样的工作、身处什么岗位，都把修行融入当下的工作中。历事炼性，对人炼心，尽我们的责任和义务做好我们应该承担的一切。把服务的对象当作我们的父母，关心他们，帮助他们，理解他们，体谅他们，全心全意做好每一件事情，做客户的公仆，为他们服务。当我们怀着强烈的馈爱之心不求任何回报地去工作、去给予的时候，会历练自我的心性、提高自我层次、增长自我智慧，这是一种德的体现，我们会因此得到更多的快乐，同时促使我们的事业、我们的生活、我们的一切都顺利。

亲爱的伙伴，韶华易逝，相信在农商银行这座熔炉的冶炼下，我同你一样会做一个有决心、有恒心、有信心的人；做一个学识广博、视野开阔、勇于创新、敢于拼搏的未来人和世界人，在成长的道路上我们一起携手，在未来的日子里伴随彼此经历欢乐和风雨，对文化和金融事业执着追求。把青春交付于伟大的使命吧！化馈爱之心为当下的力量，在不断提高业务技能的同时，时刻提升我们的思想层次，为实现自己崇高的职业理想而不断奋斗。相信只有在平凡岗位上做出不平凡业绩，才能够生动诠释出中国人民为实现中华民族伟大复兴砥砺奋进的崇高价值追求和宝贵精神品格。在永无止境的追求进步中，以优异的成绩向祖国的七十华诞献礼！

# 初心不改　芳华永存

李　茜

喜欢陶渊明的诗，更喜欢在静静地诵读中体悟其中的道理。“及时当勉励，岁月不待人。”26年，如白驹过隙，每每读到此句，百感交集，思绪便会追溯到刚刚参加工作时的那些年景。

回想起第一次穿上工作制服时的喜悦，回想起第一次计算利息正确付款无误紧张过后的兴奋，回想第一次单独结账账务轧平时的雀跃，回想起寒冬跟前辈年度终了手写存单底根的艰辛，回想起和同事们一起分享年终结算顺利过渡时的快乐……一幕幕浮现在眼前，无言又情深意浓，贴心又充满力量。

我深深地热爱着自己所从事的农商银行事业，因为热爱所以执着，因为执着所以快乐。在青州农商银行这方天地里，我由一个不谙世事的青年学生成长为一名有责任心、有担当的业务骨干。我更加深知做一名合格的银行员工不仅意味着荣耀、光鲜、体面，更意味着责任、清苦和艰辛，不仅要面临工作本身带来的压力，而且还要有抵挡外面世界的浮躁喧哗、静下心来做事情的勇气。流年岁月的沉淀里，我学会了更多做人的道理、懂得了更多处事的原则、积累了更多丰富的经验，如此种种都让我受益终身。26年的工作历程，我为脚踏实地努力工作深感欣慰，为在农商银行度过自己的青春芳华感到骄傲。

大时代背景下，银行业较其他行业面临着更大的生存挑战，面对挑战，农商银行人从未退却。看吧！繁忙的集市、喧闹的商场、田间的大棚，更不用说万家灯火点亮的路上，大家不畏艰难、披星戴月、不辞劳累，一次次错过与家人的饭桌团聚，为的是每一笔存款的有效回笼，为的是每一笔贷款本息的顺利回收，因为农商银行是我竭尽全力为之奉献的人生目标，选择了它，奋斗终生、终身不悔。

回首过去，充满感恩。

芳华永存，初心依旧。

相信新时代农商银行事业发展会在我们这一代人的不懈努力下，永远熠熠生辉，生机蓬勃！

# 敬业 乐业 勤业

卜凡

不知不觉加入农商银行已两年多的时间了，能成为农商银行的一员，我感到无比自豪，这种自豪感使我更有激情地投入到工作中。

作为一名进入全新工作环境的青年员工来说，难免还是有点压力。为了能让自己尽早进入工作状态和适应工作环境，我有问题及时请教同事，积极学习工作所需要的各项专业知识，努力提高自己的业务水平。这段时间我学到了很多知识，技术水平也得到了很大提高，过得非常充实和快乐，再累也是值得的！在这里，我要特别感谢帮助过我的领导和同事，正是因为有了他们无微不至的关怀和不厌其烦的帮助，才使我得以尽早从那种紧张情绪中解放出来，使我尽快地适应了环境，全情地投入了工作！因为正如我了解的那样，青州农商银行关心自己的每一个员工，给每一个员工足够的空间展现自己！

我喜欢青州农商银行，也更加敬仰她的历史。对于农商银行来说，2011年具有非凡的意义。这一年，青州农村信用合作联社正式更改为青州农村商业银行，是青州资产规模最大、营业网点最多、服务范围最广的地方金融机构。2016年同样是值得纪念的一年，这一年里，我们提出主题银行的发展思路，排除种种困难，我们拥有了全省第一家主题银行，到2017年，我们相继成立了骑行、儿童、摄影、女子、花卉、苗木、电商，车友等9家主题银行，举办活动1000余次，成功吸引会员5000多人。2017年，“秋收风暴”活动的来袭充分说明：打击“老赖”，我们是认真的。凌晨四五点钟，我们的先进党员突击队在武警同志的帮助下，深入到每位“老赖”的家里，清收回来的表外资产达到 200多万元。我们的先进党员突击队身穿荧光服，整齐的队伍，矫健的步伐，形成了青州夜晚一道道靓丽的风景线。

敬业是奉献的基础，乐业是奉献的前提，勤业是奉献的根本，而青春则是激情奉献的绚丽舞台！ 作为年轻一代，我感到无比的自豪， 因为在我的周围、在我们农商银行系统中，一个个鲜活的事例和榜样激励和促进着我的成长。他们敬业爱岗，开拓创新，无私奉献，用自己的实际行动谱写着一曲曲动人的青春奉献之歌。为了报表的及时上报，他们牺

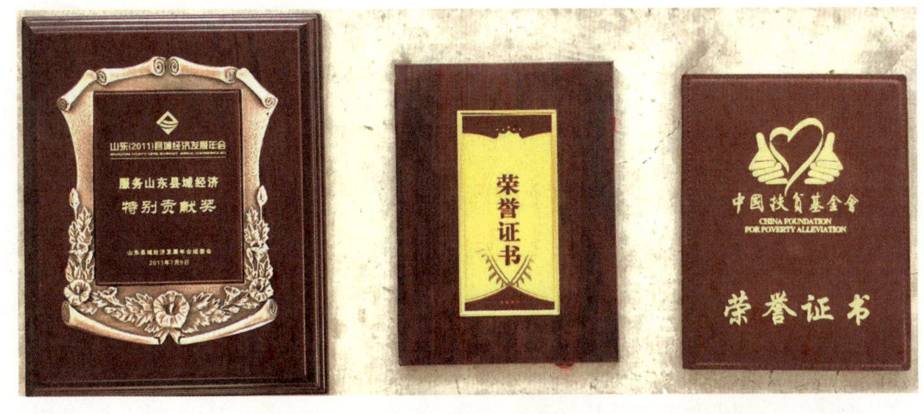


农信社履行社会责任部分获奖证书

牲了多少个节假日；为了调研工作的准确翔实，他们白天下企业走访，晚上挑灯夜战，写出了一篇篇精彩的文章；为了国家金库的安全，他们日夜守卫，丝毫不敢有半点的懈怠；为了新系统的正常运行，下班时间已过很久，单位里依然有他们忙碌不知疲倦的身影。有人累倒在工作岗位上，有人带病坚持工作，有人父母病重尽孝不能，有人孩子年幼无暇照顾……正是因为有了他们无私的奉献，才有了青州农商银行辉煌的成绩，才有了青州农商银行的蒸蒸日上、不断发展！即使用尽所有的加减乘除，也算不尽他们所做的奉献；即使吟遍所有的诗词歌赋，也颂不完他们的敬业之歌！朋友们，在金融事业和青州农商银行工作中，让我们擎起“青春”的火炬，吹响“激情”的号角，高举“奉献”的旗帜，在金融改革大潮中，劈波斩浪，勇往直前，共创青州农村商业银行事业灿烂辉煌的明天！

# 把工作当成一种修行

刘玉平

三尺柜台一片天，日升日落，每天烦琐的工作中，不知不觉走过了8年。遇到过许多的人，也遇到过许多的事，不论悲喜，那些记忆中的人或事，伴着成长变得有些模糊，但我还是想平平淡淡地讲一两件曾发生在自己身边的农信故事。或许，在平凡中不经意间收获一份感动，才是我想分享给大家的吧。

## 认真负责是工作的底色

第一则小故事发生在我第一年入职的实习期间。中午换班的时候，一名李姓客户前来办理定期存款支取业务。李大哥要赶下午1点左右的火车，所以在柜台上有点急躁。我迅速为他办理好了支取业务，却在业务结束时，不小心将应留存的存单并着现金和回单一起交还给了客户。发现错误，及时联系到他，此时他已经赶到了火车站。听我大致讲述了事情的原委，李大哥一口应下来："我这就回去给你送！"很快，风风火火的他将那张已支取的存单送还了回来，急匆匆丢下一句话，“幸亏还来得及，以后仔细点啊，小妹妹”，转身便走了。感谢的话和想为他报销来回车费的话都来不及说，只留下一个远去赶火车的身影深深地刻在我的心田。茫茫人海，一面之缘。这件事之后再也没有见过那位李大哥，但是八年之后的今天再回首，我仍旧自责不已。完全是自己的疏忽，却让客户为自己的过错买了单。感化远胜于教化，我很幸运在入职初期收获了这样一份感动。从那时起，我对工作的意义有了更深一层次的解读：工作，除了认真，更要负责。认真负责是工作的底色。

## 合规守则是工作的保障

第二件让人印象深刻的小故事发生在三年前。一位年轻的女客户要提取一张16万元的存单。存单非客户本人存单，设有密码。该客户拿着存款人和自己的身份证办理，在尝试了五次密码错误后，存单被锁定了。我们在给客户解释需存款人本人持身份证件解锁操作时，客户瞬间变得暴躁起来，反映自己以前遇到过此种情况，只需主管授权便可以多试几次密码。我们苦口婆心地向她解释这是违规操作，但客户不予理会仍坚持办理。我并没有同意办理，因为这显然是不合规定的，最终客户十分不满地离开了柜台。

20世纪80年代的保险柜

故事讲到这里还有续集。当天下午，一位满头白发的老奶奶一脸憔悴地来到柜台，话里带着哭腔，无助又焦虑："闺女，哎呀，你快给我看看啊……"从老人断断续续地讲述中，我了解了事情的原委。原来，上午来柜台试密码的女士是老太太的儿媳，16万元是老人刚拿到的拆迁款，儿媳偷拿了老人的身份证、存单以及老人记密码用的小本子，想把钱提取后占为己有，可惜密码本上的密码太多，儿媳并没有全部试完，才终止了闹剧的发生。我耐心地跟老人说明了情况，最后老人通过挂失补出了新的存单。

从那以后，老奶奶所有的储蓄业务都喜欢来我的柜台办理，老人的一句话曾让我十分感动："多亏闺女你，我的养老钱又回来了，钱存你这，我放心。"感受着老人家的信任，我很庆幸自己坚持了原则，合规办理了业务。这也使我意识到干好这份工作需要的不仅仅是娴熟的业务知识和操作技能，更重要的是你心中得有杆秤，维护自己岗位的规章制度，守住自己的原则。因为每一条规章制度的设立，都有它存在的意义，每一条都是防范风险的有力屏障。

## 在工会中修行

作为一个从业8年的农商银行人，我每天坚守在三尺柜台，接待来来往往的不同客户。要说我这份工作的意义，这样写在纸上略显苍白，而我所得到的和我所失去的，亦是五味杂陈，不知从何处落笔。只能说，若没有遇见农商银行，没有成为农商银行人，就没有这样一场追逐成长的自我完善。工作中，枯燥是有的，烦闷也是会有的，但冰心曾这样说过，"眼因流多泪水而愈益清明，心因饱经忧患而愈益温厚"，在这三尺柜台内，我曾见过些许的人情冷暖，甚至是悲欢离合，能从这样的一个角度直观人性，也是我的意外收获。历事炼性，对人炼心，尽我们的责任和义务做好

我们承担的一切。把服务的对象当作我们的父母，关心他们，帮助他们，理解他们，体谅他们，全心全意做好每一件事情，做客户的公仆，为他们服务。当我们怀着强烈的爱心不求任何回报地去工作、去给予的时候，会历练自我的心性、提高自我层次、增长自我智慧，这是一种德的体现，我们会因此得到无比的快乐，同样促使我们的事业、我们的生活、我们的一切都顺利。所以，这份工作既是安身立命的资本，又何尝不是自我的一场修行！

# 四字真经『诚、勤、细、新』

贾洪洲

随着“乡村振兴战略”的提出,“三农”工作已成为政府工作的重中之重。农商银行作为扎根农村、服务农民、支持农业的主力军，不断为“三农”发展助力推力。农金员作为连接农商银行和乡村的纽带，密切联系城镇与乡村，为破解城乡二元结构、加强农商银行对“三农”的金融资金支持、建设和谐美丽新乡村发挥着巨大的作用。

贾洪洲，男，62岁，身材瘦高，衣着整齐，眼神坚毅睿智，1994年3月1日参加信用社的代办员工作。工作25年来，他始终兢兢业业，勤勤恳恳，在数次青州农商银行业绩评选中名列前茅，也正是因为做到了“权为民所用、情为民所系、利为民所谋”，连续几届被群众推选为村主任，在平凡的岗位上谱写了一曲非凡的奉献之歌。

## 初心不悔，鱼水情深

银行是服务行业，赢得客户的满意至关重要。作为一名行走在乡野

的老农金员，贾洪洲始终认为优质服务是我们的生存之道。从群众中来，到群众中去。在工作中，他以“客户满意，业务发展”为服务目标，以“顾客至上，诚实热情，优质高效”为服务宗旨，以客户的利益为出发点，切实根据客户的要求，安全快捷、准确地办理业务。自走上代办员这个岗位，贾洪洲就意识到一件事：农商银行是在农民中成长的，农民不仅是我们的客户，更是我们的衣食父母。只有他们生活好了，农商银行才能壮大。贾洪洲以此作为自己的座右铭，时刻谨记自己“扎根农村，服务农民，振兴三农”的初心，为建设美丽和谐的乡村尽自己的绵薄之力。

作为服务地方经济发展的主流银行，青州农商银行紧扣国家乡村振兴战略决策部署，提出“十百千万”示范工程，全方位、立体化服务乡村振兴战略。作为一名农金员，贾洪洲深深体会到自身工作的自豪感和责任感。压力之下，他认为当前农金员最紧迫的任务是加强业务学习，努力挖掘自身潜力，不断提高自身能力，做到熟练掌握金融岗位的各项专业知识和业务技能，不骄不躁，勤奋刻苦，将“立足三农，服务百姓”的理念真正内化于心、外化于行，融入日常工作当中。2018年8月，受台风连日强降雨影响，东夏镇受灾严重，贾洪洲看到姜田里水位持续上涨而无法排出，眼睁睁看着即将收获的生姜在雨水中枯死腐烂时，忧心忡忡，心如刀绞。在大雨停歇后，便急匆匆穿上红马甲第一时间上门了解客户信贷资金需求，积极宣传我行的利率优惠措施；及时为我行与受灾农户牵线搭桥；为农户最大限度地提供灾后重建资金支持，确保信贷资金第一时间发放到受灾户手中，尽最大努力为农户排忧解难。历史是勇敢者创造出来的，越是形势严峻复杂，越是需要运筹帷幄。在滔天的洪水面前，贾洪洲真正做到了应势而为，勇于担当，不忘初心，恪守使命，将农商银行救灾贷款的政策优惠送到受灾群众的家中、送到受灾群众的心头，实现了一名优秀的农金员应有的担当和使命。

## 牢记使命，认真负责

工作中，贾洪洲针对服务辖区内的区域经济现状和市场发展趋势，紧紧围绕青州农商银行“双增工程”工作部署，以“标杆村”建设为契机，深入调查研究，立足农区，深耕本地零售市场，大力拓展优质客户。为尽快找准业务突破口，拓展新客户资源，贾洪洲根据市场动态和需求，制订了灵活多样、切实可行的营销计划，提出有针对性的揽存方案，在最大限度规避风险的同时又快又好地为客户办理业务，在政策允许的范围内积极为客户争利益、办实事，提高效率。贾洪洲在日常工作中，时刻牢记使命，始终将客户的事当成自己的事做，事无大小，人无亲疏，他都提供热情周到及时的服务。用穿针引线的功夫，天天走门串户联系存款业务。每日自助终端打印出的小票及时登记在业务办理台账上，并由客户签字确认，日终将一天的业务全部梳理一遍，对每家的存贷款“如数家珍”。

使命重在担当，实干铸就辉煌。“服务三农，振兴乡村”是老村主任辛劳为民的责任，也是一名合格的农商银行农金员的历史使命。贾洪洲牢固树立普惠金融理念，对于支行安排的工作，做到十二分的努力，踏踏实实地做好每一笔业务，勤勤恳恳，周而复始，兢兢业业，一丝不苟，充分发挥自身优势，不脱农、多惠农，以服务“三农”为中心，打好“保质量、提效益、可持续、共发展”的组合拳，不断提升自己的金融服务能力和水平。

## 砥砺前行，辉煌前途

宝剑锋从磨砺出，梅花香自苦寒来。在农商银行坚持把集中连片地区作为主战场，注重整体推进与精准到户，实施以“文明信用户”评定为主

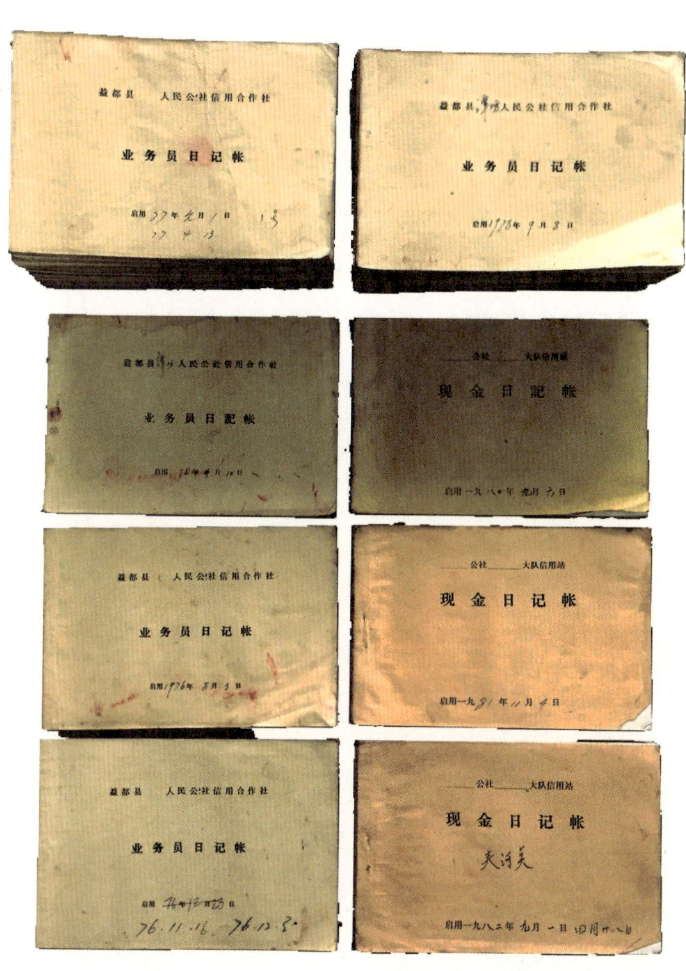


20世纪七八十年代的业务员日记账

要内容的“乡村振兴—文明信用”工程，构建“以文明信用创评为基础、以金融科技为支撑、以普惠金融为目标”的整村授信支农新模式，助力乡村振兴战略背景下，贾洪洲深刻体会到营销没有捷径可走，只能从一点一滴的实践中积累经验。日常工作中，他总是习惯带着一个笔记本，上面密密麻麻映入眼帘的是客户的名字和联系方式。这位“老工匠”甚至将服务拓展领域延伸到农业银行、邮储银行的客户群体。成功之余，贾洪洲意识到要时刻保持居安思危的紧迫感，与时俱进，主动适应市场的变化，持续深入学习领会省市联社、行总部的新政策、新产品，在思想和行动上与省市联社、行总部保持高度一致，不断提高自身业务水平，努力让自己成为农商银行的全能型农金员。

2018年以来，面对竞争日益激烈的金融市场，贾洪洲攻坚克难，深入所在村庄服务范围内的每家每户，入户营销宣传，充分发挥“人熟、

恭賀 新春

中国信合

ZHONG GUO XIN HE

致客户的一封信

尊敬的客户：

您们好！值此新春佳节之际，青州市农村信用社联社党组书记、主任段俊生携全体员工向全市人民问好，向关心支持农村信用社工作的各级领导、新老客户和各界朋友恭贺新春，祝愿您在新的一年里，生活愉快，合家欢聚，万事如意！

如何办理存取款手续

怎样安排孩子们的“压岁钱”

我国习俗，每逢过年，大人总要给孩子们“压岁钱”。随着生活水平的提高，“压岁钱”已由过去的几角、几元上升为拾元、几十元、甚至更多。把它及时存入信用社，不仅可以壮大支农资金力量，更重要的是能够培养孩子们从小养成勤俭节约的好习惯。

信合连万家，满意在农信

青州市农村信用社联社

地址：青州市驼山路188号

20世纪90年代的业务宣传材料

地熟、情况熟”的优势，积极拓展存贷款业务，努力提升自己，从不懈怠。一方面，在服务质量上下功夫，为客户提供优质便捷的上门服务，稳定原有储源，吸引新客户；另一方面，他经常去其他金融网点了解其金融产品，寻找突破点，积极借助手机微信平台，宣传介绍金融知识、大力推介农商银行电子银行、“智e购”等金融产品。通过种种努力，截至2018年年底，贾洪洲的农金员代办站存款5055万元，较同期增长290万元。

## 精准把脉，四字真经

贾洪洲将“努力就一定会收获回报”作为自己的人生信条。他认为想要做透农村市场，就必须摸透农村市场，做农业农民的知心人；沉下心来，踏踏实实为农业、农民办实事，勇于奉献，时时刻刻严格要求自己，急客户所急，想客户所想，把客户的事情当成自己的事来办。

贾洪洲能认真学习中共十九大思想，有较强的政治敏锐性和鉴别力，注重理论联系实际。在实际工作中能较好地贯彻执行党的方针、路线和政策，解决工作中遇到的困难和问题。在业务上，勤于钻研，不断提高专业技术水平和业务素质，并用于日常工作中。实际工作中，他总结出了“诚、勤、细、新”四字真经：“诚”即讲诚信，与客户真诚相待，言行一致，以心换心；“勤”即眼快、口巧、腿勤，善于与客户沟通交流；“细”即对客户细心观察，充分了解，制定周密细致的营销方案；“新”即创新服务方式，最大限度地满足客户的服务需求。只有设身处地为客户着想，彻底改变“坐门等客”的观念，做到主动营销、跑出去营销，才能在营销中锻炼自身能力，实现自己的人生价值，为农商银行事业发展做出积极的贡献。

大鹏之动，非一羽之轻也；骐骥之速，非一足之力也。青州农村商业银行有无数像贾洪洲这样的人，几十年如一日，对业务细节倾尽心血和不懈追求，在平凡的岗位上做着不平凡的事。

新竹高于旧竹枝，全凭老干为扶持。农商银行的发展任重而道远，正是因为存在无数像贾洪洲这样的“旧枝”触动着我们的心灵，激励着我们这代农商人不断坚持、不断成长、不断进步，发扬滴水穿石的韧劲和久久为功的恒心，不忘初心，砥砺前行，以奋斗成就使命，用实干托起梦想，为全面推进青州农商银行健康持续发展而努力奋斗！

# 怀抱青春　放飞梦想

许晓跃

海阔凭鱼跃，天高任鸟飞。从青州农商银行的发展历史来看，总有一些人在坚守着自己的岗位，做着默默无闻的事。他们奉献了自己的青春，在农信这个大舞台上追逐着自己的梦想。他们都是农信最可爱的人。

青春是几个音符，谱写出优美的乐章。2018年的抢险救灾中，王坟支行的员工堪称是最可爱的人，他们每个员工就好比音符，演奏出一首优雅的乐曲。他们不畏艰险，以身作则，宛如一面鲜艳的旗帜屹立不倒。洪水无情，人间有爱。王坟支行红马甲志愿服务队深入艰难险境中，他们为灾区送去物资，给村民带来希望。

青春须早为，岂能长少年。我们要趁着青春年少，去追逐人生梦想。90后内勤员工李梦颖，不仅业务熟练，技能也非常棒。她曾在全省农村商业银行技能比赛中获得过优秀成绩，也曾在全行获得过先进个人等荣誉称号。她借助于农商银行这个舞台，不断努力学习新业务，练习新技能，真正实现了自己的跨越，实现了在农商银行的人生价值。正值青春的她，用动人的旋律谱写了“我的青春我做主”的华丽乐章。

为了准备好核心系统转型升级工作，多少同事放弃休息休假的权利，严格按照上级要求，认真开展系统培训，精心搞好模拟演练。同为农商银行人，他们舍小家、为大家，用对家庭、亲人、朋友的亏欠，换来对单位的奉献和无悔，用自己美好的青春年华，去书写农商银行的华丽篇章。他们同样是最可爱的人。

农商银行是一个大舞台，只有在这个舞台上，我们才能尽情地挥洒热血；农商银行是一片大土地，只有在这片土地上，我们才能倾情地浇灌；农商银行是一望无际的天空，只有在这天空中，我们才能展翅翱翔。付出才有收获。我们把青春献给了农商银行，同样，我们放飞了梦想，梦想逐步实现。

20世纪90年代末至21世纪初的部分相关金融书籍

# 马昆芳 和夜空对话

曾几何时，走过了青葱娇美的豆蔻年华。那时总喜欢和朋友三两结伴，仰望星空，诉说心事。我说：“星星是夜空绽放的花朵。”你说：“辽阔浩瀚的夜空是星星生生不息的海洋……”把心情寄语一轮弯弯的月亮，心想，住在上面的嫦娥姐姐一定在聆听我们的窃窃私语吧？回首从前，别有一番滋味。踏入社会十余年，早已不再那般青涩，不再有那般悠闲的心情徜徉于夜色之中。偶尔也怀念那种种情愫，却又被忙于营生的疲惫所淹没。

那是一个有些闷热的夜晚，刚刚回到家没一会儿，突然间停电了。一瞬间感觉房间比以往都要明亮，顺着明亮，踱步窗前，竟然透过玻璃看到一片深蓝的夜空、一钩莹亮的弦月还有几朵漫步的流云。日常被各种光源包围的我，期遇了一场停电，邂逅了久违的云影月色，不禁惬意满怀！弯月如钩，似乎是缓缓走动的，从容，又不失严谨。它挂在东南的楼角上，被一脊朱瓦托着，轻盈细步，身姿婀娜。月光如妈妈的眼神，柔和之中

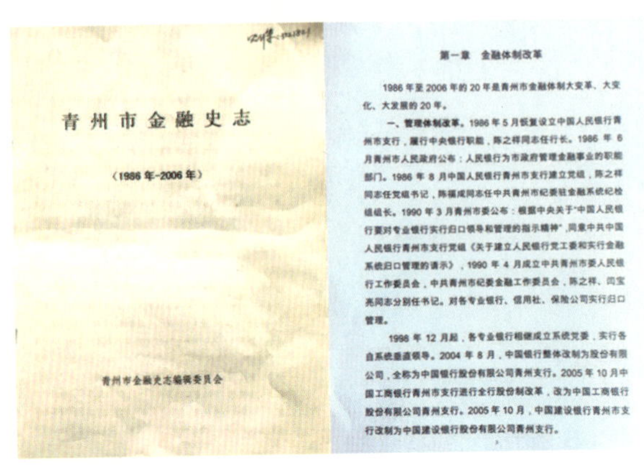

青州市金融史志

（1986年-2006年）

青州市金融史志编纂委员会

## 第一章 金融体制改革

1986年至2006年的20年是青州市金融体制大变革、大变化、大发展的20年。

**一、管理体制改革。**1986年5月恢复设立中国人民银行青州市支行，履行中央银行职能，陈之祥同志任行长。1986年6月青州市人民政府公布：人民银行为市政府管理金融事业的职能部门。1986年8月中国人民银行青州市支行建立党组，陈之祥同志任党组书记，陈福成同志任中共青州市纪委驻金融系统纪检组组长。1990年3月青州市委公布：根据中央关于"中国人民银行要对专业银行实行归口领导和管理的指示精神"，同意中共中国人民银行青州市支行党组《关于建立人民银行党工委和实行金融系统归口管理的请示》，1990年4月成立中共青州市委人民银行工作委员会，中共青州市纪委金融工作委员会，陈之祥、闫宝亮同志分别任书记。对各专业银行、信用社、保险公司实行归口管理。

1998年12月起，各专业银行相继成立系统党委，实行各自系统垂直领导。2004年8月，中国银行整体改制为股份有限公司，全称为中国银行股份有限公司青州支行。2005年10月中国工商银行青州市支行进行全行股份制改革，改为中国工商银行股份有限公司青州支行。2005年10月，中国建设银行青州市支行改制为中国建设银行股份有限公司青州支行。

1986～2006年的青州市金融史志（组图）

带些贤婉，氤氲着，在我的床边流连。这时，几朵秀气的云，仙女一样滑翔，裙纱飘逸，姿态翩然。“云破月来花弄影”，还没到花开缤纷的季节，花影是没有的，只有一株云竹在窗台上，清清秀秀的。天空上的弯月，被云遮了，影蒙蒙，浓淡杂间，是水墨高手的杰作。七八颗星星晶莹如冰，仿佛触手可及。一些云走了，另一些云又纷至沓来，像些专门气人的淘气鬼。我似乎也被它们的顽皮逗乐了，心间漾出了些许笑意。星月当空云飞扬，古人曾把多少诗情画意赋予它的美丽。那时忙也好，闲也好，悲也好，喜也好，古人的心是与远天的星月流云相亲相近的。那份心境，那份依托自然而挥洒纵横的胸怀，令人追慕艳羡不已。如今，脚步匆匆，营营于生的我们，被欲望胀满心里，日常生活已是筋疲力尽，何曾再有那份向天地寻求心灵依托的心绪？

与星月云天美丽对话，我清空了心里的杂质，心情也明朗起来。豁然间懂得，偶尔透过一扇窗游目骋怀，是一件多少美好的事情。在繁重的工作之余，也希望大家一起仰望星空，诉说情愫，拂去心灵上的灰尘，还原一份宁静与清澈！

# 一个柜员的『小确幸』

李永欢

什么是“小确幸”？“小确幸”一词由日本著名作家村上春树发明，翻译家林少华翻译，意思是“微小而又确实的幸福”。“小确幸”面世以来，受到了广大网友的追捧，新生代作家加肥猫甚至将四处收集的“小确幸”写成了书，书名就叫《你好，小确幸》。

我们每个人都相信世界是美好的，生活的道路上有一大堆的“小确幸”，每一枚“小确幸”的持续时间只有几秒，不同的经历带给人们的“小确幸”也不尽相同。农村商业银行的员工也有属于自己的“小确幸”。笔者从事前台服务工作，简单罗列了一些，但愿它们也成为你的“小确幸”。

◎ 早上上班时正好最后一秒通过那个最繁忙的交通路口。

◎ 一个青年客户来到柜台前说：“提20000元钱，整的零的都行！”

◎ 前一客户存入的5000元还没来得及入库，紧接着下一个客户说：“提5000元钱吧。”

20世纪90年代营业场景

◎ 刚刚黏好一张破损的百元币，而且吻合得特别好，好像它未曾断裂。

◎ 去行总部领凭证时，在楼梯口碰见行领导，正不知说什么时，领导先和我打了招呼。

◎ 回到单位清点凭证，发现一张银行卡的尾数是“666”。

◎ 一位中年人办完业务后没有急着离开，说：“你们这里办业务就是快，别的银行哪一天都排队，去一次够一次！改天我把业务都转到你们这里来。”

◎ 一位头发花白的退休教师拿着刚刚打出的存单，看了又看说：“咦？！怎么这利率还不一样，比农行的高啊？”

◎ 超市的收银员换走了10000元零钱，库存里的“小朋友”全出去了。

◎ 傍晚结账，账款相符！关上电脑，听到那声特有的关机音乐。

其实，许许多多的“小确幸”散落在我们工作生活的各个角落，当我们逐一把它们拾起的时候，就找到了最简单的快乐。对桌的康大姐告诉我，所有的“小确幸”一句话就能概括：“每办完一笔业务，客户都能满意地说声‘谢谢’。”前台柜员的工作是紧张忙碌的，我们若只专注于当天能办多少笔业务，一天工作下来就会感到非常累，但我们转变思维，将一颗善于发现“小确幸”的心带入工作中，就被这些“小确幸”所簇拥并为之感动，我们时常会贪恋她们，甘愿沉浸其中，久久回味。

感谢生活中的这些“小确幸”，如果没有它们的点缀，生命只不过是干巴巴的沙漠罢了。

# 为自己喝彩

陈　伟

妈妈已经两个月没有在晚上陪我了，听她说是因为她们银行核心业务系统升级。我不懂什么意思，我只知道我能见到她的时间很少。每天当我入眠的时候她才到家，只有睡梦中才能感受她手心的温暖。我问她为什么要加班，她说要把业务练熟练精，做到最好，才能更好地为客户服务，只有把专业做好才能赢得信任。这大概就像我们小学生做数学题一样，真正地掌握解题方法才能考试取得好成绩吧。有一次我陪她加班，那天晚上她们单位突然停电，我想今晚可以早点回家了，结果看到妈妈和她的同事抬出一个大机器，他们管它叫“发电机”。看着屋子里再次亮起的灯光，妈妈和同事坐在电脑前认真工作的样子，我忽然想起老师最近教给我们的一个词——热爱。那一刻，我觉得热爱工作的人真美。

——一名工龄10年的农商银行员工孩子的感动

20世纪80年代第三期干训班成员合影

今年是儿子参加工作的第一年，入行不久正好赶上农商银行核心系统转型升级。为了能更好地熟悉业务、练习技能，儿子选择住在单位，只有休班才回家。加班的这两个月，他每次回家都晚上10点多，住一晚上第二天又匆匆走了。看着他疲惫的样子，我心疼却也只能拍拍他的肩问他累不累。他笑笑说，没事儿，全省农商银行系统的员工都在加班，等过了这段时间就好了。他告诉我，在加班的这段时期，业务能力每天都在进步，虽然有时候也觉得很累很疲惫，咬咬牙就挺过来了。百舸争流千帆竞，借海扬帆奋者先。新时代的青年就要有昂扬向上、勇往直前的姿态。我知道在农商银行还有许多这样的青年，坚守在核心业务转型升级的岗位上，面对挑战，不畏惧，敢担当。

——一名刚入职3个月的农商银行员工父亲的心声

忙忙碌碌两个月，核心业务培训演练也接近尾声，一直期待早点结束加班的日子，能不慌不忙地在家吃个饭。等这一天快要来的时候，却对两个月的时光，依依不舍。这两个月不断地学习演练，虽然辛苦，但也充实。这两个月我们学习、发现、困惑、惊喜。看着它出现问题我们会着急，每解决一个新困难、学会一项新业务，我们又无比兴奋，这段时间我们在和新系统一起成长。不怕工作的疲惫，只怕空虚的心累。虽然身体偶尔也会受不了，但我知道这段经历会变成职业生涯最美好的回忆。生活忙忙碌碌，我们平凡但不平庸。如果每个不曾起舞的日子是对生命的辜负，那么每个拼搏的今天都是对生命的尊重。

——一名农商银行员工的感悟

每份工作的背后都离不开家人的支持和自己的努力，时光被经历填满才会变成记忆财富。经过核心银行系统升级这段时期的历练，相信我们农商银行会以“长风破浪会有时，直挂云帆济沧海”的斗志迎接新的挑战和机遇。这是我们所有农商银行员工的努力，我们为自己喝彩。

# 胡健

## 要美丽　更要实用

在学生时代，由于要交纳学杂费等，偶尔会去几次银行。在我的记忆中，不论是国有四大行还是股份制银行，给我的印象都差不多：各家银行除了工作人员的服装与办理业务的设备会稍有差异，其余几乎没有什么不同。不过，那次从我们家门前的农商银行王府支行经过，透过玻璃窗看到的银行厅堂立刻便抓住了我的目光。

银行的玻璃窗内悬挂着用白色相框装裱着的各式美丽景色的照片，里面还有摆放着各种书籍的书架，窗台上整齐地摆放着生机勃勃的各种绿植。我心想，难道这里的银行厅堂已经不再办理业务，而是改为了休闲区？由于只是路过，所以也就没有进去一探究竟。

转眼间，我便到了大四毕业找工作的时候，报名了各种校园招聘考试，也经历过了各种面试。最后，我选择了离家相对较近的青州农商银行，成为农商银行的一名员工。入职不久后，由于要办理工资卡，我便去了一趟最近的王府支行。到此为止，我才揭开了青州农商银行主题银行的

20世纪80年代工作人员考察企业场景

神秘面纱。推开银行的玻璃门，映入眼帘的除了之前经过时看到的景象之外，还有整洁的办公环境、热情的服务人员、正在滚动播出的银行宣传片和摆放在桌子上与摄影技巧有关的书籍。通过宣传片，我了解到，青州农商银行王府支行是一家以摄影为主题的特色银行，通过布置一些与摄影有关的物件与相关服务，可以吸引摄影爱好者以及有相关兴趣爱好的顾客，并且可以为他们提供一些摄影方面的专业教学服务。青州农商银行也推出了与之相关的摄影主题银行卡，看起来既美观又实用。那次在王府支行摄影者之家办理业务，我感觉非常温馨，等待时间也缩短了，并没有像在其他银行办理业务时冷冰冰的感觉。

正式进入农商银行工作了一段时间后，我对于青州农商银行主题银行有了进一步深入的了解。除了王府支行摄影者之家之外，还有宝丽支行宝

贝营、北关支行骑行者之家、昭德支行太极主题银行、花园分理处魅力女性主题银行、开发区支行及恒元支行的四点半学校，以及目前正在筹建的其他主题银行。青州农商银行通过自身创新、转型升级，细分客户群体，构建了不同的主题银行，为原来只是办理业务的冷冰冰的银行增添了几分温馨的气氛，拉近了银行与客户的距离。主题银行是青州农商银行在业务创新方面一次成功的尝试，不仅外表美观，而且非常实用，可以为有不同兴趣爱好的客户提供相关的配套服务。用户在去主题银行办理业务的同时，又可以获得额外的收获，是一种“1+1>2”的创新营销模式。

主题银行的构建只是青州农商银行创新转型升级的一个缩影，在银行业竞争日趋激烈以及互联网金融的巨大冲击下，青州农商银行正在采取积极的措施并利用自身优势不断地创新升级。虽然业务创新的路途比较艰辛，但只要不停下探索的脚步，相信青州农商银行的明天一定会越来越好！

# 青春筑梦新征程

李存志

以梦为马，不负韶华，“天上不会掉馅饼，努力奋斗才会梦想成真”，这句话字字铿锵又很接地气。从踏出校门、迈进农商银行的那一刻起，这句话我早已铭记于心。从茫然到踏实，从懵懂到干练，从生疏到专业，农商银行给予我的不仅仅是一个重塑自我的平台，更是一个腾飞自我的跳板。我深谙，脚踏实地，术业专攻，才会飞得更高，走得更远，才会更接近阳光，接近成功。

很多人在抱怨，知易行难，可我却认为真正把微笑、耐心、真诚、服务融为一体并不难。虽然我只是众多农商人中最普通的一员，但我始终把工作上的种种困难疑惑自己消化、克服，把我们农商人最好的一面展示给我们的客户，每一份单子都是对我们的信任，每一个印章都是对我们最高的虔诚。工作虽累，但是乐在其中，同心同德，才是我们农商银行的本色。

不忘初心，方得始终，大美农商，我勇担当。2018年一季度“春天行动”期间，早行动、早部署，全体员工在春节期间，起早贪黑，连续一周全天无休，按照行总部的部署，紧密围绕存款有礼活动，积极拓展存款，

20世纪50年代学习训练班合影

投放贷款，清收不良贷款，各项业务全面发展，在一季度旺季营销活动中取得了不俗的成绩，经营目标责任制全行排名前列。成绩的取得离不开我行员工的共同努力，大家齐心协力，砥砺奋进，以行为家，用热情和汗水铸就农商银行的美好未来。大家的奉献精神也感动了我，我也积极向同事们学习，把我的全部精力都投入到工作中，为我们农商银行的发展贡献自己的力量。

2018年以来，行领导高瞻远瞩，积极响应“乡村振兴战略”和山东省委省政府提出的“新旧动能转换战略”，立足我行实际，提出了青州农商银行新旧动能转换“十二项”措施实施方案，求真务实，共谋发展，积极承担社会责任，把农商银行的发展与国家经济发展、社会进步相结合起来。作为农商银行的一员，我们也应该积极响应。现阶段青州农商银行积极推进“双增工程”，我们支行全体员工，从支行行长、客户经理，到内勤人员、大堂经理认真按照行里的规定，每周三、周五从早8点到晚8点，深入乡村，宣传我行各项贷款政策、贷款品种、“V贷”办贷方式。在田间地头都能看到农商银行的红马甲，在大棚工厂都有农商银行员工的身影，不抽客户一支烟，不喝客户一杯水，不吃客户一顿饭，一切为了客户，一切都方便客户。普惠金融，我们是认真的。这就是我们农商银行，这就是我们农商银行的员工。我们砥砺奋进，用青春筑梦，以梦为马，不负韶华，踏马新征程，走进新时代。

当十几二十几年后我们回头看看，依然无悔现在走过的路。在农商银行，我们有成长，有汗水，有荣誉，有欢笑。当心路里挂满一个个正能量，人生没有理由不闪闪发光。砥砺奋进新时代，青春筑梦新征程。人生是一把刚到手的扑克牌，我庆幸我有一个好的牌面，我庆幸我是农商银行的一员，我愿用青春筑梦，为农商银行的发展贡献力量。

# 王来秀 有付出就有回报

王来秀，青州市高柳镇段村一名平凡却不普通的农民。说他平凡，他和同村的老少爷们并无两样；说不普通，他每年经手的现金上亿元。到底怎么回事？这还要从20多年前说起。

## 这份工作，一干就是23年

1996年，27岁的王来秀接了父亲的班，成了高柳镇农信社的一名代办员。当时的农信社，刚刚与农业银行分门办公、正式脱钩不久，步入了真正自主经营、自负盈亏的时期，要想实现业务快速发展，除了广大员工夜以继日地辛勤付出外，还需要各乡各村代办员的倾力配合。

在王来秀的记忆中，小时候的自己跟着父亲跑遍了十里八乡。炎炎夏日，当村民在家纳凉时，父子俩走在太阳暴晒下的乡间小路上；寒风凛冽，当村民守在火炉旁取暖时，父子俩裹得严严实实，怀里揣着村民的信任与托付，深一脚浅一脚地往信用社赶。不论春夏秋冬，不论雨雪风霜，只要老乡们有需求，父亲就会上门服务。父亲告诉他，这是责任。尽管那时他还不懂，但仍然牢牢记在心里。

当时家里种着不少地，农闲的时候还好说，但在春种秋收农忙的时候，既要照顾地，又要拓展业务，两下都不能耽误，怎么办？只能是自己挤时间。王来秀是个麻利人，忙完家里的农活，就到南邻北舍去，一边帮忙一边拉存款，逐渐的，由他营销来的存款越来越多。

王来秀认为，拉存款靠的是“笨功夫”，就得不撞南墙不回头。正是靠着这股拗劲儿，王来秀的存款余额几乎翻番儿地增长。到2010年以后，由于存款越来越多，收入也越来越高，王来秀索性将家里的地租给他人耕种，和媳妇专心致志拉存款。在两口子的努力下，2013年年初揽存余额达到了0.6亿元，到2015年2月，他的揽存余额突破1亿元大关，到如今，更是达到了1.77亿元，成为全市乃至全省农商银行系统揽存余额最高的农金员。

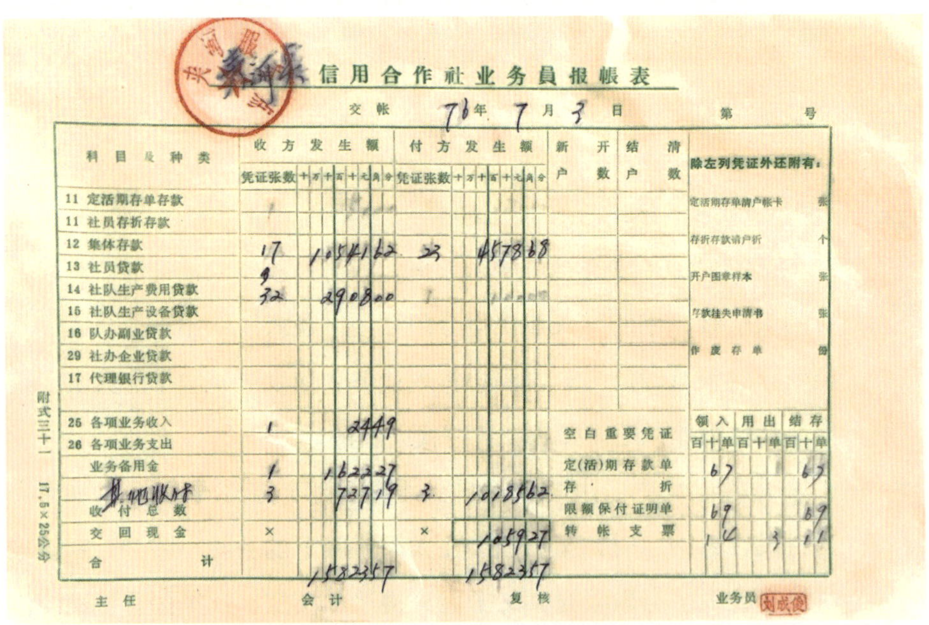

信用合作社业务员报帐表

交帐 76年 7月 3日　　第　号

| 科目及种类 | 收方发生额 凭证张数 | 收方发生额 金额 | 付方发生额 凭证张数 | 付方发生额 金额 | 新开户数 | 结清户数 |
|---|---|---|---|---|---|---|
| 11 定活期存单存款 | | | | | | |
| 11 社员存折存款 | | | | | | |
| 12 集体存款 | 17 | 1054162 | 23 | 457868 | | |
| 13 社员贷款 | | | | | | |
| 14 社队生产费用贷款 | 9 32 | 290800 | | | | |
| 15 社队生产设备贷款 | | | | | | |
| 16 队办副业贷款 | | | | | | |
| 29 社办企业贷款 | | | | | | |
| 17 代理银行贷款 | | | | | | |
| | | | | | | |
| 25 各项业务收入 | 1 | 2449 | | | | |
| 26 各项业务支出 | | | | | | |
| 业务备用金 | 1 | 162227 | | | | |
| 其他收付 | 3 | 72719 | 3 | 1018562 | | |
| 收付总数 | | | | | | |
| 交回现金 | × | | × | 105927 | | |
| 合计 | | 1582357 | | 1582357 | | |

除左列凭证外还附有：

定活期存单清户帐卡　张

存折存款清户折　个

开户图章样本　张

存款挂失申请书　张

作废存单　份

| 空白重要凭证 | 领入 | 用出 | 结存 |
|---|---|---|---|
| 定(活)期存款单 | 67 | | 67 |
| 存折 | | | |
| 限额保付证明单 | 69 | | 69 |
| 转帐支票 | 14 | 3 | 11 |

主任　会计　复核　业务员 刘成俊

附式三十一　17.5×25公分

20世纪70年代的业务员报账表

2016年5月，征得王来秀同意，青州农商银行对他家的沿街房进行了装修改造，不但环境有了质的提升，还增加了“智e购”、信贷客户拓展等新业务，两口子可以说是忙得脚不沾地，就连上大学的女儿也会在学校放假后，回家帮父母的忙。在他们一家人身上，打下了深深的属于农商银行的印记。

王来秀曾不无感慨地说：“感谢农商银行给了我这样一份工作，给我和我的家人带来很多改变。刚开始的时候，还有点怵头，没想到越干越喜欢，这一干呀，就是23年，以后还要继续干下去！”

## 咱就是给乡里乡亲服务的

2016年，青州农商银行召开农金员表彰会议。王来秀再一次被评为优秀农金员，这已经是他第10次获得这项荣誉。会后，在和别的农金员聊天的时候，有的人问：“上一次开农金员大会，你那存款就到了1亿元，听咱农商银行的同志们讲，你是咱潍坊农信系统里面余额最高的，你有什么诀窍吗？”

热情——这就是王来秀的答案。干这个工作没什么诀窍，只要服务到家了，存款自然而言就来了。王来秀回忆起自己刚干农金员那会儿，怎么样才能让大家认可自己，愿意找自己办业务？王来秀一直琢磨这个事，随着工作时间越来越长，王来秀逐渐认识到，要想让大家伙都信任自己，就必须靠热情，尽最大努力帮助大家伙，只有这样，才能得到认可。他是这样想的，也是这样做的。

近年来，蔬菜种植成为青州北部几个乡镇的支柱产业，当地老百姓几乎家家都种蔬菜大棚，王来秀也是这样。每次收菜卖菜的时候，他忙完自己家里的活，就到别人家去帮忙。有人劝他别把自己弄得那么累，王来秀回答说：“我累点没啥，只要能帮到大家伙就行。”就是平常，谁家里有点事需要搭把手，王来秀也是能帮就帮。就这样，一来二去，王来秀得到了老少爷们的信任，在群众中的威信也越来越高，大家也愿意到他这里存钱。为啥？一是放心，二是省事。就拿取款来说吧，那个时候多数都是使用存单，他们只要用钱，王来秀就立即拿着存单到网点去兑换，争取用最快的速度把钱送过去。就是靠着这股热情劲，他的存款增长非常快。也正是因为热情服务，在当地老百姓的口口相传下，王来秀的业务范围也越来越广，服务的人也越来越多。段村与淄博搭界，有很多临淄的客户也到他这办业务。到2018年末，外地客户在王来秀这里的存款余额超过1500万元，占协理存款余额的11%。

用王来秀自己的话说："咱就是为大家服务的，什么累不累的，没啥！"

## 现在变化太快了，得抓紧学

2014年初，王来秀的协理存款达到7300万元。协理存款的余额越来越高，让王来秀高兴之余又感到非常"痛苦"，为啥这么说呢？前几年，王来秀去当地农商银行网点报账，一天一次很轻松，就算有客户急需钱，再跑一次也来得及。但随着知名度越来越高，余额越来越大，王来秀每天都得跑两三次，忙的时候还要更多，不但费时费力，还很不安全。加上在家里整理单据用的时间、排队的时间、来回路上的时间，整天忙得不知道东西南北，也难以跑出去拓展业务。王来秀常常"安慰"自己，协理存款能保持这个余额就是极限了，再增加也忙不过来，实在是腾不出时间来。

就在这时候，青州农商银行按照省市联社工作部署，开展"去单去折用卡"活动，提高业务办理效率，以应对市场化竞争。王来秀坦诚，刚开始的时候，他的认识比其他村民强不到哪里去，因为村民大都认存单，认为拿在手里放心，换成一张卡片，怎么解释都很费劲，不但工作打不开

局面，存款余额也一度出现下滑。2014年5月，朱良支行给所辖农金员开会，从方便、快捷、安全等方面，对推广银行卡和使用农商宝进行了详细的讲解，让王来秀逐渐扭转了观念。为了做好这项工作，他先对邻居、亲戚朋友以及村干部宣传用卡的好处，手把手教他们使用，让他们感受到银行卡和网上银行的方便。后来，他晚上挨家挨户去串门宣传。每当遇到不放心的村民，王来秀就和他们承诺，随时可以到他那去打交易明细，逐笔进行对账。就这样持续了半年多，王来秀的很多客户都用了银行卡。业务办理效率的提高，随之而来的是存款的快速增长，两年的时间，王来秀的协理存款余额就超过1.4亿元，实现了翻番增长。

在日常业务办理中，王来秀注重运用各种电子银行产品服务客户、吸收存款。针对客户的资金划转需求，他主动申请开通网上银行、手机银行，安装POS机具，通过电子银行渠道为客户办理资金划转，为客户节省了手续费，提高了资金划转效率，得到了客户的信任。同时，为帮助村民解决交电费程序复杂的问题，他主动垫付周转金，使用供电所提供的充值机为村民缴费。在电话费缴纳方面也是为客户先垫支代缴，为广大村民提供了实实在在的方便。目前，王来秀所服务的客户中，银行卡普及率达到80%以上；安装了一台ATM、一台CRS机，平均每台每天超过70笔业务。

随着网购的快速普及，现在农民的消费模式也有了很大改变，电商、网购等新词也常常挂在嘴边，电脑在农村也更为普及，农民手里也都换上了智能手机。

2017年，青州农商银行开始试点“智e购”商城项目，在各营业网点和部分金融服务站设点推广，王来秀被确定为首批试点的农金员。为了教会客户，他就自己学着通过“智e购”买东西，等到练熟了，就帮村民购买，然后用农商银行为其配送的送货车直接送到门上去。当时，为了打开局面，获得老少姊妹的认可，他就自己出钱买礼品、搞活动，那场面真是火爆极了，满满一屋子人，就连沙发都让乡亲们挤坏了。

2018年，王来秀的代办点又被人民银行青州支行选为普惠金融综合服务站，具备了“5+2”的服务职能。“5”即金融宣传推介、助农取款服务、贷款信用服务、贷款风险防控和金融消费权益保护5项基础金融服务；“2”即农资下乡、农产品进城和便民缴费2项特色金融服务。王来秀说：“现在变化这么快，要想给客户搞好服务，就得不断给自己‘充电’。”

王来秀，连续12年荣获我行优秀农金员称号。曾作为优秀农金员代表，在省联社、潍坊市联社组织农金员工作会议上代表发言，与大家分享自己的工作经验。用王来秀自己的话说，那就是：“没有付出就没有收获，服务不到位，业务就差点事！”

# 百花齐放的女子银行

张　瑜

俗话说，女人生命保鲜最重要的元素是什么？是女人生命深处的善良和柔软。作为一个新世纪的女性，尽管紧张的生活节奏使我们变得粗糙，但坚强始终是我们内心的质地。作为女性主题银行的一名员工，我跟同事一样，每天记账、结账、整理现金、录入资料，每天枯燥机械的重复，没有赫赫显目的业绩和惊天动地的事业，但我们忠于职守，尽心尽力。

在我们的女性主题银行里，到处是我们女同胞忙碌的身影。楼下身着旗袍、抚琴而坐的是年轻又充满活力的大堂经理。就在2018年新系统上线的最初几天，她们放弃了“十一”假期的休息时间，每天一开门，就紧张地迎来第一批体验新系统的客户。她们时刻关注客户办理业务的需要，与内外厅的同事及时沟通出现的问题，耐心解答客户的疑虑。虽然大厅内排满了客户，但她们不慌不忙，沉着镇定。伴着大厅内缓缓流出的古筝乐和角落里飘来的阵阵花香，焦急等待的客户们也放松了心情。

省级文明单位授牌场景

一花独放不是香，百花齐放春满园。近两个月的新系统培训演练的日子里，女子银行的每一位母亲都放弃了陪伴家人的夜晚，心系集体，全身投入到新系统研究学习中去。终于盼来了放暑假的女儿，但因为要每晚保障员工安全和演练工作，我们的行长虽然离家只有5分钟的路程，但也丢下了女儿的埋怨，坚持陪伴员工们完成每天的演练工作。还有一位大姐的女儿忙于复习考研，好不容易回趟家，却连一顿母亲亲手做的晚饭都没有机会吃上，做母亲的只好在网上买一些零食给孩子寄去，电话里碎碎念着吃好喝好。当每晚营业室的灯亮起，都会传来一个小姑娘朗朗的读书声，三年级的陈同学每晚都要来这里在妈妈的监督下完成家庭作业，单位的工作不能耽误，孩子的学习也不能落下。妈妈一边盯着屏幕研究着业务，一边不时跑去监督着正在做作业的女儿。还有那个抱着7个月大的女儿来演

练的妈妈，每次都让丈夫开车抱孩子来陪练，有时孩子已经睡着了，但她还是坚持完成了每晚的演练任务。

就在2018年的夏天，为了在最短的时间里熟悉各项新系统的业务，女子银行的每一位姐妹都团结一致，在生活上相互关照，在工作上相互学习，在新系统上线后及时适应新流程，没有因自己的疏忽给客户造成困扰。齐心协力、内外沟通，体现了这个小集体在面对挑战时发挥的凝聚之力。我们不是什么能工巧匠，也不是什么先进劳模，但我们用平凡展现了农商银行新女性最光彩亮丽的一面；我们没有玫瑰花没有巧克力，却有着柔软而坚韧的女性的坚强。

# 默默无闻的『朱老师』

徐清华

在农信发展的过程中，核心银行系统的换代升级是必不可少的。系统的一步步优化，为我们业务蒸蒸日上的发展奠定了基础。2018年盛夏，新系统的上线，推动了我们全行业务又向前迈进了一大步。

2018年7月17日至2018年7月27日期间，因为工作能力出色，朱丽娜被青州农商银行选调到省联社核心银行系统转型升级培训基地。于此期间，她成为济南与青州之间、省联社与青州农商银行之间、她眼前的老师与她要教授的学生之间的强韧纽带。作为青州农商银行的培训讲师，为尽快掌握新业务，省联社培训期间，朱丽娜认真学习有关制度和业务知识，阅读各种业务文件，针对其中的难点、疑点反复钻研，承受了巨大的压力。

新系统上线，考验着全行上下全体干部员工的意志。对朱丽娜这样工作了十几年的老会计而言，也得从头学起。朱丽娜依据领导安排，对上线后可能遇到的问题，提前做好了各种准备，对一些常用交易码加以熟记，自行编制了业务交易码手册。系统模拟测试中，她和其他同志一起，白天

员工晨训场景

上班，晚上参加系统模拟演练。每天她总是最后离开网点的柜员，第二天早上才刚刚7点她又出现在单位，对照操作手册反复思考、认真揣摩业务演练中存在的问题，没有丝毫怨言。在模拟演练中她的表现得到行领导的一致好评，面对荣誉和成绩，她说："我们不应该陶醉在赞扬中，而是要踏踏实实地工作。工作才刚刚开始！"

在新系统培训期间，很多同事都打电话向她咨询新系统问题，人们开玩笑说："朱丽娜的电话，就是新系统答疑热线。"面对迎面而来的各种赞誉，她却说："没什么，这是我应该做的。"

在这次系统升级中，年龄不大的朱利娜被人们称为"朱老师"。她的人格魅力处处可见，但与她岗位最为相关的还是她的博学进取。在繁忙的工作中，她已经通过自己的努力学习取得了中级经济师、中级会计师职称。在这次新系统的上线培训中，她用多年日积月累下来的丰富的经验为每一个同事解答疑问，是我们每个农信人所应该学习的。自2006年朱丽娜参加工作起，就一直被同事们视为工作上的标杆。直到今天，她在前台战线上已经辛勤工作了13个年头。在13年的工作中，她先后从事过记账、复核、对公会计、联行清算等多个岗位，无论她在哪个工作岗位上，都能够干一个岗位，钻研一个岗位。每次在营业部见到她，她不是在忙碌地办理业务，就是在看各类书籍，她的桌子上总是摆放各种业务书籍，在上线后，她说现在最想做的就是好好休息一下。这就是她，十几年来，她用敬业之心为我行事业的发展而默默地奉献着。

正因为有了这样的追求，她在自己脚下拓出了一方净土，在头顶上撑起了一片蓝天。

# 依旧在感动中前行

卜范花

2012年，我参加了省联社组织的员工招聘考试，很荣幸地成为青州农商银行的一员。从对青州农商银行的懵懂初始，到加入大家庭的切身感受，时光虽逝，可我与青州农商银行的情却日渐浓烈。

如今，青州农商银行发生了翻天覆地的变化，安装了叫号机，改善了客户站着排队的疲劳；安放了报纸、杂志，打发了客户等待期间的无聊；推出了“智e通”、网银，让客户不用出门就能完成转账、还款、缴费等业务，轻松又方便。在我上班的7年间，我见证了青州农商银行的发展和壮大，也享受着青州农商银行给我们带来的满满的获得感与幸福感。

我依旧为这样的画面感动着，38℃的高温酷暑，他们穿着统一的红马甲在大街小巷穿梭，营销新型支付方式——聚合支付。有的客户不理解，这样的高温，商贩们都不愿出摊，你们还在营销。是啊，营销是不分天气的，你懈怠的每一秒，就是对手抢占市场的机遇。尽管汗流浃背，尽管挥汗如雨，尽管皮肤晒得黝黑，但是他们乐此不疲，收获满满。

20世纪90年代青州农信联社办公大楼外景

我依旧为这样的精神感动着。在核心银行系统转型升级这一里程碑式的重要节点上，那些视工作为信仰的人，父母生病了，忙于工作不能回家，孩子住院了，忙于培训不能回家，怀孕的女职工，依然坚守岗位。

我依旧为这样的初心感动着。当他们穿着红马甲走街串户，了解农民疾苦时，笔笔精准扶贫贷款像午后阳光温暖着贫困户的心田时；当他们顶风冒雨，了解创业人的难处时，笔笔小额贷款如涓涓细流滋润创业人的梦想时；当他们不分昼夜地加班赶材料，了解寒门学子的大学梦时，作为企业，我们肩负的社会责任不曾忘。

有人说选择了一种职业，便选择了一种生活，许多人总是在生活和工作之间做着艰难的抉择，但很庆幸，我的这份工作并没有影响我的生活，反而给了我更好的生活品质和更多的追求。一个企业的成功不仅是绩效的提升，更是员工幸福指数的提升，每年的健康体检、趣味运动会、文艺汇演、朗诵比赛等，无不体现着单位对员工满满的关爱。这么多年来，我习惯了领导们如长辈的慈爱和关切，习惯了同事家人般的亲切和温暖，见证了青州农商银行业务的推陈出新，见证了青州农商银行发展的日新月异。青州农商银行之于我是承载着峥嵘岁月的记忆，是携手走过生命历程的执着，是生活中不可或缺的朋友，是我要为之奉献热血的责任，是实现我人生价值的沃土。

我愿意保留这份情有独钟，与青州农商银行共成长。

# 请把我们的微笑带回您的家

赵远健

善良、宽容是微笑的源泉；包容、同情是微笑的内蕴；温婉、友善是微笑的形式；理解、沟通是微笑的力量。在青州农商银行庙子支行营业厅，一朵朵绽开的微笑，一次次贴心的服务，打造了一个不一样的精品网点。

一个发自内心的微笑，一句饱含感情的问候，能让客户感受到亲切的氛围与真心的服务。青州农商银行庙子支行营业厅在接待客户时，用真心、真情为客户贴心地服务，急客户之所急，想客户之所想，真正做到了“客户至上，始终如一”，让客户把微笑与满意带回家。

每一个平凡的岗位上，都有微笑的感动故事。

某天，一位蹒跚的老人走进营业厅要办理业务，看着等待区满满的客户时，大爷弯着腰费力地寻找座椅。这时，刚为客户填好凭条的大堂经理宋玉强看到这一幕，立刻迎上去，微笑着问：“您好，大爷，需要我给您帮什么忙吗？”在问清楚大爷要办理的业务后，大堂经理又从空闲处搬来一

青州市农村信用社员工向过往市民宣传金融知识

征集史料现场

把椅子让大爷休息。大爷办完业务之后在意见簿上留言：宾至如归。大爷随后让他的儿女们把存款都转入了庙子支行，一家人成为农商银行的忠实客户，并说："到了这儿，就像到了家一样，放心、舒心"。

在前台，繁杂、忙碌的业务并未使员工放下微笑。营业厅4名前台柜员在办理业务时始终坚持微笑服务。在庙子创业的一位外地客户发出感慨："每次来到营业厅，小赵都能很亲切地叫出我的姓氏，还会不烦其烦地为我介绍各种产品，让我觉得我不是在和银行的工作人员交流，而是一位朋友、一位亲人。前台的工作人员服务都很贴心，看到他们的微笑，我就感到了温暖和舒心。"

遇到委屈时，我们同样要用微笑来化解它。记得有一天，一个客户拿了3万元现金来开户，当段文宁数到第三把时发现了一张百元假钞。这时客户马上要求把假钞还给她。段文宁跟她说："我们收到假钞必须没收的。"客户非常生气地说要把钱全部拿回，不存了，还说了些难听的话。面对他那愤怒的眼神，粗糙的话语，我们没有生气，还是面带微笑耐心地向客户解释说："没收假钞是我们的职责，目的是为了更多的人不受假钞的侵害，如果你不想假钞再流向社会害人的话，请你配合我们的工作。"最后客户终于被我们的真诚感动了，另摸出了100元凑足3万元存了定期，并说："你们农商银行的服务太好了，正规，我放心，下次我还到你们这来存钱。"这件事让我感觉，微笑不仅是全世界通用的语言，还是一种无声动人的音乐，更是人类一种高尚的表情，它永远是生活里明亮的阳光。

一次，一位中年男子到柜台来取款，金额超过5万元，属于大额取款需要出示身份证件，可是由于是代取，还需提供存款人的身份证件，这位客户由于经常来办理业务，就对当时正在值班的柜员邓彦威说："错不了，是我哥哥的银行卡，肯定没问题。"希望通融一下。当得知不可以时，情急之下，他竟大声叫骂起来。对此，邓彦威坦诚相待，不急不恼，始终微

笑回答。经过一番耐心细致地解释，客户在得知查验身份证件的目的是为了保证客户资金安全时露出了满意的笑容。第二天，他又将160万元存入，并说钱存在这他放心。

微笑着赞扬他人使对方感到你的诚心，微笑着批评他人使对方感到你的善意，微笑着拒绝他人使对方体谅你的难处。我们要从自我做起，从身边小事做起，加强自身的服务意识，让每一位顾客都有“笑迎天下客，满意在农商”的感觉，把微笑服务的优良传统继续传承下去。青州农商银行庙子支行用微笑的力量感动客户，用贴心的服务打造了属于自己的品牌，用青春的誓言、扎实的行动、一流的服务标准忠实践行着金融业服务标准先锋的承诺，为农商银行的发展贡献出自己的绵薄之力。

# 豪情依旧的刘姐

胡晓翠

回想9年前新系统上线时，我还是刚刚踏进农信大门的“无知青年”。那会儿，“家庭”对于我来说根本就没有概念。无牵无挂的单身青年，用“一人吃饱全家不饿”来形容再贴切不过。晚上演练加班到十一二点的感觉很新奇，很有意思。眨眼间，9年已过。今年的新系统上线，就有了完全不同的感受。现在的我是上有老、下有小，扮演的社会角色已经完全颠覆，肩上扛了更多的责任，精力也有限了，但是我工作的热情依旧、豪情满怀！

刘姐，46岁，属于双职工家庭。每天晚上演练时只有小女儿一人在家，当爸爸妈妈都在单位加班时，晚饭就用泡面应付。一个人的夜晚是漫长的，晚上害怕了就把屋里所有的灯打开，门反锁，有敲门的都不敢去开门。小郭，怀孕7个多月，忙完白天一天的正常业务，长时间坐着，腰疼得实在受不了，就起来走动一下，晚上继续坚持演练。小赵，因借款原因，早上都是6点多从家出门，一直到晚上演练结束22点到家，16个小时，早上出门孩子没醒，晚上回家孩子睡着了，除了休班，孩子好几天见不到爸爸妈妈，早上醒来是问爷爷奶奶，昨天晚上妈妈回来了吗？拿起妈妈睡衣闻闻妈妈的味道，找一下妈妈的感觉，就这样来表达对妈妈的想念。我儿子也是上小学的年纪，上学放学都是由爷爷接送，每次儿子都用渴望又失落的语气说：“别的小朋友都是爸爸妈妈接送上学，妈妈你什么时候也去接送我上学？”每每听到这样的话，心里都是酸酸的，眼睛都是湿润的。

就是这样的一群人，在需要家庭与事业都要兼顾的情况下，没有因为家庭原因，没有因为自身的困难，请过一天假，没有以任何的理由无故不参加演练。因为我们知道作为一名前台柜员，只有不断加强业务知识学习，提升自己的业务水平，学习各种新业务，才能更好地为客户服务。只要是新开展的业务，都及时认真学习，以更加严谨、细致、负责的工作态度，及时准确处理各类业务，这样才能为我们以后的工作打下坚实的基础！

9年前的核心系统上线，代表的是上一辈农信人的担当和突破，带来的是农信系统的银行制改革和发展的大起步！9年后的今天，我们接过了“挎包精神”的智慧锦囊，满怀迎接挑战的信心和不怕吃苦的决心，带来的将是农商银行事业的创新转型和发展的大腾飞！

农信社参加“正气之歌”合唱比赛

# 不忘初心农信情

李 斌

作为一名退伍军人，选择了农商银行这个大家庭，我是幸运的。自从穿上精致的工装、佩戴上闪耀的工牌的那一刻，我的梦已然与农信梦融为一体。

不忘初心，方得始终。我的初心是做好每一件分内之事，服务客户。作为一名基层党员，我的初心是遵守政治纪律和政治规矩，坚守正道，弘扬正气，在基层岗位上出色地完成任务，敢为人先，努力敬业，做出显著成绩。转眼间，我在农商银行工作已4年有余。我不会忘记被纸条割伤的手指，不会忘记第一次办理业务时紧张的汗珠，不会忘记初次犯错领导对我的严厉批评……这些点滴小事，已成为我成长路上的宝贵财富。4年，我从一名普通的柜员成长为一名审计人员。人生价值在工作中彰显华章，农商银行是我实现人生梦想的舞台。要做一名合格的农信员工，除了遵守规章制度，更应该不忘初心，从基础工作抓起。在日常工作中，我看到同事们辛勤耕耘的身影，他们的责任感、他们的奉献精神，使我明白了一个

2011年，山东青州农村商业银行股份有限公司开业仪式

道理：我们只有不忘初心，明确责任，勇于奉献，砥砺奋进，才能凝聚忠诚和热情去迎接新的工作，才能在平凡的工作岗位中实现自我的价值。

我骄傲，我是农商银行的一员。

我自豪，我是中国共产党的一员。

作为一名普通的农信员工，作为一名党员，我始终把党员的身份作为一份责任，把党章作为一种信仰，把农商银行的制度规范作为准则。

青春无悔，梦想飞扬。不忘初心，砥砺前行。道路即使铺满荆棘，初心永不忘却！

# 这个大哥不太『冷』

冯喆

“其实我也不懂什么是市场，我就是给老百姓办实事，我眼里的 F2C 就是 40 元钱 10 斤的卫生纸、5 元钱一瓶的酱油……就是为老百姓送实惠！”冷传述是青州农商银行邵庄镇冷家庄的农金员。他说的 F2C 即商品通过“智 e 购”商城由工厂直达消费者，是青州农商银行利用既有物理网点和农金员的渠道优势，由银行统一对接生产厂家（F），以最低价格采购到最优商品，协调配送分发给各支行和农金员（代购），再由农金员销售给终端客户（C），去除了中间环节，让老百姓真正得到了实惠。

## F2C+优质服务　助推获客“倍”增长

“我们附近村的卫生纸销售被我一个人垄断了！”冷传述言语中充满了自豪感。本着为村民服务的初心，依托“智 e 购”商城 F2C 商品物美价廉的优势，揽存工作在冷传述这里从干涩的“到我这存款”变成了亲民的“我这有便宜的商品”。获客方式的转变对村民形成了更大的吸引力。“银

行里柜员讲‘筷子微笑’，咱没人家俊，咱是‘好几双筷子微笑’，哈哈，服务做好是关键啊！”长久以来，附近几个村庄的人都知道冷家庄冷传述有比商场里更优惠的商品。F2C爆款商品的出现更好地迎合了老百姓的日常需求，再加上冷传述的优质服务，农金站的客户流量倍增。2018年以来，冷传述的揽存在短短6个月内增长750万元，其中外村存款占70万元。

## 分级+美好祝福　客群关系“牢”稳固

“每个客户的联系方式、住址、生日等信息我都详细记录。”老客户存款到期前一个月、新客户家里有孩子考上大学、潜在客户家里有老人和小孩过生日……冷传述都会随身带上礼物去客户家送上自己的祝福，兼顾做好存款续存动员工作。天长日久，冷传述根据“智e购”商城的F2C商品消费额结合客户存款余额，把客户划分为“老、新、潜在”三个级别，根据级别按月定期给客户送去相应的礼品，这也成了冷传述的营销秘籍之一。“礼物也是‘智e购’商城的商品啊，”给客户送礼物、送关怀，送去的还有“智e购”商城F2C商品的认知度，如此一来，冷传述不仅牢牢抓住了老客户，同时也在逐步发展新客户。2018年以来，冷传述送出商城礼品1000余份，以此拓展新客户200余人。

## 社群+新兴媒体　工作思路“广”开拓

“我在外地上学，我爸妈不会转钱，我的生活费、学费都是冷大叔给我转的。别看冷大哥姓冷，他可是我们附近好几个村群的群主，是名副其实的热心肠！”冷家庄里的小伙子说。在原有“智e购”便民服务微信群的基础上，冷传述结合实际又建了三个便民服务群。微信营销群开通一段时间后往往会“沉睡”，但冷传述巧妙地将微信群做活了。“最简单的就是发红包啊！”一开始冷传述维护的群也有过“沉睡”现象，春节期间发了几个红包无意间点燃了村民的热情，冷传述借助这股热乎劲儿，将存款有礼等业务进行了宣传，隔天就有村民上门存款。

有了“红包”突破口，接下来就是如何维护。群里的老少爷们有时会发一些牢骚：“干完了活，要洗衣服，却发现洗衣粉没了……真倒霉。”没过一会儿，冷传述便带着洗衣粉到了正在发愁的村民家门口，“大哥，您的洗衣粉到了！”这让营销群变成真正意义上的便民利民群。不仅存款贷款、F2C商品实惠，还要能在生活中帮助村民，一丝温情、一点热情、一份感动充实着每个便民服务群，更是营销的制胜法宝。冷传述同时将抖音、美篇等新兴媒体融合进业务营销，更是起到事半功倍的效果。

本着“扎根三农，服务百姓”的初心，冷传述作为青州农商银行的农金员，用优质的服务和创新的思维方式延伸服务链条，应对互联网金融的挑战。“必须要用好新兴媒体，结合优质的社群维护，搭建农金员特有的三维（线上+线下+社群）营销模式。”F2C商品和社群正是新时代衍生的新事物，冷传述抓住了这两点，各项业务指标在短时间内便有了质的提升。问起冷传述下一步要怎么做，“马上要开展农金夜校了，我要准备个大奖，送给我们村和邻村我能服务到的老百姓”！作为一名农金员，冷传述早已信心满满地走在了普惠金融转型发展的道路上。

# 平凡赞歌

王志莹

"没有共产党就没有新中国！"这支歌，是我们亿万中华儿女发自肺腑地唱给党听的一句情话。何其幸，生活在这样美好的一个时代。这时代，我们解决了温饱问题，开始全面步入小康社会。这时代，我们开始追求生活，建设和谐社会。也深知，在这个看似风平浪静实则暗涛汹涌的国际大环境下，我们的祖国、我们的党付出了多少艰辛和努力才给了我们这样幸福的生活。

"从小爷爷对我说，吃水不忘挖井人。"爷爷说，那时候饥寒交迫；那时候居无定所；那时候炮火轰鸣；那时候看不到光明。爷爷又说，共产党来了，分土地，建房子，解温饱，新气象。爷爷还说，共产党，真为民，吃苦在前，享乐在后，人人都竖大拇指。"曾经苦难才明白，没有共产党哪有新中国。"是爷爷，给了我信仰！

"妈妈教我一支歌。"这支歌，从妈妈心头飞出；这支歌，鼓舞我建设新生活！年幼时，是妈妈言传身教；懵懂时，是妈妈指引方向。背

2012年山东邹平青隆村镇银行开业

着毛主席语录，上山下乡，她一路走来；唱着春天的故事，她沐浴着改革开放的荣光。艰难时她咬牙坚持，恬适时她知足感恩。妈妈说，跟党走，错不了；妈妈又说，努力把工作做好，把生活过好，就是不拖党的后腿；妈妈还说，帮助别人，快乐自己，这就是和谐社会。是妈妈，告诉我生活的真谛！

“从小老师教我唱，唱支山歌给党听。”初时，老师说，我们是希望；老师说，我们要有理想；老师说，我们要用知识武装自己。当我像海绵吸水一样掌握了越来越多的本领，当我越来越强大，老师说，我相信你

能行；老师又说，不放弃努力的样子最美；老师还说，在本职岗位上做好本职工作，这就是你的价值。是老师，树立我的理想！

“我教儿女一支歌。”这支歌，飞进幼小心田；这支歌，世世代代永不落！我说，幸福生活来之不易，勤俭节约是中华美德；我做，勿以善小而不为，一点一滴从我做起；你问，妈妈，为什么我们要这么忙碌？我答，为了美好的新生活啊！你又问，为什么要有这么多规矩？我又答，因为爱我家园，人人有责哦！你还问，什么叫保家卫国？我还答，做最好的自己，时刻准备着……我希望，你，是传承！

那天合唱排练时，老师说，用心唱，会唱出世上最动听的歌儿……心中默默，用心做，会做出世上最伟大之事！“祖国不会忘记”，平凡的我们走过的痕迹。让我们携手同行，时刻准备着！

# 事无巨细 面面俱到

段文磊

记得那是我刚上班的时候，2008年8月，王主任把我从联社接到庙子信用社，从此开始了我的农信生涯。

平常王主任要求特别严格。由于刚开始办业务，很多地方不懂，王主任就专门安排其他老员工对我进行“一对一”辅导，从办理业务流程到如何与客户打交道，从日常的会计知识到如何快速提升业务技能，事无巨细。生活中对我的照顾也是面面俱到。由于庙子信用社距离城里较远，我平常几乎不回家，王主任特地嘱咐伙房做饭的阿姨定期做排骨、包水饺等，让我充分感受到农信大家庭的温暖。当时我们几个柜员都是刚工作不久，晚上苦练业务技能，点钞、算盘、汉字录入、数字录入，一应俱全，大家一块练习，积极性特别高。这也让我充分感受到了农信员工你追我赶、积极向上的昂扬斗志，这样几个月下来我的业务水平有了极大的提高，工作起来也是得心应手，真正做到了态度好、效率高。

那个时候每年进行两次内控风险评价，而庙子信用社每次都是被评为

3A级。当然这离不开王主任日常的严格要求和我们内勤员工的努力。大家白天办理业务都非常细心，下班以后还要全部检查一遍传票有无差错，每月还对重点业务再进行自查。这样一来，内控几乎无差错。档案管理也是重中之重，记得晚上我们整理档案室，为了把所有的档案按顺序整理好，橱子里的档案都按照顺序重新整理一遍，甚至有些橱子也被抬下来进行了重新标签。就这样我们整理了一个星期，虽然有时候会划破手、磕破膝盖，但没有人叫苦，每个人都已习以为常。

年前是老年人提取养老金的高峰期，尤其到了大集，整个营业厅里外都是人。老年人行动不方便，耳朵也有些背，根本不知道怎么取钱，甚至连密码也不会操作。那个时候也没有叫号机，每次都是我们轮班大堂经理帮忙排队、帮忙填写相关单据等，一天下来，几乎连吃饭的时间都没有。虽然累，但我们心甘情愿，因为这些钱提出来后都去置办了年货，他们可以过个幸福年。当然有些老年人对有些业务不理解，但我们必须给他们解释好。这样一年下来，客户对我们的服务都很满意，没有一个投诉。

农信生涯匆匆十载，从柜员、信贷内勤到客户经理，每一步都见证了农信的变迁与成长。现在我们的工作环境与工作条件较之前不可同日而语，科技水平也更加发达，省去了很多体力劳动，很多时候都是机器代替人工。但回头想想，真正经历过那个年代的人才知道当时我们有多么不易，但我们依然能够坚持，依然能够奋勇向前。这就是我们的农信精神，正是这种精神的传承才使农信这艘巨轮乘风破浪、一往无前。

青州农村商业银行办公大楼

# 后 记

岁月不居，时节如流。转瞬之间，山东青州农村商业银行股份有限公司已经走过了60余年风雨历程。

作为全市营业网点和从业人员最多、服务范围最广、综合实力最强的金融机构，青州农商银行发展壮大的道路虽崎岖坎坷，却收获了成功喜悦和荣耀辉煌。值此中华人民共和国成立70周年之际，展示历代农信人筚路蓝缕、自强不息的创业史，总结历史经验得失，理清未来发展思路，指引青州农商银行勇攀改革发展新高峰，是一件十分必要、具有非凡意义的事情。于是，在一次次的思想共鸣中，在一次次的交流火花中，《同心筑梦——传承“农金精神”系列故事》一书终于付梓，与大家见面了。

鉴史而知今。这本书中的一个个故事，可能并不波澜壮阔，但在平凡中却蕴藏着伟大，就像一幅幅娓娓道来的美丽画卷，生动地诠释了“农金精神”、一代代农信人坚守的初心和梦想。本书的出版，是对“农金精神”的传承和发扬，更是农信人的一次精神寻根，是值得载入青州农商银行发展史册的重要篇章。

成书过程中，编纂委员会的全体同仁上下同心、心无旁骛，倾听讲述、搜集史料，付出了辛勤的劳动。潍坊市农村信用合作社联合社党委书记、理事长陈卫东同志在百忙之中就本书的编纂提出了指导建议。一位位农信老前辈不顾高龄，真情讲述，亲自校对，真实还原了不同历史时期的奋斗历程。很多退休老员工及社会各界朋友也提供了无私帮助。中国海洋大学出版社的领导和编辑不辞辛苦，悉心指导。在此一并致以崇高的敬意和感谢！

需说明的是，山东青州农商银行发展历程中，涌现出了太多有代表性的先进榜样和典型事迹，限于时间和篇幅，许多故事没有收入书中。为使广大读者能够从篇篇文字和幅幅图片中领略“挎包精神”的独特魅力，本书精选了从全行征集到的100多幅历史图片，但受内容所限，部分图文并无关联，请各位读者见谅。同时，由于水平所限，书中错漏之处在所难免，敬请读者批评、指正！

编　者

2019年9月